LOKALBERICHT

Hermann Burger
Lokalbericht

AUS DEM NACHLASS
HERAUSGEGEBEN VON

Simon Zumsteg

IN ZUSAMMENARBEIT MIT

Peter Dängeli
Magnus Wieland
Irmgard M. Wirtz

VERANTWORTET VOM

Schweizerischen
Literaturarchiv Bern SLA

UND VOM

Cologne Center
for eHumanities CCeH

Edition Voldemeer Zürich
De Gruyter

Hermann Burger (1942–1989)

Peter Dängeli, Köln
Magnus Wieland, Zürich
Irmgard M. Wirtz, Bern
Simon Zumsteg, Zürich

Schweizerisches Literaturarchiv Bern (SLA)
Cologne Center for eHumanities (CCeH)

Publiziert mit Unterstützung durch den Schweizerischen Nationalfonds zur Förderung der wissenschaftlichen Forschung (SNF), durch den Swisslos-Fonds des Kantons Aargau und durch Stadt Zürich Kultur.

Library of Congress Cataloging-in-Publication data:
A CIP catalog record for this book has been applied for at the Library of Congress.

Bibliographic information published by the German National Library lists this publication in the Deutsche Nationalbibliografie; detailed bibliographic data are available on the Internet at http://dnb.dnb.de.

This work is subject to copyright. All rights are reserved, whether the whole or part of the material is concerned, specifically the rights of translation, reprinting, re-use of illustrations, recitation, broadcasting, reproduction on microfilms or in other ways, and storage in databases. For any kind of use, permission of the copyright owner must be obtained.

Copyright © 2016 by Schweizerische Eidgenossenschaft, Hermann Burgers Erben, and Voldemeer AG, Zürich.

Edition Voldemeer Zürich
P. O. Box 2174
CH-8027 Zürich

All rights reserved.

Images: copyright © Hermann Burgers Erben, source: Schweizerisches Literaturarchiv Bern, editing: Roland Langauer, Zürich. Layout: Edition Voldemeer Zürich. Printing: Ernst Kabel Druck, Hamburg. Printed on acid-free paper produced from chlorine-free pulp. TCF ∞

ISBN 978-3-11-048187-7

Walter de Gruyter GmbH
Berlin/Boston

www.degruyter.com

9 8 7 6 5 4 3 2 1

INHALT

Lokalbericht 9

ANHANG

Dokumente 229
Editorische Notiz 249
  Beschaffenheit des Textträgers 249
  Edierter Text 251
Digitale Edition 255
Kommentar 257
  Bi(bli)ographisches 258
  Entstehungsgeschichte 264
  Romanfragment 269
  ›Trotzdem drucken‹ 273
  Was für ein Roman 281
  Poetik der Verfremdung 284
  Traditionsbewusstsein 291
  Kontexte 294
Abbildungsnachweis 313
Dank 313

Lokalbericht – den Titel, das Schwierigste an einem Buch, habe ich schon. Fehlt mir nur noch der Roman. Meinen Schülern rate ich zwar im Aufsatzunterricht: Beginnt ja nicht mit dem Titel. Der Titel lähmt, macht unfruchtbar. Wer den Titel zuletzt hat, schreibt am besten. Komisch, dass man sich selber nicht raten kann. Gäbe mir mein alter Deutschlehrer diesen Titel, könnte ich ihm in Kürze einen Aufsatz abliefern. Aber da ich ihn selber gefunden habe, beginnt der Germanist in mir bereits zu interpretieren: Bericht über Lokales, Alltägliches, über eine kleine Stadt, die Seldwyla ähnlich sieht, Beiläufiges beiläufig notiert, skizzenhaft. Lokalanästhesie: Anlehnung an berühmte Vorbilder, Betäubung durch kleinstädtische Vorfälle, Winterschlaf in der Provinz. Im Weiteren der Bericht über den Ort, an dem man steht, die Situation des Schriftstellers in einer geistigen Provinz. Der *genius loci* ins Gegenteil verkehrt, geometrischer Ort für Zufälle usw.

Professor Kleinert, der Betreuer meiner Dissertation, hätte bestimmt Freude an dieser Interpretiererei: »Interpretieren Sie mal einen Roman, den es noch gar nicht gibt, Frischknecht, das wäre doch was ganz Neues. Erfinden Sie Ort, Zeit und Handlungsgerüst, einen Autor mit kurzem Lebenslauf, siedeln Sie den Roman irgendwo im Schlachtfeld der neueren Literaturgeschichte an, am besten zwischen Impressionismus und Expressionismus, geben Sie ihm sechshundert Seiten und einen fragmentarischen Charakter, damit niemand in die Versuchung kommt, ihn zu lesen, und sichern Sie sich auf diese Weise einen Lehrstuhl für ›Neuentdeckungen in der deutschen Literatur‹«. Professor

Kleinert meinte es nicht ernst. Es war einer seiner Witze, mit denen er gelegentlich beweisen wollte, dass Literaturwissenschaft etwas Lustiges sei. Dass ich tatsächlich Ernst machen könnte mit einem Zettelkasten, hat er mir wohl kaum zugetraut. Ideen von Professoren sind so selten, dass man sie ausnützen müsste. Meinen Brief habe ich freilich noch nicht abgeschickt.

Sehr geehrter Herr Professor,

Auf unser letztes Kolloquium zurückkommend, möchte ich Ihnen mit philologischer Akribie für Ihre Anregung danken. Ich betrachte die Literaturwissenschaft schon lange als eine selbständige Disziplin, als Robinsonspielplatz für Möchtegernautoren, die auf dem großen Feld der Primärliteratur versagt haben und sich mit Fußnoten über einen verlorenen Kopf hinwegtrösten. Weshalb sollte sich die Interpretation noch an wirkliche Romane halten, da sie ohnehin besser über den Inhalt Bescheid weiß als der Autor selbst. Wir Glasperlenspieler – Sie gestatten diesen Ausdruck – dürfen stolz sein, ein System erfunden zu haben, das den kindischen Zählrahmen des Schöpfers dieser Kaste bei weitem übertrifft. Entbinden Sie mich deshalb von der verlockenden, aber angesichts Ihrer neuen Idee schamrot werdenden Aufgabe, eine Doktorarbeit über »Das Weltbild des Dichters Günter Grass im Spiegel seiner Lokalitäten mit besonderer Berücksichtigung der Orts- und Straßennamen« zu schreiben, und erlauben Sie mir, meine Doktorwürde mit der Interpretation eines erfundenen Romans zu erlangen. In dankbarer Ergebenheit, Ihr Günter Frischknecht.

Der Antwortbrief von Professor Kleinert sähe im Entwurf etwa so aus:

Sehr geehrter Herr Frischknecht,

Mit Bezug auf Ihr Schreiben muss ich Ihnen mitteilen, dass ich mir solche Scherze unter Teilnehmern des Dissertanten-Kolloquiums strengstens verbeten haben möchte.

Wenn ein Student in der Aufregung vor dem Akzessexamen solche Vorstellungen hat, mag das noch zu entschuldigen sein, aber für einen Kandidaten der Philologie ist diese Gesinnung niederschmetternd. Übrigens entsinne ich mich nicht im Geringsten, eine ähnliche Äußerung Ihnen gegenüber getan zu haben, es sei denn, sie hätten einen meiner Witze vorsätzlich mephistophelisch missverstanden. Zügeln Sie Ihre zu Ausgeburten neigende Phantasie und arbeiten Sie mit vor wissenschaftlichem Eifer klappernden Zähnen weiter an Ihrem Zettelkasten, die Nachwelt wird es Ihnen zu danken wissen. Mit besten Wünschen für Ihre Arbeit, Ihr E. Kleinert.

LOKALBERICHT

Zwischenstunde im Café: Obwohl man an einem heißen
Julimorgen draußen sitzen könnte an einem der Blechtische, ein eiskühles Getränk auf heißem Blech, gelbe Postbusse und einen schäbigen Bahnhof vor sich, bleibe ich
drinnen im schwach besetzten Café, weil ich hier das Panorama unseres Städtchens vor mir habe, eine Großaufnahme, die, abgesehen von ein paar Kleisterblattern, glatt
und kodakgrau auf weißer Wand klebt. Das Städtchen von
Norden aus gesehen, vom Hungerberg, friedlich trutzig
im Nachmittagsschlaf brütend. Womit müsste man beginnen? »Teilen Sie eine Stadtansicht in Vordergrund, Mittelgrund und Hintergrund auf«, rate ich meinen Schülern,
»und setzen Sie vertikale Akzente.« Also mit den Türmen:
In der Mitte des Bildes ragt selbstvergessen und baukastenklotzig aus einem Gewirr von Altstadtdächern, Giebeln, Kaminen und Lukarnen der Oberturm. Ich möchte
ihn gern Stockturm nennen – mein Dissertationsthema
würde sich deswegen noch nicht im Grab, das es erst aus
metaphysischen Spekulationen kennt, sondern höchstens
auf dem Bürostuhl umdrehen –, denn das Städtchen weist
ringsum genügend Glas auf, das zu zersingen eine Lust
wäre. Der Stockturm hat keine Galerie, wie übrigens auch
der wirkliche Stockturm nicht, dafür eine Turmstube,
die man für ein dauerndes Sängerfest vielleicht mieten
könnte. Rechterhand auf dem Felskopf, den bereits die
Kyburger in seiner strategischen Bedeutung erkannt haben, macht sich die weiß verputzte Stadtkirche breit. Der
Turm ist nicht so hoch wie der Stockturm, dafür glänzt
das Zifferblatt frivol golden auf rostrotem Grund. Wenn
man unterhalb der Stadtkirche das Haldentor und am linken Bildrand die nördliche Zufahrt über die Kettenbrücke nennt, hat man das Städtchen sowohl mittelalterlich
als auch neuzeitlich erschlossen. Im Vordergrund, noch
von den Zuckerstreuern auf den Tischchen geschmückt:
die schreberhaften Vorgärten des äußeren Haldenringes,

LOKALBERICHT

dahinter jene Baukastenfront, die den Durchreisenden, wenn er vom Schachendamm aus dem Fenster blickt, die Schönheit unseres Städtchens überschätzen lässt. »Wie viele Kräne zählen Sie, meine lieben Schüler?« Steifhalsige, langarmige, galgenhafte und rohrende Baukräne. Die Stadt ist eine große Baugrube, sie lässt sich von einem Zahnarzt, der über ein Heer von Pressluftbohrern verfügt, da und dort Silberplomben und Goldkronen einsetzen. Doch davon merkt man nichts auf einem Prospekt, der wie gemacht ist für einen Schriftsteller, der einen Einstieg sucht in die Stadt und vorsichtig mit dem nördlichen Aufriss beginnt. Schamhaft versteckt hinter Dächern, Dächern, Dächern das Regierungsgebäude, über dem, wenn es einen Schlund hätte wie das dahinter liegende Krematorium, ständig ein bläulicher Rauch halbgarer Entschlüsse hängen müsste. Daneben wie ein Treibhaus der Glasaufbau des Kunsthauses, überstockt vom Bücherturm der Bibliothek, der sich im Schatten der Rathausparkbäume sonnt. Im Hintergrund täuschen Wälder, die durch ein Teleobjektiv bedrohlich nah herangeholt worden sind, Spazierwege und Ozon vor. Die Bahnhofstraße grüßt mit den gaubenbestückten Dächern ihrer scheußlichen Banken. Vier Hochhäuser, das Schwesternhaus, Manhattan – auch Bürgenstock genannt, weil an ihm ein paar Bürgen den Lebensinhalt, ihr Geld, verloren haben sollen –, das AEW-Hochhaus und das Goldernhaus lügen frech großstädtisches Gepräge in den Wald hinaus. Konzentrieren wir uns mit der Lupe kurz auf einen Punkt, sozusagen in einer optischen Schweigeminute, nämlich auf jene Sonnenstore im zweiten Stock des Manhattan-Hauses, welche meine in Leder gebundenen Klassiker vor bleichender Julisonne und somit vor antiquarischem Wert schont, um uns nach einem Schluck eisgekühlten Coca-Colas, der nebst der Hoffnung auf eine Reklameprämie für dieses Buch mir auch erlauben soll, die hochsommerliche Gluthitze unter den Ziegeldächern nachzuempfinden, um uns dann jener Baumschneise zuzuwenden, die den Bahnhof und mein Café buchstäblich odden lässt. Ich bringe in Gedanken einen roten Pfeil an: Ihr Standort. Da sich der Pfeil am Bildrand zu wenig auffällig benimmt, hefte ich ihn an das ohnehin nutzlose Zifferblatt des Stockturmes – es zeigt nur noch mittelalterliche Zeit für Lokalhistoriker und andere Urlauber in unserem Jahrhundert an – und lasse ihn dort wild kreisen und meinen Standort in alle Windrichtungen verstreuen. Hinüberschweifend zum weniger selbstzweckhaften Zifferblatt der Stadtkirche, notiere ich die Fotozeit: zehn Minuten vor drei, vergleiche sie mit der wirklichen Zeit: halb elf, vermische die beiden Zeiten, bringe den Begriff der Erzählzeit herein, die natürlich keineswegs identisch mit der erzählten Zeit ist, und hoffe mit dieser Verwirrung für alle künftigen Seiten den Eindruck eines modernen Romans erweckt zu haben, hoffe, den Erkenntnissen von Professor Kleinert gerecht zu werden:

»Im Spiel mit den Anschauungsformen von Identität und Zeit versucht der moderne Autor, der bedrückenden Komplexität unserer Bewusstseinsstruktur habhaft zu werden. Die Zeitachse wird mit einem Zeitspiegel vertauscht. Die barbarischen Anachronismen des Zweiten Weltkrieges haben bewirkt, dass der jüngeren Generation der Zeitsinn abhanden gekommen ist.«

Ich werde das meinen Schülern wiederholen müssen, wenn sie über Zeitnot beim Stundenaufsatz klönen. Zwar habe ich den Zweiten Weltkrieg, abgesehen von einem brennenden Bomber, der in der trügerischen Phantasie eines Dreijährigen vor dem Kellerfenster niedertaumelt, nicht erlebt, müsste also eigentlich nicht beim Punkte Null beginnen, da aber nach Professor Kleinert in der Schweiz die meisten Epochen der deutschen Literatur mit üblicher Stilverspätung nachgeholt worden sind, bleibt mir nichts anderes übrig, als prüfend auf meine stilistische Uhr zu blicken.

Hochgeschätzter Leser,
Erschrecken Sie bitte nicht, wenn wir in der Folge ein mehr oder weniger geordnetes Durcheinander mit den Anschauungsformen der Identität und der Zeit veranstalten, um den komplizierten Vorstellungen von Professor Kleinert recht zu geben, denn wichtig ist ja nicht, dass dieser Roman gelesen wird, wichtig ist vor allem, dass er in die Literaturgeschichte eingeht, um dort, eingemacht und etikettiert, auf die Gaumenfreude späterer Feinschmecker zu warten. Wie ich mir die Literaturgeschichte vorstelle? Als einen grün gepolsterten Keller mit Tausenden von Weckgläsern oder guten Weinen, oder vielleicht doch besser als luxuriösen Wartsaal, in dem die Dichter der Stunde harren, da ihnen der Prozess gemacht werden soll. Das Urteil fällt verschiedenartig aus: Je nach Gefährlichkeit des Inhalts ihrer Werke werden sie zu lebenslänglichen Klassikern verurteilt oder aber frei gesprochen, das heißt, vom Index der noch zu interpretierenden Werke gestrichen. Es gibt auch den bedingten Straferlass: Wir wollen mal abwarten, wie er sich in der Zeit bewährt. Sollte er rückfällig und doch noch bedeutungsschwanger werden, können wir ihn immer noch entdecken. Sie, armer Leser, dürfen nicht verzweifeln, wenn wir so schreiben, wie es die Literaturgeschichte, die bereits geschrieben ist, von uns verlangt. Wir können doch nicht die Annalen der Geisteskrankenwissenschaft blamieren und, sie sozusagen *contre-pied* erwischend, Tore gegen den Geist erzielen. Denken Sie, am Verzweifeln seiend, daran: die Literaturgeschichte wird auch Ihrer gedenken. Sie wird sie anonym nennen in jenen Ziffern von Lesern, welche damals schon erkannt haben, welche damals schon den Mut hatten, welche sich damals schon nicht beirren ließen, welche damals schon,

unerachtet der großen Anfechtung seitens modischer Autoren, welchen frühzeitig die Schuppen aus den Haaren und von den Augen fielen. Sie werden also Ihrerseits eingehen in die Literaturgeschichte und dort, von den Autoren stumm bejubelt, ein geschichtlich ruhmvolles Dasein fristen. Beißen Sie auf die Zähne, wenn ständig von einem Zug in den andern umgestiegen wird, wenn Stumpengeleise als Hauptverkehrsstränge ausgegeben werden und Weichen zu spät oder zu früh gestellt werden, wenn eine kurzatmige Kopula Sätze rückwärts rangiert und Adjektive aus den Drehscheiben springen, wenn die Signale der Zeichensetzung freie Fahrt für den Tunnel der Anarchie anzeigen, wenn endlose, syntaktische Güterzüge den Schnellzuglokomotiven die Zufahrt zum Lokschuppen des höheren Sinnes versperren, wenn dies, wenn jenes, wenn Prellböcke vorgeschoben und Schranken heruntergelassen werden, wenn im Stellwerk der dichterischen Imagination mit nachtwandlerischer Sicherheit geschaltet und gewaltet wird. Beißen Sie auf die Zähne, trösten Sie sich notfalls mit einer Lokalanästhesie, seien Sie stolz auf das Kriterium, das ich Ihnen gleich zu Beginn und, unökonomisch alle Karten aufdeckend, zuspiele: Germanistenprosa. Das ist nun Germanistenprosa, wie sie leibt und lebt, wuchert und wabert, papierig und epigonal, interpretationsgeschwängert und unorthodox, sekundärliterarisch und sekundarlehrerhaft, kalauerverliebt und verdorben, zum Himmel stinkend, zum Himmel schöner, wahrer und guter Dichtung. In dieser Prosa finden Sie alle Fehler, die man auf wenigen hundert Seiten machen kann, finden Sie alles, was schon gesagt ist, noch einmal gesagt, finden Sie das Überflüssige im Überfluss, treffen Sie Epigonanie als Selbstzweck an, den – wievielten? – Roman eines Deutschlehrers, der sich ständig über die Schulter guckt und erst noch ringsum Spiegel aufstellt, damit sich der ihm über die Schulter Guckende ins Unendliche verliert, der den ihm kritisch über die Schulter Guckenden auch unter sein Herz greifen und das Nest der Gefühle ausnehmen lässt, der seine Schulter mit mehreren Guckenden zugleich belädt und unter dieser Gucklast letzten Endes, wenn auch nur syntaktisch, zusammenbricht. Etwas vereinfacht: es könnte der Roman eines Kandidaten der Philologie sein, der im Zweifel ist, ob er seine Kandidatur angesichts des Überflusses an hervorragenden Deutschlehrern noch aufrechterhalten soll.

Mein Name sei Günter Frischknecht. In diesem Namen stecken alle Hinweise, die man für die Kunst der Interpretation braucht. Und es wäre ja nicht ausgeschlossen, dass ich den Roman nur schriebe, um endlich ein Thema für meine Dissertation zu haben, über das ich wirklich Bescheid wüsste, um nicht nur so tun zu müssen, als ob ich genau wüsste, warum der Autor diesen und jenen Einfall hatte oder nicht hatte, warum er ihn, was die Notiz auf einer Speisekarte aus dem Nachlass in flüchtiger, vom Hunger getriebener Schrift deutlich macht, gerade vor dem Gabelfrühstück und nicht vor dem Einschlafen hatte, um endlich zu wissen, wann, wie oft, weswegen, wo, wie und warum er schrieb. Günter Frischknecht. Günter ist klar. Frisch auch, Knecht bedarf vielleicht der Erläuterung. Es gibt einen Glasperlenspieler dieses Namens, er ist der Knecht einer geistigen Inzucht, die aus Ekel vor dem feuilletonistischen Zeitalter betrieben wird. Der Literaturwissenschaft dienen, in dem man über Günter Grass arbeitet und frisch drauflos schreiben, weshalb man der Wissenschaft, Günter Grass verschonend, nicht mehr dienen will, dabei unbekümmert Grass'sche Erzählelemente verwendend, den Oberturm Stockturm und einen Buchhändler, der bald vorkommen wird, Laubschad nennend, mit der Ausrede, das sei eben durch die Romananlage bedingt, weil der Zettelkasten mit dem Manuskriptentwurf in wilder, meinet-

wegen homosexueller Ehe lebe, das alles steckt, bewusst
oder unbewusst, im Namen Günter Frischknecht. Auch:
der Schule dienen, aber noch frisch und unverbraucht
sein, auch: Schweizer Autor sein, aber von der deutschen
Stilüberfremdung nicht unverseucht, auch: als Germanist durch die Literatur verdorben sein und infolgedessen komisch wirken, auch: als Knecht sein eigener Meister sein – das alles steckt, bewusst oder unbewusst, im
Namen Günter Frischknecht. Ich muss den Namen rasch
auswendig lernen, weil ich ein schlechtes Namensgedächtnis habe. Der geneigte Leser möge schnell wegschauen.
Günter Frischknecht, Günter Frischknecht, Günter Frischknecht, Günter Frischknecht. Somit ist die Sicherheit für
episch wirkende, weil ausfüllende und den Leser in seiner
Konzentration entlastende Wortspiele gewonnen: Frische
Knechte güntern frisch frische Knechte. Freche Knirsche
knechten gekenterte Frische. Günters Günt güntert günte
Günter. Womit dieser Gag erledigt wäre und wir uns wohl
oder übel wieder etwas einfallen lassen müssen. Ich zünde
mir eine Brasil an und mache kein Hehl daraus, dass der
Oberwynentaler Stumpen, wie ihn nur eine Firma drehen kann, meine Muse ist. In ihrem würzigen Aroma steigen würzige Bilder auf, und der Hauptvorteil dieser Muse:
ihr Kuss dauert, bei nicht zu hastigen, gleichmäßig dosierten Gegenküssen, eine volle Halbestunde und kann
jederzeit wiederholt werden. Diese dunkelhäutige, brasilianischen Samba auf die Lippen zwackende Muse verweigert sich nie, es sei denn, der ausgehende Vorrat zwinge
mich, was man von den Vätern erworben, zu verlieren,
um es neu zu besitzen, indem ich meine Schreibmaschine
auf das Dach jener Stumpenfabrik zügle, von der noch
die Rede sein soll.

Heute morgen einer meiner regelmäßigen Besuche beim
Buchhändler Laubschad. Dem Buchhändler Laubschad

ist es, wie schon sein Name sagt, schade um sein Laub, das heißt – das heißt vorläufig nichts. Wenigstens etwas muss ich mir noch für die Interpretation aufsparen. Der Buchhändler Laubschad ist ein schrulliger Büchernarr, der seinen Laden, über dem sich, freilich nur für Kenner, ein Antiquariat befindet, an der Marktgasse hat. Ich betrete den Spannteppich immer so leise wie möglich, denn der Buchhändler Laubschad ist heiser, heiser geworden im jahrzehntelangen Umgang mit Büchern. Er kann nur noch flüstern. So vieles steht da, schon gesagt, eng, Rücken an Rücken beisammen, dass man sich schämen muss, laute Sätze daherzuplappern. Der Buchhändler Laubschad empfängt mich wie einen Gast in einem Königreich, dessen unterster Untertane er ist, und ich betrete dieses Reich auf Zehenspitzen. Ein Buch kaufen? Lächerlich. Wir lieben die Bücher, gemeinsam lieben wir sie. Der Buchhändler Laubschad führt mich den Regalen entlang. Wir schleichen ein Meisterwerk an. Plötzlich, mit pantherhafter Behendigkeit schnellt seine von Altersflecken braune Hand vor, zückt einen Lederband, nicht ohne ihn flüchtig, kaum sichtbar und nur symbolisch zu küssen, dann liegt der Band in seinen langfingrigen Pianistenhänden, die nun ebenso blitzartig und verschämt die beiden Lederdeckel streicheln, während die Daumen den Rücken nicht zu kurz kommen lassen. Wir blicken uns, als hätten wir uns im Keller beim Naschen entdeckt, kurz an, dann schlägt er mir das Buch vor der Nase auf: »Riechen Sie«, flüstert er heiser. Ich rieche. Es ist der balsamische Geruch eines Meisterwerks, es duftet nach kunstvoll bedrucktem Papier. »Machen Sie das nach«, kichert Laubschad und streicht sich mit einer langen Hand das schlohweiße Haar zurecht. Wir schleichen und zücken, streicheln und flüstern, tauschen Kennermienen aus. Am Stehpult in einer Ecke steht ein Gehilfe und liest unbeirrt. Er liest sämtliche Bücher durch, die eintreffen, denn Laubschad duldet kein ungelesenes Buch in seinem Laden.

LOKALBERICHT

Am Morgen, wenn die Pakete von der Post kommen, reißt er sie gierig auf und wirft dem gähnenden Gehilfen die Bücher vors Stehpult: Da, da, da, da. »Lesen Sie, was das Zeug hält, damit wir à jour sind.« Die gelesenen Bücher werden sofort eingereiht, und die Summe aller gelesenen Bücher hängt als raunendes Stimmengewirr in der muffigen Luft. Laubschad verkauft sehr ungern Bücher, und schon gar nicht solche, die er nicht doppelt und dreifach im Gestell hat. Bei ihm kaufen zu wollen, ist eigentlich eine Beleidigung, von der er sich nur erholen kann, indem er wortlos und für endlose Zeit hinter der Bücherwand verschwindet, hinter der neben seinem Pult auch ein messingenes Rohrbett steht. Die Wartezeiten in der Buchhandlung Laubschad sind berüchtigt lang, so lang, dass viele Käufer den Laden ohne das gewünschte Buch wieder verlassen. Laubschad ist sehr trickreich, wenn es darum geht, seinen durch Käufer gefährdeten Bestand zu erhalten. Er sagt: »Das Buch ist leider nicht vorrätig«, und füllt flink einen Bestellzettel aus, der nie abgeschickt wird. Greift der Kunde, der sich noch etwas umsieht, das betreffende Buch verdutzt aus dem Regal, ist es reserviert. Kommt er nach einer Woche, nach vierzehn Tagen, nach einem Monat wieder, ist das Buch vergriffen oder klappt etwas in der Auslieferung nicht. Pirscht dann der Kunde, Verdacht schöpfend, das reservierte Buch an, findet er es tatsächlich nicht mehr, denn Laubschad hat es verstellt und allenfalls, kennt er den Kunden als wohlerzogen, bei den Sexualwissenschaften untergebracht, andernfalls bei den Okkulta. Es ist laubschade, dass Laubschad Buchhändler und nicht Bibliothekar geworden ist, denn eine Bibliothek, in der selbst vorhandene Bücher nicht herausgegeben werden, ist keine Seltenheit, aber eine Buchhandlung wird nun einmal um des schnöden Kaufes willen aufgesucht. Laubschad, das ist im Städtchen kein Geheimnis, übernachtet im Laden, nicht immer, aber oft.

Ich muss den Buchhändler Laubschad kurz verlassen, ihn ungestört seinen Büchern überlassen, um ein wichtiges Ereignis zu feiern: den Kauf von zwei neuen Autos. Einen Sportwagen und eine Limousine habe ich mir angeschafft. Feuerwehrrot und zum Streicheln seiner hochstilisierten Karosserie verlockend, steht das Sportcabriolet vor mir, sprungbereit; in diskretem Silbergraugrün glänzt die Limousine, weich anrauschend. Sie haben es natürlich erraten: ich spreche von meinen beiden nigelnagelneuen, meinetwegen jungfräulichen Schreibmaschinen. Wenn Sie, verehrter Leser, noch nie ein weißes Blatt in eine neue Schreibmaschine gespannt haben, dann sollten Sie das dringend nachholen, ein größeres Selbstvertrauen werden Sie auch in einem Ferrari oder in einem Straßenkreuzer nicht erleben. Das eingespannte Blatt flüstert: »Beschreib mich, beschreib mich!«, und Sie werden zumindest für ein paar Minuten das Gefühl haben, Ihre Sätze – und seien sie so banal wie Testsätze: »Meisterliche Präzision ist das Merkmal aller Hermes-Schreibmaschinen« – glänzten ebenso neu wie das von Ihnen getestete Modell. Genau so ist einem Schriftsteller zu Mute, wenn er eine Idee hat, genau so, aber auch nur so. Denn schon bald wird sich die Maschine so wenig von anderen unterscheiden, wie sich eine Idee von andern unterscheidet. Gedanken nutzen sich sehr rasch ab. Man braucht einen Gedanken nur auszusprechen, und schon verliert er den Glanz alles Unausgesprochenen. Tippt man ihn sogar, wird er unbrauchbar. Dann sucht man Trost bei einer neuen Schreibmaschine. Warum gerade zwei? Wollen auch Schreibmaschinen entlastet sein? Tippe ich in der einen den Roman und in der anderen die Dissertation? Haben die Maschinen zwei verschiedene Schriften, die Limousine Director-Pica oder Elite und der Sportwagen Script? Dienen die zwei Schriften allenfalls zum Verdeutlichen von zwei verschiedenen Romanebenen, und müsste man in diesem Fall nicht fünf, zehn Apparate nebeneinander haben, fingerfertig vom einen zum andern hüpfend? Haben Schreibmaschinen eine Ähnlichkeit mit Tabakpfeifen, müssen auch sie erkalten, um würzige Sätze herzugeben? Sind Schreibmaschinen eifersüchtig aufeinander und spornen sie sich deshalb zu großen Taten an? Ist eine Schreibmaschine gleich einem Klavier leicht zu verstimmen? Werden etwa die Etüden auf dem Piano und die Meistersätze auf dem Flügel gespielt? Mitnichten und Neffen. Obwohl alle diese Fragen beantwortbar wären, seitenlang, haben wir anderes vor: wir, meine Schreibmaschinen und Günter Frischknecht, welcher Name der meinige sei, wollen einem möglichen Schreibmaschinen-Narzissmus ausweichen. Die Schreibmaschine soll nicht sich selber und um ihrer selbst willen beschreiben, sondern ihre Kollegin. Eine beschreibt die andere. Mache ich Aussagen über die gedämpfte Vornehmheit der Hermes Media, lege ich sie der Olivetti Valentino in die Tasten, rühme ich dagegen den sportlich klappernden Mechanismus der Olivetti, tue ich dies diskret auf weißen Tasten. Weiße Tasten und schwarze Buchstaben hier, schwarze Tasten mit weißem Alphabet dort. Weißer Kunststoff – in Wirklichkeit ist es Perlmuttergrau – erinnert mich daran, dass man vom Schreiben schwarze Finger bekommt und womöglich eine schwarze Seele; schwarze Tasten wissen zu erzählen, dass ein weißes Blatt Papier das schönste Gedicht enthält. Wenn ich auf der Hermes Media beschreibe, wie ein völlig unfirlefanziöses a der Olivetti von der Type auf weißes Papier findet, kann ich es nicht lassen, aus der Olivetti-Optik der Hermes auf den entsprechenden Finger zu schauen. Vergleiche drängen sich auf. Beide haben kein Ausrufungszeichen und verbieten mir sowohl den expressionistischen Stil als auch sturmunddranghafte Attitüden. Beide mahnen gleich streng durch fehlendes Semikolon zu maßvoller Interpunktion. Prozente zu geben und auf Paragraphen herumzureiten wäre hüben wie drüben möglich. Dagegen erlaubt mir die Hermes, ¾ und ¼ zu einem Ganzen zusammenzuzählen, worauf die Olivetti mitleidig lächelnd verzichtet. Eine neue Schreibmaschine riecht nach Walzengummi und Ehrgeiz. Man müsste eine neue Schreibmaschine mit Hilfe einer Tochtermaschine dermaßen perfekt und endgültig beschreiben können, dass damit alles mittels einer Maschine Sagbare potentiell gesagt wäre. Das Instrument wird zum Gegenstand der Aussage, eine Vereinfachung, welche die Malerei schon längst erkannt hat, indem sie, wenn auch noch nicht leere, so doch Leinwände ausstellt, die eine merkliche Tendenz zum optischen Verstummen haben. Leinwände, die sich kühn am Rande ihrer selbst behaupten. Eine sich am Rande ihrer selbst behauptende Schreibmaschine vermag kraft ihres Beinahe-schon-nicht-mehr-Daseins die Fragwürdigkeit aller Schreibmaschinen zeichenhaft, nicht symbolisch im Goethe'schen Sinne, in die auf der Maschine selbst ihrerseits nur zeichenhaft angedeutete Frage zu stellen. So erst gelangt die Schreibmaschine zu ihrem eigentlichen Sinn, in dem sie in der Sprache über sie selber zu sich selbst kommt und darüber hinaus vermöge dieses Zu-sich-selber-gekommen-Seins der Sprache, die sie ja faktisch sichtbar macht, dazu verhilft, zu sich selber zu kommen. Die Schreibmaschine ist dann in der Sprache aufgehoben, wie die Sprache in der Schreibmaschine aufgehoben ist. Aufgehoben im doppelten hegelianischen Sinn: auf-gehoben und aufgehoben. Nicht genug: die Sprache verkörpert die Sprache, und die Schreibmaschine geht im Schreibmaschinenhaften ein. Der Weg von der Schreibmaschine zur Sprache ist durch den dargestellten Weg von der Sprache zur Schreibmaschine in sich verkürzt, will sagen: ins Reziproke verkehrt, will noch einmal sagen: sozusagen, wenn wir das so sagen dürfen: gleich Null. Dann wären wir endlich mitten drin in jenem vielbesungenen Anfang, in dem nur das Wort war, das Wort um seiner selbst und um der Schreibmaschine des lieben Gottes willen, deren Nachfahren sich zwar nicht streng an die Mythologie halten und sich lieber vom Reisegott als von einem strafenden Gott herleiten. Sozusagen wäre dann alles gesagt. Ich will meinen beiden Schreibmaschinen, die fortan immer an erster Stelle kommen, dem Leser und mir diese Etüde ersparen und dieses Romanthema großzügig verschenken. Immerhin sei darauf hingewiesen, dass man mit dem Bilderduden, Seite 437, und natürlich auch mit Prospekten sehr weit kommt. Die Einzelteile sind nummeriert, eine übersichtliche Legende gibt Auskunft. Wissen Sie zum Beispiel, fragt der Duden, für sein Wissen werbend. Wissen Sie zum Beispiel, was eine Zentralführung oder wo der Typenentwirrer ist? Sie wissen es, obwohl Sie im Gegensatz zu mir zehnfingrig und vielleicht auch zehnköpfig schreiben, nicht. Der Prospekt, der es womöglich dem Duden abgeguckt hat, gibt unter dem anspruchsvollen Titel »Anleitung zum Schreiben«, bei dem jedem Schriftsteller das Wasser im Mund zusammenläuft, bereitwillig Auskunft. Zitat: »Die Typenhebel werden automatisch etwa sieben Anschläge nach dem Glockenzeichen gesperrt. Um über den Rand hinauszuschreiben, wird der Randauslöser (43) betätigt; Sie können nun bis an das rechte Ende der Walze schreiben. Auf gleiche Weise kann auf der linken Seite vorgegangen werden – ohne den Randsteller zu versetzen –, wenn man darauf achtet, ihn in dem Augenblick niedergedrückt zu halten, wo die Lösung vor sich gehen soll. Der Randauslöser erfüllt noch eine zweite Aufgabe: die des Typenentwirrers. Es kann vorkommen, daß sich zwei Typenhebel ineinander verklemmen; ein leichter Druck auf diese Taste, und die Hebel fallen auf ihren Platz zurück.« Es ist nun bei einer neuen Maschine allerdings schwieriger, zwei Typen zu verwirren als zu entwirren, trotzdem gibt der Typenentwirrer ein sicheres Gefühl und lässt sogar die Fata Morgana aufkommen, er funktioniere vielleicht auch

LOKALBERICHT

bei einer Gedankenverwirrung. Mit dem kleinen Finger der linken Hand ständig auf Typenverwirrungen lauernd, so lässt sich's viel unverwirrter schreiben, in der Tat. Übrigens kann ich mich beim Prospekttext des leisen Eindrucks nicht erwehren, der Verfasser habe mit seiner Passivkonstruktion für die linke Randauslösung der politischen Linken eins auswischen wollen. Ausgeschlossen wäre es nicht, denn der ganze Satz lautet: »Auf gleiche Weise kann auf der linken Seite vorgegangen werden, wenn man darauf achtet, ihn (ja wen denn? Natürlich den längeren Hebelarm, an dem man sitzt), ihn in dem Augenblick niedergedrückt zu halten, wo die Lösung vor sich gehen soll.« Und diesen Satz muss meine feuerwehrrote Rennmaschine, da sie über die Schwester Hermes und deren Prospekte meditiert, abschreiben, ohne rot werden zu dürfen, weil sie schon rot ist? Ich werde die Anleitung zum Schreiben weiterhin konsultieren, vorerst aber den ersten aller Ratschläge auf Seite eins beachten: »Wir möchten Sie vor jedem Versuch warnen, die Maschine auseinanderzunehmen, denn ein solcher Eingriff würde die Garantieansprüche aufheben« und demzufolge dem gegenseitigen Sezieren meiner beiden Maschinen, der Hermes Media de Luxe und der Olivetti Valentino Sport, Einhalt gebieten, damit wir, meine Maschinen und ich, uns nicht jegliches Anrecht auf Garantie verwirken, denn auch die Maschinen brauchen eine gewisse Garantie dafür, dass meine Finger geschmeidig hüpfen und es dem Alphabet die Permutationen mit allen seinen Elementen nicht zur Qual machen. Meine alte Maschine, die als Hebamme so viele Gedichte aus zartem Seelenschlummer befreit und als nackte, vor Daseinsfreude kreischende Dinger aufs weiße Papier gesetzt hat, wird im Olivetti-Maschinenfriedhof verschrottet, oder aber sie wird pensioniert und dient womöglich einem jungen, nur nachts schreibenden Kritiker dazu, diesen Roman, der keiner ist und nie einer sein wird, nach allen Regeln der

Romankunst zu verreißen. Maschinen sind – deshalb der Vergleich mit der Hebamme – hartherzig, der Verrat wäre ihr zuzutrauen.

LOKALBERICHT

Der Lokalhistoriker Barzel, der den Lokalteil unserer Tageszeitung betreut, um dessentwillen sie lesenswert sein soll, hat sich wieder einmal eine Nummer geleistet. Da erhält die Stadt der schönen Giebel zu ihren viel geknipsten Giebeln hinzu ein neues Fotosujet. Eine Baufirma, die ihren hundertjährigen Geburtstag feiert, rekonstruiert nach alten Zeichnungen den Pulverturm der Stadtbefestigung an der Ecke Ziegelrain/Asylstraße, mauert den runden Turm selbstlos bis auf seine ursprüngliche Höhe von 18 Metern auf, zackt ihm Schießscharten ein und schenkt ihm einen wunderschönen Kegelhelm, der am Boden in liebevollster Handwerkerarbeit gezimmert und mit einem Kran in einem kaum zehn Minuten dauernden Manöver technisch perfekt aufgesetzt worden ist, und da schreibt Barzel, der das Versteckspiel hinter Zeichen liebt und bald mit rz, bald mit el zeichnet, sage und schreibe über seine Reportage: Helm auf! Ein Pulverturm, der wehrhafte Charakter ist ihm nicht abzustreiten, der aber trotzdem lieber explodieren als wehrhaft sein möchte, soll also wieder symbolische Pflichten übernehmen und jedem Reisenden, der, über den Schachendamm rollend, die mittelalterliche Stadtansicht bewundert, noch bevor er für eine erlösende halbe Minute in den Schanztunnel taucht, zweideutig eindeutig klar machen, dass im Stadtkern eine Kaserne und kein Einkaufszentrum, geschweige denn ein Kulturzentrum steht. Der Reisende, dieser Zeichensprache mächtig, wird weder aus- noch umsteigen, sondern nach kurzem Halt zwischen Großstadtleben vortäuschenden Perrons den Gruß des Vorstandes, der nicht ihm gilt, unerwidert lassen und in Richtung Güterschuppen, Industriequartier davonrollen. Barzel hat sich wohl nicht überlegt, dass jeder Soldat, der dem gehässigen Befehl »Helm auf!« gehorchen muss, nur einen Wunsch kennt: Helm ab! Und der Pulverturm wird diesem Wunsch nicht ohne die Hilfe der Baufirma nachkommen können. Spätestens nach dreitägigen Manövern wird der

Pulverturm nach dem erlösenden »Helm ab!« verlangen.
Die Baufirma wird ihren Geburtstag verlängern müssen
und den Helm in einem zehnminütigen Manöver auf jene
Stelle setzen, wo er gezimmert worden ist. Das Beispiel
wird Schule machen, andere Türme, allen voran der Stockturm, werden sich sagen: Warum nicht einmal Helm ab?
und werden nach Geburtstag feiernden Baufirmen, nach
girrenden Kränen stumm trotzig schreien. Der Stockturm
wird sich seinen jahrhundertelang getragenen Pyramidenhelm mitsamt den Schleppgauben abheben lassen und einen braun verschwitzen Holzschopf zeigen, der Dachreiter
auf der Stadtkirche wird sein geschweiftes Helmchen eigenhändig in die Luft schießen, die katholische Kirche, die
keinen Helm hat, wird nichtsdestotrotz nach Erleichterung
von ihrem Flachdach tiefglockig läutend verlangen. Wo immer Helme sind, werden sie abgezogen, und schon will wieder einer der erste sein mit Helm auf, es beginnt ein endloses Strafexerzieren unter sämtlichen Türmen der Stadt,
kommandiert vom herrschsüchtigen Stockturm: Helm auf,
Helm ab, Helm auf, Helm ab, und der Lokalhistoriker Barzel wird vom einen zum andern rennen müssen, bald da
um die Rettung des kunstvollen Pulverturmhelmes besorgt,
bald dort die Stadtkirche bittend, nicht auch noch mit dem
Unsinn anzufangen und ihren Käsbissen, die Ziergiebel
aus Muschelkalk gefährdend, vom Scheitel zu reißen. Von
Helmen jeder Bauart, grünspanigen und kupfergleißenden,
mehr verspottet als begrüßt, wird Barzel endlich einsehen,
wie weit ein geschriebener Satz, vor allem ein Befehlssatz,
und stehe er auch nur im Lokalteil einer kleinen Zeitung,
die über kleine Tage in einer kleinen Stadt Wissenswertes
zusammenfasst, wie weit er führen kann.

Er schreibt. Unser Städtchen ist klein genug, dass man um dieses Geheimnis ein flüsterndes Geschrei macht. Wissen Sie schon, dass er im Geheimen schreibt, dass er eine Schublade voll Erzählungen hat? Wie von einer Sucht wird gesprochen, von einem Rauschgift, das der Betreffende wagt, zu sich zu nehmen. Vom Augenblick an, da das Gerücht besteht, er schreibe, gehört er zu einer Kaste, zu einer mutigen Gruppe, die sich auf einen Holzboden wagt, der alle übrigen Holzböden, die der Kunst jemals untergeschoben wurden, bei weitem übertrifft. Der Holzboden ist bei uns aus splintenreichen Gerüstbrettern roh gezimmert. In diesen Brettern krümmen sich rostige Nägel vor Lachen. Es sind Bretter, die man für den Bau nicht mehr brauchen kann. Zementkrusten verbieten den nackten Füßen jeden tänzerischen Schritt. Es sind Bretter, die nicht einmal knallen, wenn man sie von einem Lastwagen fallen lässt. Stumpfe, jeden Bretterstolzes bare Bretter, zementstaubig, ungehobelt. Wer diesen Bretterboden betritt, fühlt sich augenblicklich gelähmt. Kein Maurer würde, darauf stehend, mit Schwung Backstein an Backstein setzen, Verputz an die Wand klatschen. Darum: wer diesen Bretterboden betritt, indem er den Inhalt seiner Schubladen, allenfalls seiner Papierkörbe in einem selbstlos-kühnen Nebensatz zweiten Grades verrät, der verdient den süßen Lorbeer des Gerüchts. Wo entstehen solche Gerüchte, wenn der Nebensatz Ellipse oder Gedankenstrich bleibt? Die Buchhandlung Laubschad zeichnet als Küche für viele, besonders für literarische Gerüchte. Unter den flüsternden Büchern, auf dem Spannteppich und in den kreidigen Pianistenhänden des Buchhändlers dürfte sich ein Geflüster über einen Schreibenden besonders wohl fühlen. Der Buchhändler Laubschad hat schon vielen Schreibenden den Segen gegeben, indem er, höflich nickend und seine Bücher um Ministrantendienst bittend, von Begabungen Kenntnis nahm. Man muss gesehen haben, wie Laubschad einen Geheimtipp weitergibt. Er setzt nicht etwa plump und hebammenhaft ein Gerücht in die Welt, sondern er erzeugt nur das Gerüchteklima. Er horcht mit seinen Kabisblättern einen Kunden aus, unterschiebt ihm, der begierig ist nach Neuigkeiten, ein paar Reizwörter, bis der Kunde selber auf die längst auf der Hand kitzelnde Idee kommt: Stimmt es, dass der und der auch schreibt? Laubschad tut erstaunt, will es nicht fassen, schickt aber wiederholt angedeutete Gourmetküsse zum Himmel, das heißt zur großen Bücherwand mit den Lederausgaben, er weiß auf dermaßen perfekte Art nichts davon, dass der Volksmund – der übrigens wie jeder Mund jedes Jahr einmal zum Zahnarzt geht – lüstern nach der Neuigkeit schnappen muss, und das Gerücht ist geboren. Wer ein Gerücht sät, wird ein Gericht ernten, sagt eben dieser vielfach plombierte Volksmund. Der Gerichtshof für literarische wie für andere Gerüchte ist der vielbeschäftigte Volksmund, der wegen Arbeitsüberlastung nach eingekochtem Kohl, das heißt aus dem Mund riecht. Trotz allem: welches Glück für unser Städtchen, er schreibt auch! Sein Haus soll nur aus Schubladen bestehen, in denen Dramen und Romane, Gedichte und Tagebücher auf den glücklichen Verleger warten. Der Weg eines Gerüchtes durch unsere Stadt wäre einmal auf einer Karte nachzuzeichnen. Zuerst bleibt das Gerücht seiner Geburtsstätte treu und techtelmechtelt in der Buchhandlung mit anderen, ähnlichen Gerüchten. Wo man, dass einer schreibt, flüstert, da lass dich unruhig nieder! Die Gerüchte spielen Versteck, haschen einander, jagen sich durch die Regale, vertäuben namhafte Klassiker, spielen blinde Kuh, feiern Orgien, ja, Orgien. Sie ziehen sich gegenseitig aus. Ein splitternacktes Gerücht auf dem Spannteppich, der, beiseite gesagt, pflaumenblau ist, hockt, unmissverständlich Kopulationsbewegungen imitierend, auf einem anderen, splitternackten Gerücht. Sie treiben es nicht bunt, aber farbenfroh, bis der Buchhändler Laubschad in die Hände klatscht und die Gerüchte aus dem Laden scheucht. Das Gerücht, dass einer schreibt, zieht also aus, das Fürchten vor dem plombierten Volksmund zu lernen. Kantonsschulprofessoren, insbesondere Deutschlehrer, haben besonders schlechte Zähne, da sie dauernd unverdaute Literatur wiederkäuen und in sogenannten Potenzträumen von ausfallenden Zähnen träumen. Am Hungerberg also und im Villenquartier Zelgli – die Väter der heutigen Lehrer, die natürlich auch Lehrer waren, gehörten noch zum Mittelstand – wird das Gerücht beim Mittagstisch die Runde machen: Da ist schon wieder einer, der schreibt. Sollen mal zuerst die Kommaregeln lernen, bevor sie schreiben wollen. Hast du schon gehört, Clothilde, ein Schriftsteller am Anfang eines dornenvollen Weges. Den könnten wir mal zu einer Suppe einladen. Hat das Gerücht die Reifeprüfung bestanden, dann wird es in die unteren Schichten dringen. In der Bibliothek, wo Studenten ihr Examen in täglicher Fronarbeit vorbereiten, wird es gut genug sein für einen Witz, der in der Pause über den Automatenkaffee hinwegtröstet. Habt ihr das gehört? Ein Lebender wagt es zu schreiben. Unter dem Humor versteckt sich Sarkasmus. Im Sack machen sie bereits die Faust der Interpretation. Den werden wir in Grund und Boden interpretieren, sobald wir das Patent und eine Zeile von ihm in Händen haben. Von diesem Schock erholt sich das Gerücht erst wieder beim literarischen Tee der Damen vom Kulturkreis. Dort wird es gehätschelt und aufgepäppelt, betastet und liebevoll zerzaust, es süßt den Tee und zuckert das Gebäck, es dient auch dazu, sich gegenseitig zu kitzeln und zu fächeln, es verziert fünfstöckige Torten und haftet sogar an Kopfwehtabletten. Derjenige, der schreibt, kurz: derjenige genannt, wandert wie ein Waisenkind von Schoß zu Schoß, und die Präsidentin merkt ihn in ihrem Herzen, das den beträchtlichen Umfang von 100 Zentimetern hat, vor. Von da an ist das Gerücht schwer zu verfolgen. Seminaristinnen werden den Namen an progressi-

ven Stammtischen erhaschen und in ihrer Bude neben die
Karte von Spanien heften. Aufgeschlossene Ärzte mit eben
erst eröffneter Praxis werden ihre schlechte Deutschnote
vergessen und den Namen vorerst einmal desinfizieren.
Ältere Schriftsteller, Konkurrenz witternd, werden den
Namen totschweigen oder besonders freundlich nach ihm
fragen, weil Freundlichkeit auch sie erledigt hat. Der Lokalhistoriker Barzel wird lange, lange nichts davon erfahren und sich später, wenn er den Schrecken, ohne Schlagzeilen noch einmal davongekommen zu sein, verdaut hat,
mit Eichendorff entschuldigen. Ehemalige Schulkollegen
dessen, der da schreibt, werden ihre Rache auf die nächste
Klassenzusammenkunft verschieben. Mein Freund, der
Kritiker Neidthammer, wird mit feiner Nase ein Talent wittern – ein Talent in einer stumpfen, insgesamt talentlosen
Kleinstadt macht sich immer gut – und einen Fliegenfänger
über seinem Schreibtisch aufhängen. Die Kulturstiftung
Zschokke wird den Schlüssel im Kassenschrank einmal
umdrehen. An der Kantonsschule und am Lehrerinnenseminar werden jüngere und ältere Lehrer, die mit der Zeit
gehen, ohne aber dem Zeitgeist zu verfallen, sich schon auf
eine Stunde freuen, die sie nicht vorbereiten müssen (Dem
jungen Dichter mal die Chance geben, vor eine Klasse zu
treten). Der Buchhändler Laubschad wird geduldig warten, bis sich das Gerücht personifiziert und bei ihm im
Laden vorstellen wird. Die Studenten in der Bibliothek
werden ihre Fußnoten in Unschuld waschen. Die Kollegen
von der Konkurrenz werden ihre Angst in neu begonnenen Romanen investieren. Die Tageszeitung wird weiterhin erscheinen und ihren Sportteil dreiseitig gestalten, als
wäre nichts geschehen. Der Intendant des Kellertheaters
wird keine neue Bestuhlung anschaffen. Das Wasser, mit
dem auch der neue Unbekannte kochen wird, fließt träge,
schmutzig grün in jenem Fluss, der unserer Stadt und
dem Kanton den Namen gegeben hat. »Er schreibt« wird

so lange da und dort geflüstert, versprochen, ausposaunt, mitleidig belächelt und verschwiegen werden, bis das Gerücht über den Schreibenden herfällt und ihn selbstbewusst oder impotent macht. Ich habe mir, um dem Volksmund zu entgehen, einen kostspieligen, aber lohnenden Fluchtweg nach vorn einfallen lassen. Jede Woche am Montagmorgen, wenn die Leute Zeit haben und suchen, die Zeitung zu lesen, erscheint, in der Aufmachung einer Todesanzeige nicht unähnlich, ein Inserat: Er schreibt. Von der anfänglichen Floskel: Der Schriftsteller Günter Frischknecht beehrt sich, Ihnen mitzuteilen, dass seine Praxis usw., bin ich abgekommen. Es genügt vollauf zu sagen: Er schreibt. Wieso publik machen, werden Sie fragen, was man geheim halten möchte? Weil sich für das, was in der Tageszeitung steht, niemand interessiert, und weil es niemand glaubt. Oder weil man es leugnet. Man ist bei uns sehr empfindlich auf Publizität. Es gibt kein sichereres Versteck als die Tageszeitung. Die Leute lesen sie nur, um darüber informiert zu sein, dass bei uns nichts läuft. Der Tod jeder Gerüchtemacherei ist die offizielle Mitteilung. »Er schreibt« kämpft in fetten Lettern erfolgreich gegen das geflüsterte »Er schreibt?«. Nur der Buchhändler Laubschad weiß, wer sich hinter diesem Scherz verbirgt, und wird früher oder später aus dem Satz gegen das Gerücht das Gerücht aller Gerüchte machen.

Angst, Angst habe ich natürlich, sonst würde ich nicht schreiben, Angst vor drei möglichen Existenzformen: Lehrer, Schriftsteller, Kritiker, Angst insgesamt vor einem Leben mit Literatur, für die Literatur.

Es gibt, der Einfachheit halber, drei Lehrertypen, zwei davon darf man als glückliche Naturen bezeichnen, doch der dritte kommt weitaus am häufigsten vor. Der naive und der geniale Lehrer, beide sind auf ihre Art zufrieden. Der naive kennt kein größeres Glück als Kinder zu erziehen, in täglicher Fronarbeit, während seine Seele allmählich im Kreidestaub erstickt. Er glaubt an die Schule und opfert sich dafür, nicht einmal auf der Schulreise denkt er an Ausbruch. Er ist ein Mann der Pflicht, selbst wenn die Pflicht tödlich ist. Er hat es auch nicht nötig, auf die zwölf Wochen Ferien hinzuweisen, wenn andere von Kongressen und Amerika-Reisen schwärmen. Er ist ganz Lehrer, vom Rucksack bis zu den Bergschuhen, dafür ein bisschen links. Es stört ihn nicht, wenn andere ihr Leben täglich erkämpfen müssen, höchstens bemitleidet er sie mit botanischem, treuherzigem Blick. Seine Schüler lernen viel bei ihm, vor allem Grades, Senkrechtes, sie werden ihn später dankbar an ihre Klassenzusammenkünfte einladen und dabei erfahren, dass auch er nur ein Mensch ist. Dieser Lehrer erreicht gewöhnlich ein hohes Alter, zehrt von einer bescheidenen Pension, welche ihm die Möglichkeit gibt, über alle jene Lebenstorheiten nachzusinnen, die er nicht begangen hat und nun den Enkeln seiner Schüler missgönnt. Dann und wann erhält er einen Brief oder einen Besuch von einem, der nie lesen und rechnen konnte und es doch noch zu etwas gebracht hat. Solche Briefe freuen ihn, er sammelt die ausländischen Marken.

Ebenso glücklich ist der geniale Lehrer, welcher der Schule den kleinen Finger gibt und die Hand für sich behält. Ihn grüßen Schüler und Kollegen stets ängstlich, als wäre es das letzte Mal. Er ist immer sehr beschäftigt.

Unterrichtet er Naturwissenschaften, flattert sein weißer Mantel, lehrt er Sprachen, werden ausgefallene Zeitschriften und Probeabzüge unter seinem Arm nicht wegzudenken sein. Er läuft ständig so herum, als hätte er das Leben mit dem raffiniertesten Zug schachmattgesetzt: er lässt sich vom Staat dafür bezahlen, dass er die Schüler an den Vorbereitungsarbeiten seiner Werke teilnehmen lässt. Die Schüler lesen seine Aufsätze, sofern sie zu ergattern sind, und fressen ihm aus der Hand, die Kollegen schneiden seine Artikel ebenfalls aus, ohne sich aber dazu zu äußern. Man will ihn, wenn er zu üppig ins Kraut schießt, mit seinen eigenen Waffen schlagen. Und der Staat letztlich hat ein Aushängeschild oder ein Feigenblatt, gleichgültig, wie man das nennen will. Somit ist vorderhand allen gedient. Die Schüler werden später, wenn ihr Vorbild schon längst Professor an einer Universität und somit auf einer höheren Stufe unangreifbar ist, beim Durchblättern ihrer Hefte merken, dass sie wenig aufgeschrieben haben und nicht wissen, dass es eine deutsche Aufklärung gegeben hat. Was sie aber mitgenommen haben, ist der diffuse Eindruck genialer Stunden, das Glück endloser Diskussionen. Sie erinnern sich eher an einen Geruch als an Fakten, an das männlich herbe Parfum der geistigen Größe, und diese Erinnerung entschädigt sie für manches Loch in der Konversation: Wissen Sie, unser Geschichtslehrer verlangte keine Jahrzahlen, er hatte es stets auf die inneren Zusammenhänge abgesehen. Dass innere Zusammenhänge meistens vor blanken Zahlen erblassen, färbt das asketische Bild des Lehrers nur noch tugendhafter. Es ist unfassbar, wie leicht man unter dem Deckmantel der Genialität jungen, aufs Absolute versessenen Menschen etwas vormachen kann. Wichtig ist, dass sein Werk gedeiht, dass er den Mut hat, von den zwei Seelen, ach, in seiner Brust diejenige im Lehrerzimmer zu vernachlässigen, dass er auf dem federnden Sprungbrett bleibt, bis der Wind günstig weht, und nicht rückwärts die Sprossen hinuntertastet. Dieser Lehrer wird sich bei der Klassenzusammenkunft höflich entschuldigen und in seinem Brief auf jene unumgängliche Verpflichtung hinweisen, welche zwanzig lebenstüchtige Männer und Frauen immer noch innerlich erschauern lässt vor so viel Größe. Erinnert ihr euch noch, wie er immer vom Thema abschweifte? Da trotz seiner Genialität niemand von euch Lehrer geworden ist, wisst ihr nicht, wie leicht es ist, abzuschweifen, und wie viel Vorbereitung ein banales, grammatikalisches Kapitelchen verschluckt. Er hat euch Philosophie geboten, statt euch zum Denken zu erziehen, sonst hättet ihr ihn längst durchschaut. Er ging mit euch immer so hoch hinaus, dass euch schwindlig wurde und ihr nicht mehr hinabblicken konntet auf die fehlenden Fundamente. Dafür hat er euch auf eure Kosten mit seinem Werk beschenkt, und in der großen Buchführung des lieben Gottes wird diese Rechnung bestimmt aufgehen.

Der dritte Lehrer leidet unter einem großen Dilemma: er wollte eigentlich gar nicht Lehrer werden. Er ist zu sensibel und zu gescheit für diesen Beruf, aber doch zu wenig robust für einen andern. Widrige Umstände, Unbilden des Schicksals haben ihn gezwungen, vorerst einmal Schule zu geben. Er hat sich ein Auto angeschafft und dank diesem eine Schülerin geheiratet, Kinder kamen, nicht zu früh, dennoch viel zu früh, die Wohnung wurde zu eng, der Posten eines Aktuars beim Kulturkreis Zschokke verlangte nach ihm, andere Nebenverdienste winkten, er wurde eine öffentliche Figur, bevor er Zeit fand, eine Persönlichkeit zu werden. Er beteuert jedem, der es wissen will, dass er nur der Ferien wegen Lehrer sei, doch weiß er mit den Ferien nichts Gescheiteres anzufangen als mit einer Europa-Karte dem Leben nachzurennen, das rings um die Stadt brandet, nur nicht die süßlich riechenden Schulkorridore überflutet. Was er hat, das will er nicht, und was er will, das hat er nicht. Die Schulkameraden seines Jahrgangs überholen ihn im Sportwagen, eröffnen Anwaltsbüros und reisen auf Kosten ihrer Firma in unterentwickelte Länder. Er konnte zwar immer am besten Englisch, aber sie gebrauchen es, geben Partys und suchen den Anlageberater auf. Jede Erfolgsmeldung lässt ihn zusammenzucken und die ohnehin darniederliegenden Schulvorbereitungen ganz vergessen. Hinzu kommt, dass seine Gattin von der Schülerin zur Frau wird und Ansprüche stellt. Da sie immer nur seine modelnde Hand verspürt hat, sehnt sie sich nach den Ohrfeigen des Lebens und verführt womöglich jenen Schüler, der die Aufsatzhefte nach Hause bringt. Sie kocht nur noch fahrlässig und sonnenbadet in der dafür geschaffenen Anstalt herum. Sie wird täglich hübscher, aber nicht für ihn. Hinzu kommt, dass die Schüler reklamieren und zum Rektor gehen. Sie wollen endlich Stoff und nicht bloß Diskussionen. Sie haben seine kummervolle Visage satt, sein ewiges Zuspätkommen. Seine Ausreden erreichen Irrenhausreife. So viele Barrieren gibt es in der ganzen Stadt nicht. Die Hefte bleiben monatelang auf dem Schreibtisch liegen, auf dem sich immer weniger Platz für jenen Brief findet, der seit Jahren angefangen im Wunschkästchen liegt und regelmäßig die Adresse wechselt: Sehr geehrte Firma, Bezug nehmend auf Ihre ausgeschriebene Stelle eines Personalchefs ... Lieber alter Freund Hase, Dein Vorschlag, in die Hotelbranche einzutreten, will mir nicht aus dem Kopf ... Er ist unausgeglichen, wofür sich seine Schüler an ihm rächen. Natürlich nützt er seine Macht, die sich in der Skala von eins bis sechs winzig ausnimmt, aber verheerende Folgen haben kann, voll aus. Hie und da schafft er sich Luft, indem er einem das Leben verpfuscht, der es später auch mit mangelhafter Satzzeichenbeherrschung besser machen könnte als er. Er klammert sich an den Professorentitel, der ein anständiges Salär kompensiert, und lässt im Telefonbuch eintragen: Prof. Dr. phil. Er findet das Leben ein schlecht inszeniertes Drama ohne Regisseur, weil es ihm nicht in den Sinn kommt, ohne Schauspielunterricht frech auf die Bühne zu treten. Mit einem Wort: er spart sich auf für den großen Coup. Er legt seine schlummernden Talente zinsfrei an. Vorübergehend findet er sogar Anschluss bei der jungen Linken, gemäß dem Motto: Wo man es auch zu nichts gebracht hat, da lass dich unruhig nieder. Er findet Gefallen an blitzableitenden Zynismen und billigem Haschisch, vergisst sogar seine Knauserigkeit, wenn eine Flasche Valpolicella unbezahlt übrig bleibt. Wenigstens das will er sich leisten: seine Existenz ein bisschen aufs Spiel zu setzen. Er wirft seinen Namen unter Flugblätter, die in alle Haushaltungen fliegen und nach zahlreichen Bruchlandungen der Unterzeichneten Höhenflug vortäuschen. Er findet in der Soziologie jene Geheimwaffe, dank der er die Strukturen durchschaut, an denen er nicht teilhat. Er lädt Revolutionäre für Kurzreferate in seine unvorbereiteten Stunden ein. In den Klassen gibt es nun doch einige, die hinter ihm stehen und ihn für die Mitarbeit an der Schülerzeitung gewinnen wollen. Je älter er wird, desto offener ist er allem Neuen gegenüber. Während eines bezahlten Urlaubs wird er sich noch einmal gründlich mit der Frustration des Establishments befassen, um in der zweiten Lebenshälfte eine schriftliche Entschuldigung für sein Versagen zu haben, dass er, obwohl er eigentlich nicht Lehrer werden wollte, der Schule treu geblieben ist. Die junge Linke wird ihn wieder ausstoßen, da er auch für den dauernden Protest zu faul ist. Inzwischen hat er nicht versäumt, im Militärdienst seinen Mann zu stellen. Große Aufgaben harren seiner und winken mit jenen Teigwaren, die am meisten Kalorien von allen Teigwaren haben und dennoch sportliche Zähigkeit garantieren. Auch dieser Lehrer wird an der Klassenzusammenkunft fehlen, weil er die Einladung im Durcheinander auf dem Schreibtisch verloren hat. Es wird ihn reuen, denn er wäre gratis zu einem Kotelett nach Großmutter Art gekommen. Ja, dieser Zug darf nicht vergessen werden. Den dritten Lehrer innerhalb der vereinfachenden Trinität zeichnet wie alle irgendwie Zukurzgekommenen eine große Fresslust aus. Das Haushaltungsgeld seiner Frau ist knapp und dementsprechend die Bratwurst selten, aber wenn sich irgendwo eine Gelegenheit bietet – und Staatsangestellte haben viele solcher Gelegenheiten –, auf Kosten anderer zu essen, dann wird er wacker zugreifen und dem unersättlichen Schicksal, das sich mit seinen verpassten Lebenschancen mästet, einen unersättlichen Magen entgegenhalten. Lehrer der dritten Kategorie essen deshalb so unbändig, weil ihnen die Speisekarte jene Lebensfülle vorgaukelt, die ihnen das Leben selbst mit seiner mehligen, nie von Hauptgerichten abgelösten Vorspeise des Berufs vorenthält.

Es gibt Nuancen. Am Aufrichtemahl demonstrierte ein Italienischlehrer, wie subtil der Lebenskomplex beim Essen versteckt werden kann. Man saß unwürdig an langen, papiergedeckten Tischen und löffelte vor den panierten Schnitzeln, die bereits aus der Küche in den Saal stanken und ein denkbar günstiges Klima für lange Reden schafften, eine wässerige Minestrone. Immerhin: Käse stand in silbernen, dem Hochzeitsservice entlehnten Gefäßen bereit. Ein poesieloser Mathematiker verlangte, schräg, weil der Diagonale kundig, über den Tisch greifend, nach dem Käse. Der Italienischlehrer korrigierte seinen Wunsch fachgerecht: *Il Parmigiano?* Doch es war mehr als nur eine humorvolle Korrektur. In diesem Satz verklärte er allen Ärger des Zukurzgekommenen, der im Ärger über die Papiertischtücher und die Papierservietten gipfelte, mit einem dermaßen sehnsüchtigen Blick nach Florenz – sofern man mit Sätzen blicken kann –, dass mir die Tränen kamen. Alle durchgestandenen und wegen Stipendienknappheit nur erträumten Auslandsemester glänzten auf in diesem *Il Parmigiano*, das Ausland schlechthin glänzte, Dante lächelte komödiantenhaft, Renaissancefassaden ließen ihre Parataxe im milden Schabzigerlicht enger Straßenschluchten zu Worte kommen, Galilei hauchte sein umstrittenes »Und sie bewegt sich doch«, Leonardo kratzte Gold von Kinderleichen ab – diese ganze Welt vermisste der Italienischlehrer im undekorierten Saal der Gegenwart, am Papiertischtuch, vor Papierservietten und neben Papierkollegen so schmerzlich und dennoch genüsslich, dass ich mir die ohnehin versalzene Suppe von Tränen noch mehr versalzen lassen musste und mir schwor, nie und nimmer auf Staatskosten wässerige Minestrone löffeln zu wollen, die auch ein Parmigiano mit Florenz als Beigeschmack nicht besser, sondern nur schärfer macht, nie mehr an Hinrichtungsfeiern teilzunehmen, um nie einem Kollegen von der Mathematik mein Fach mit dem Käse schmackhaft machen zu müssen, sondern dort zu leben, wo Parmigiano und Camembert, Gorgonzola und Schabziger wachsen, das heißt gemacht werden: im Süden des Lebens.

Ich habe Angst, Lehrer zu werden, weil es nicht nur drei, sondern unendlich viele Kategorien gibt, deren Mängel und Vorteile sich summieren. Weil man junge Menschen zum Leben erziehen sollte, an dem man nur in den Pausen und in den Ferien teilnimmt, ohne Wagnis, ohne Existenzkampf. Dieser Aufgabe könnte, ohne zu verrosten, nur ein Genie gewachsen sein, das dauernd zur Neugeburt fähig wäre.

2. Brief an den Leser

Geneigter Leser, Sie möchten sicher einmal wissen, weshalb Ihnen die Autoren immer Neigungen unterschieben. Steckt die simple Vorstellung hinter der Floskel, dass Sie sich über ein Buch neigen? Setzt schon allein die Tatsache, dass Sie sich zum mühsamen Entziffern eines Textes bequemen, an Liebe grenzende Neigung voraus? Fasst man lesend eine Neigung zu einem Buch wie zu einem jungen Mädchen? Oder möchten Sie die Autoren gar über den Umweg des Neigens zum Verneigen verführen? Ist der geneigte Leser auch der geeignete Leser? Lauter Fragen, die sich in der einen Frage bündeln lassen: Warum lesen Sie? Da wir gerade von Ihnen oft und hartnäckig gefragt werden, warum wir schreiben, möchte ich nicht minder gerade von Ihnen einmal wissen, warum Sie lesen und sich Neigungen andichten lassen, die Ihnen womöglich fremd sind. Sie wissen, dass Lesen die Augen verdirbt und eine schlechte Verdauung fördert, dass es Leseratten, Bücherwürmer, Büchernarren und Papiertiger gibt, dass man sich dumm lesen kann und lesend die Unschuld verliert, dass es einen Slogan gibt: Wer mehr liest, weiß mehr, und dass dieser Slogan Sie wie alle aalglatten Formeln kritisch stimmen müsste, dass es Kulturen gab oder noch geben wird, in denen man das Lesen systematisch verlernte beziehungsweise verlernen wird, dass man warnend von Lesefieber und Lesehungrigen spricht, dass es einen Lesetod gibt, der sich sensenschwingend durch die Bibliotheken mäht, dass ein Leseteufel freigiebig mit Papierseelen hausiert und Halbwüchsige, die mit der Taschenlampe unter der Bettdecke einem allzu verbreiteten Laster frönen, zu blutigen Unterschriften zwingt, dass auf einen sehenden zehn blinde Leser fallen, dass überhaupt, wenn man das Verhältnis Autor–Leser näher betrachtet, ein Blinder einem Tauben erklären will, weshalb er letztlich zum Verstummen neige, und dass der Taube von einem Stummen wissen will,

weshalb er blind sei; das alles wissen Sie und lesen frisch
drauflos, als hätte man Ihnen in der Primarschule das Alphabet nie in jener zermürbenden Langfädigkeit beigebracht, die Sie deutlich genug hätte warnen müssen, es nur
im Notfall zu gebrauchen. Lesen ist eine Krankheit. Täglich
werden Millionen von Lesern operiert mit dem Seziermesser der Wirklichkeit, ohne das angelesene Geschwür loszuwerden; täglich siechen Tausende in den Krankenhäusern unserer Kultur, in den Bibliotheken dahin, täglich
ereignen sich grässliche Leseunfälle. Erst kürzlich las ich
in der *Zeitschrift für Literaturunfälle und -verbrechen* von
einem minderjährigen Mädchen, das beim Lesen mit einem Gedanken zusammenstieß, den es selber auch schon
gedacht hatte. Sein Gedanke kam von rechts, der gleiche
Gedanke des Schriftstellers kam von links, Vortrittsrechte
nach Art der Schriftstellergedanken missachtend, und das
Resultat: der kindliche Gedanke lag bis zur Unkenntlichkeit verstümmelt auf dem sogenannten Boden der Realität. Oder: ein junger Akademiker trat beim Lesen einer
Fußnote in eine Glasscherbe und verblutete auf der Stelle.
Oder: einem hochverdienten Literarhistoriker fiel beim
Durchkämmen des Buches eines Kollegen, das er für eine
Vorlesung wider Willen ein bisschen abschreiben wollte,
ein von ihm gestohlenes Zitat auf den Kopf, und seither
liest er nur noch über Hölderlin. Oder: anlässlich einer Besprechung des *Feuerreiters* gelang es einer ganzen Klasse
nicht, den entbrannten Lehrer zu löschen. Oder: auf einer
Gratwanderung den Abgründen des Verschwiegenen entlang gelangte ein Liebhaber hermetischer Lyrik auf die Geröllhalde des gerade noch Sagbaren und rutschte ab in den
Bereich des Vergessens. Der Helikopter der Rettungsgesellschaft für Genitivmetaphern konnte nur noch eine Wortleiche bergen. Oder: ein tüchtiger Romanleser verirrte sich,
da er einmal vergessen hatte, Steine zu streuen, im Hexenwald der Epik und ging wortwörtlich als Figur in den Ro-

man ein. Oder: ein elfjähriges Mädchen wurde von seiner Lektüre gepackt, in die Gefilde der Phantasie verschleppt und vergewaltigt. Oder: ein pensionierter Postbeamter erlitt beim Lesen neuer Mundartgedichte einen Herzschlag. Oder: ein Bankangestellter wurde nachts im Bett von der Macht des Tragischen heimgesucht, gehorchte der vorgehaltenen Pistole des Orakels, stolperte über die Peripetie und stürzte kopfvoran in den Abgrund des Grauenhaften bei Kleist. Merken Sie nun, geneigter Leser, weshalb ich Ihnen lieber das Attribut »waghalsig« als irgendwelche Neigungen andichten möchte? Lesen ist gefährlich, viel gefährlicher als Schreiben. Deshalb wird je länger desto mehr geschrieben und immer weniger gelesen. Sie allein sind die Helden der Literatur, wenn es in der Literatur noch Helden geben darf.

LOKALBERICHT

Wie ich jüngst das Doktoranden-Seminar von Professor Kleinert besuchen wollte – »Strukturanalyse des modernen Romans unter dem Gesichtspunkt der epischen Naivität« –, dem ich nebst vielen anderen Erkenntnissen zum Beispiel den Trick verdanke, diesen Abschnitt zur Abwechslung im Imperfekt zu schreiben, obwohl die Handlung alles andere als abgeschlossen zu nennen wäre, im Deutschen Seminar an der Zürichbergstraße also harrte meiner ein gar garstiges Schauspiel. Die Dichter demonstrierten gegen jede Art von Interpretation, sie streikten, hatten die symbolische Bedeutung satt und weigerten sich strikte, etwas auszusagen. Im weiß gekalkten, tonnenüberwölbten Gang stauten sich meine Kommilitonen, ihre Ohren waren hochrot von den Sprechchören, die aus der Seminarbibliothek erschallten. Hemdsärmlig, mit Handfeuerlöschern rannten die Assistenten herum und täuschten Herrschaft der Lage vor. Was weitsichtige Seismographen unter den Studenten längst bebend stenographiert hatten, nun war es eingetroffen, und den Bestreikten drohte nichts Geringeres als Arbeitslosigkeit. Die Herrschenden fielen über die Unterdrückten her, oder die Unterdrückten über die Herrschenden. Der Turmbau am Zürichberg wankte bedrohlich, das Glasperlenspiel klirrte, die Kunst der Interpretation reihte sich stillschweigend in die lange Schlange der brotlosen Künste ein. Wenn ich Assistent gewesen wäre, hätte ich den Handfeuerlöscher und mit ihm mein Gewerbe an den Nagel gehängt und wäre grußlos von dannen geschlichen. Aber unsere wackeren Geistesarbeiter gaben nicht so schnell auf. Sie gingen, unterstützt von zukünftigen Assistenten, Deutschlehrern, Kritikern und ewigen Studenten, geschlossen gegen die Demonstranten vor. In welcher Epoche tobte der Hauptharst? In der allgemeinen Menkenke war das schwerlich auszumachen. Schiller krähte unablässig und penetrant: Ich bin nicht Schiller, Goethe gab, vornehm schweigend und nur ein Transparentlein tragend, den Austritt aus seinem Werk, Eichendorff wollte auswandern und sich in der Mystik verstecken, über die niemand so genau Bescheid wusste; Lessing pochte, durch keinen Besserwisser belehrbar, auf die *Hamburgische Dramaturgie;* Hölderlin vollendete aus purem Trotz seine letzten, ungesicherten Fragmente; Kleist lebte in wilder Ehe mit Kafka, welch Letzterer das Tor zum Gesetz ein für alle Mal zuschlug, den Exegeten mit einem Prozess drohte und im *Schloss*-Roman Tauwetter einsetzen ließ, auf dass endlich die Hypothese, der Winter bei Kafka bedeute seelische Erstarrung, dahinschmelze. Besonders originell demonstrierte der sonst so humorzüchtige Stifter: er steckte sich eine nachsommerliche Aster ins Knopfloch. Rilke brach unter der Last der Fehlinterpretationen nieder und musste gepflegt werden; Hauptmann hetzte weiße Mäuse auf uns; Novalis leuchtete mit einer Taschenlampe schamlos in die *unio mystica;* Mörike riss seinen Turmhahn vom Ofen und kämpfte heldenhaft gegen die Lüge, er sei ein schlechter Pfarrer gewesen; und tief aus dem Berginnern ertönte die Gruftstimme Hofmannsthals, der seinem Lord Chandos riet, das Amt eines Vorläufers der modernen Sprachzersetzung niederzulegen. Es war ein tumultuarisches Tohuwabohu. Die Demonstration artete in eine geisteswissenschaftliche Orgie aus. Die Aufklärer zündeten Lagerfeuer im Göttinger Hain an und tanzten wie wild um Goethes Urpflanze, die sie zum Teil gar noch nicht kannten. Goethe selbst riss, einem Simson gleich, die Säulen der Klassik ein und warf mit ionischen Trommeln nach dem Geschwisterpaar Systole und Diastole. Brentano verkleidete sich als Spätromantiker und flüsterte Gustav Schwab sagenhafte Zoten ins Ohr. Auf dem sandigen Vorfeld des historischen Realismus zertrennten die Stürmer und Dränger ein chromstahlglänzendes Vehikel, das sich bei näherem Zusehen als die werkimmanente Interpretationsmethode erwies. Aus den Einzelteilen bastelten sie eine Art Tinguely-

Maschine, der sie den Titel »Interpretation, interpretier
dich selbst!« gaben. Auf dem Gipfel der Hochromantik versammelte sich eine jodelfreudige Schar Schweizer Autoren und versuchte, den Jodeltrieb unterdrückend, mit den
Alphörnern der Wehmut ihnen geltende Fußnoten zu intonieren. Da von der Schweizer Literatur immer verlangt
wird, sie müsse die Romantik nachholen, besorgten sie
es gründlich. Der Rheinfall wurde wie wild beschrieben,
von solchen, die ihrem Stil nach keine Wasserfälle, sondern nur gurgelnde Bächlein beschreiben durften. Wilhelm Schlegel leitete den Briefverkehr zwischen Schiller
und Goethe um, hetzte ihn in die Sackgasse des Neorealismus und ließ es dort zu einer endlos scheppernden Auffahrtskollision kommen. Und, man stelle sich den Gipfel der
Frechheit vor: noch lebende Autoren begaben sich freiwillig ins Fegfeuer der Interpretation, das sonst nur den Toten vorbehalten war, als wollten sie demonstrieren, dass
ihnen die leckenden Flammen nichts anhaben konnten.
Grass trommelte auf dem Bauchfell Dürrenmatts: Noch
ist die *Blechtrommel* nicht verloren, und schabte mit Oskars Stimme an den Oberlichtfenstern des Deutschen Seminars, Dürrenmatt selbst versuchte sich aus der sulzigen
Gallerte zu befreien, in der er wie ein Beinschinken für
die Konservierung lagerte, Beckett telefonierte mit Kafkas Schloss und erkundigte sich, wann Godot endlich Ferien nehmen könne, Weiss befriedigte sich einmal mehr
selbst, kurz: die Dichter taten alles, was der liebe Gott verboten hatte, der soeben in der Gestalt Professor Kleinerts
die Treppen hochschnaufte und seinem Gesicht die Mimik
eines mehr als alle seine Werke versprechenden Fragezeichens erlaubte. Es wäre plump, nun zu sagen, sein Gesicht habe einfach »Wer da?« ausdrücken wollen. Der Bewusstseinsvorgang, den der Autor nach Kleinerts eigener
Lehre bei jeder seiner Figuren genauestens kennen muss,
war komplizierter. Professor Kleinert wurde sich vielleicht

zum ersten Mal richtig bewusst, dass es in seinem Haus neben Seminarien, Prüfungen, Kolloquien und Vorbesprechungen, neben Doktoranden, Professoren, außerordentlichen und unordentlichen, neben Studenten, Assistenten und Oberassistenten auch noch andere Enten gab, nämlich Dichter. Die Gegenstände seiner Interpretationen, die man nie aus den Augen verlieren darf, lagen ihm wortwörtlich in den Ohren. Er war sozusagen perplex, sprachlos oder zitatlos. Der dunkle Anzug, den er im Doktorandenseminar immer trug, weil er anschließend immer ins Theater eilte, um ungemütlichen Diskussionen auszuweichen, gab der Begegnung mit seinen Dichtern etwas übertrieben Feierliches. Die Kommilitonen blickten ihn hilfesuchend an wie der fischende Petrus den auf dem Wasser schwebenden Heiland, aber Kleinert schwebte mitnichten. Er hatte kein Oberwasser mehr, das Wasser stand ihm, wenn schon mit Wasser gearbeitet werden muss, vielmehr am Hals. Da er aber als sehr gescheiter Mann gilt, reagierte er auch dementsprechend klug. Er klatschte drei Dutzend verängstigter Kandidaten der Philologie in den Seminarraum, schloss alle Türen, vor allem die zur Bibliothek ab und tat das einzig Richtige, das einzig Mögliche: Er las uns vor aus Schillers *Briefen über die ästhetische Erziehung des Menschen,* mit leise beschwörender Gebärde in Richtung Tumult. Und siehe da: Der »Ich bin nicht Schiller« krähende Meister der Bühnenkunst verstummte als Erster und mahnte die andern zischend zu ähnlicher Hingabe an seine Schrift. Vor lauter sich bekämpfenden und gegenseitig aufhebenden Interpretationen hatte Schiller nämlich gar nicht mehr gewusst, was er selber geschrieben hatte, und nun vernahm er seit langem wieder seine Stimme. Nur einmal muckte er auf, als Professor Kleinert zu göttlich betonte, aber im Großen und Ganzen fand er doch, mit einem entschuldigenden Seitenblick zu Frisch, zu seiner Identität zurück, ja mehr noch, er setzte die aus dem Selbstvertrauen gewonnene Energie in Befehle um und brachte die wildesten, rotschöpfigsten Stürmer und Dränger dazu, ihre Plätze in der Literaturgeschichte wieder einzunehmen, der bebenden Deklamationsstimme Professor Kleinerts, drei Dutzend nichtsnutzige Wagnergesellen missachtend, zu lauschen. Goethe streckte sich behaglich in der Königsloge aus, die Modernen begnügten sich mit den Stehplätzen, die Vorläufer und Nachzügler hielten es auf den Klappsitzen des Stilwandels aus, die Epigonen hockten auf den Schultern der Beepigaunerten, im Orchester nahmen die klangvollen Romantiker Platz und griffen bereits wieder nach den Triangeln der Synästhesie, die Seher unter den Dichtern hängten sich das Opernglas um, die Lyriker, Epiker und Dramatiker hielten sich an ihre Sektoren, und wo ein Loch klaffte in der Literaturgeschichte, vermachten es die zunächst Platzierten mit rührender Vorsorge, damit keine Zugluft eindrang. Professor Kleinert hatte dank ästhetischer Erziehung gesiegt, das Fragezeichen hellte sich allmählich auf zu einem milden Gedankenstrich. Es blieb noch ein Viertelstündchen übrig für Interpretation, natürlich nur Bodenturnen. Für das Montieren der Reckstangen reichte die Zeit nicht mehr.

Immerhin konnte ich in dieser knappen Viertelstunde einige lebenswichtige, das heißt für einen Roman unentbehrliche Notizen über die örtliche Mobilität des Dichters machen. Beim Durchlesen erschrecke ich. Da schreibt einer frisch drauflos, nennt sich, um diesen Impetus zu rechtfertigen, obendrein noch Günter Frischknecht, adressiert Briefe an den Leser und gibt nicht einmal bekannt, wo er schreibt, geschweige denn, dass er zu einer Handlung vorstoßen würde. Das Wie verdrängt das Wo und Was. Ich zitiere Professor Kleinert:

Der moderne Romanautor ist Bürger vieler Welten, sein eigentlicher Ort ist der Ort des Herzens, der verschiedene landschaftliche und städtebauliche Masken und mehrere gleichzeitig annehmen kann. Während der Dichter der Goethezeit sein Zelt gern in der Antike aufschlug, um sich vom Waffengeklirr der napoleonischen Kriege fernzuhalten, während die historisierenden Realisten die glänzenden Prunksäle der Renaissance aufsuchten und den Blutgeruch großer Schlachten mit offenen Nüstern einatmeten, zeichnet sich der heutige Autor durch einen fahrbaren Schreibtisch aus. Er zügelt ständig vom Heute ins Gestern, von Gestern nach Übermorgen, er schreibt von Italien aus über Berlin und liest in Berlin die Manuskripte aus England durch, er ist ganz im Sinne des hochromantischen Wandermotivs ein allerdings moderner Vagabund. Flugplätze, Ankunfts- und Abfahrtszeiten spielen eine große Rolle, Taxi- und Eisenbahnfahrten, Schiffshörner tuten durch die Prosa des zwanzigsten Jahrhunderts. Dieses motorische Element, diese permanente Heimatlosigkeit hat ihre Wurzeln in der Exilliteratur während und nach dem Zweiten Weltkrieg. Man identifiziert sich nicht mehr mit dem Deutschland der Nachkriegszeit. Aber schon im Ersten Weltkrieg empfing die deutsche Literatur wesentliche außerdeutsche Impulse. Man denke an die Bedeutung Prags, an Rilkes ständige Unrast, die seinen Gedichten ein bezauberndes europäisches Kolorit gab. Der moderne Dichter ist mehr als die Dichter früherer Generationen bei sich selber unzuhause, er befindet sich ständig auf der Flucht vor sich selbst. Ich erinnere an die geistesgeschichtlich bedeutungsvolle Zeile: »Wer jetzt kein Haus hat, baut sich keines mehr ...« Die geistigen Großgrundbesitzer von gestern sind die Enterbten von heute. Sie wohnen in fremden Städten und sprachlich gesehen in den Stundenhotels der formalen Prostitution.

Der letzte Satz heißt vielleicht nicht ganz so, er ist vom Pausenklingeln verschluckt worden. Während meine Kommilitonen die Notizen emsig zusammenrafften, um das Schwarze auf möglichst unverblichenem Weiß nach Hause zu tragen, dort in ihre Ordner einzuheften oder zu memorieren, überlegte ich mir, welche Konsequenzen ich nun für meinen Roman zu ziehen habe. Ich bin also bei mir selber unzuhause, mein Schreibtisch hat Räder und womöglich einen Zweitakt-Motor. Nur: da ist wieder der alte Haken. Ich habe den Zweiten Weltkrieg mit Ausnahme eines taumelnden Bombers nicht erlebt und kann folglich keine Wurzeln in der Exilliteratur schlagen. Dagegen liebe ich die Fasnacht und gönne meinem Herzen gern verschiedene landschaftliche Masken. Eine italienische Reise würde sich gut machen, doch fehlt mir im Augenblick das Geld dazu. Warum nicht einen Standort im Tessin wählen? Eine Casa XY inmitten von Kastanien und Akazien, nahe der italienischen Grenze, damit ich wenigstens im Geist ein Grenzgänger sein kann. Verbeugte sich nicht auch der große Glasperlenspieler von einer Tessiner Villa aus gen Osten? Lebt heute nicht alles, was deucht und schreubt, in abgelegenen, nur nach halsbrecherischen Kurvenfahrten erreichbaren Tessiner Dörfern, sich schonend und die kleinen Postbüros überschätzend? Besitzt letztlich nicht auch mein Dissertationsthema einen Sitz irgendwo in der Nähe von Bellinzona? Leuchtende Gegenwart einflechten: Die Dinge in das epische Licht Homers tauchen, dessen strahlende Sonne die Schweiz, wenn überhaupt, nur im Tessin beleckt. Hochtourige Alfas und saftige Pfirsiche, langbeinige Badenixen und kühle Grottos bunt durcheinander mischen. Mit südlicher Palette malen. Überhaupt ab und zu malen, absurde Genre-Bildchen vom Ferienparadies Ascona. Diesen Ortsnamen braucht man nicht zu verschlüsseln, weil ohnehin niemand weiß, was Ascona wirklich ist. Fette Briefe mit leichter Verspätung aus einem rustikalen Briefkasten fischen. Den Kitsch lokalisieren. An zwei Enden einer Kerze brennen. Sinnlichkeit und endlich, endlich auch ein bisschen Sexualität in den Roman bringen. Tief unter der Terrasse, auf der ich schreibend sitze (den Stuhl und den Tisch, der nichts anderes als ein Tisch ist, werde ich später noch beschreiben, damit kein Zweifel aufkomme, dass auch ich an der Sprache zweifle) – tief unten der See, und wahrhaftig tuten in regelmäßigen Abständen Schiffshörner durch meine Prosa. Jenseits der Grenze ist es eine Stunde früher oder später, italienische Sommerzeit. Ein Trick, um die zeitliche Struktur noch komplizierter zu gestalten. Natürlich schreibe ich vom Tessin aus über das Städtchen am Jurasüdfuß, für das ich immer noch keinen Namen gefunden habe, weil es letztlich keinen verdienen würde, und seine Figuren, schreibe über die Doktorandenseminarien am Zürichberg, gelegentlich über meine Dissertation und über meine Schüler, und dies immer in verwirrender Gegenwart, so als geschähe es gerade jetzt, weil Professor Kleinert mehrmals festgehalten gehabt haben wollte (oder heißt es: festgehalten haben wollte?), dass sich der Epiker die Dinge vergegenwärtige und dass er die Gegenwart verdingliche. Das Jetzt wird in seine Spektralfarben zerlegt, der *genius loci* feiert ein Familienfest, zu dem sämtliche Verwandten eingeladen sind. Heute ist nicht heute, sondern schillert mit verschiedenen Häuten.

Und diese Häute werden zu Markte, will sagen zur Literaturbörse getragen.

3. Brief an den Leser

Lieber, möglicher Leser, Sie ärgern sich vielleicht über die häufigen Ausdrücke sozusagen, will sagen, mit andern Worten, gewissermaßen, das heißt, als ob, wie wenn, im Sinne von, wortwörtlich. Nun, das sind Standardausdrücke der Germanistensprache. Sie müssen sich daran gewöhnen, dass wir nie etwas direkt, unmittelbar vollblütig sagen, sondern uns immer nur behutsam auf sprachlichen Umwegen an den Gegenstand heranpirschen. Wir sagen nicht, wir wollen sagen; wir gebrauchen nicht Worte, sondern andere Worte; wir bekennen nicht: es ist, vielmehr ist es wie wenn und als ob; und alles Gesagte heißt eben noch dies und jenes. Ganz selten setzen wir ein Wort wortwörtlich, so selten, dass es angezeigt werden muss, damit der Leser nicht vergeblich nach Blindböden sucht. Wir sprechen in der zweiten Potenz, in der Periphrase, daher der Ausdruck: Sekundärliteratur. Es ist klar, dass Literatur über die Literatur eine Sprache über die Sprache verlangt. Sie wissen, dass es Tertiärliteratur gibt, Abhandlungen über Werke der Sekundärliteratur. Dort kommen dann Ausdrücke vor, mit denen ich Sie noch ganz anders verärgern könnte: Epiphanie, hyperbolisch, Mystizismus, onomatopoetisch, Homonymie, Oxymoron, Synekdoche, Diminutiv und Idiosynkrasie. Das tönt noch griechisch, vom Tertiär an aufwärts oder rückwärts wird die Sprache immer barbarischer. Wie kommt es, dass die Sprache, die der Kunst gilt – alle große Kunst ist bekanntlich einfach –, so kompliziert tönt? Das hat seinen Grund. Ich muss die bekannte Geschichte von der Teilung der Erde nicht wiederholen, Sie hatten bestimmt einen Deutschlehrer, der mit Schillers Gedicht die Göttlichkeit der Dichter bewies. Der Dichter kam, als die Welt schon verteilt war, wie immer zu spät (alle großen Dichter sind nach Professor Kleinert passionierte Müßiggänger) und durfte dafür auf weichen Wolkenpolstern des Olymps Platz nehmen. Zeus verteilte aber auch – und das verschweigt Schiller schamlos, weil er sehr sprachmächtig war – die Sprache. Er griff in jene Kisten, die später der Duden-Verlag geerbt hat, und schüttete den ganzen Reichtum der Sprache vor dem Dichter aus. Glitzernde Adjektive, opalisierende Komposita, vergoldete kleine Gelenke, Konjunktionen genannt, hochkarätige Verben, brillante Ausdrücke aller Art, Rubine, Smaragde und Topase, Lapislazuli-Pronomen und Amethyst-Adverbien. Und er drückte ihm jene Goldwaage in die Hand, auf die jedes Wort gelegt werden musste. Der Dichter war glücklich. Nun kam, noch später, weil er die akademische Verspätung einhalten wollte, der Germanist. Die Welt war verteilt, die Sprache auch, blieben noch die Dissertationsthemen. Da auf den Wolkenpolstern kein Platz mehr frei war, steckte sich Zeus den bettelnden Akademiker kurz entschlossen ins Knopfloch. Von dieser Warte aus konnte er bequem auf den Dichter blicken, aber er hatte keine Worte, um seinem Blick geziemenden Ausdruck zu verleihen. Der Dichter hatte Erbarmen mit seinem Halbbruder, der, wäre er nur ein bisschen früher gekommen, auch Dichter geworden wäre. So ungerecht darf es nicht zugehen, sagte sich der Dichter, und warf alle Wörter, die er nicht brauchte, dem Germanisten zu. Da aber seit jeher alle Dichter schlechte Sportler waren, kamen die meisten Wörter nicht an. Zeus selber fing sie mit dem Fuß auf und reichte sie vermöge seiner sprichwörtlichen Gelenkigkeit dem Knopflochbewohner, unter einer Bedingung: er dürfe mit diesen Wörtern keine Musik machen, sondern nur Fußnoten schreiben. Da der Germanist fuchsschlau war, erfüllte er diese Bedingung, ohne sie zu erfüllen. Er schrieb zwar nur Fußnoten unter dem Strich, aber diese Noten verwiesen dank kleinen Ziffern auf Kopfnoten über dem Strich, und hinter diesen Kopfnoten verbarg sich sein Text. Da er alles so oder so interpretieren konnte, gelang es ihm, Zeus zu überlisten, der diese List bis heute nicht gemerkt hat und deshalb zwar unschuldige Fussballschiedsrichter auf offenem Feld, aber noch nie einen Literaturschiedsrichter mit dem Blitz erschlagen hat. Wenn er es doch noch merken sollte, dann freilich müsste ein eschatologisches Gewitter über die Literarhistoriker hereinbrechen, dem kein Kantischer Blitzableiter gewachsen wäre. Wir wollen es nicht ausdenken, denn einmal gedachte Gedanken kennen keine Hemmungen, wenn es darum geht, unverzüglich Wirklichkeit zu werden.

Schade. Die Post hat nicht nur Rechnungen gebracht, sondern auch eine schmerzliche Absage. Mit himmelblauer, weitmaschiger, nach hinten kippender Backfisch-Schrift nimmt die Seminaristin Evelyn Kaiser von meinem Vorschlag Abstand, in diesem Roman aufzutreten. Sie ist, was paradox tönt, eine Seminaristin, wie sie im Buch steht, und gerade deshalb wollte ich sie der Wirklichkeit zurückgeben. Evelyn Kaiser, Lindenblüte der Gesellschaft, süße Höhere Tochter mit Chopin in den schmalen Handgelenken, mit sprichwörtlichen Laubflecken auf dem Nasenrücken, hoher, langbeiniger Wasserfall, leichtfüßige Gazelle, wie kannst Du mich nur so leichtfüßig verlassen, die Du hoch über den Gipfeln meines Gefühls aufgegangen bist! Ich wollte dich Kaffee servieren und mit silbriger Zange Zucker anfassen lassen, wollte dir eine mit Kaugummihäuten leicht obszön spielende Zunge und einen hüpfenden Busen geben, wollte dein honigblondes Haar mit Adjektiven kämmen, dass es geknistert hätte, wollte Lehrer-Schülerin-Erotik zwischen uns aufkommen lassen, wollte dich auf einen fusseligen Teppich legen und dich »Küssmich, küssmich!« hauchen lassen, wollte dich im schneeweißen Büstenhalter und in Jeans an ein verstimmtes Klavier setzen und vor deinen wasserblauen Augen einen zähneknirschenden Beethoven aufschlagen, wollte dir einen Klavierlehrer geben, der dich mit den Augen auszieht, statt dir auf die Finger zu schauen, und in deinem Notenheft von Quinte zu Quinte verschlüsselte Liebeserklärungen zirkelt, wollte dich gazellenhaft durch sommerliche Altstadtgassen stöckeln lassen, die Einkaufstasche am Arm, die Brüste frech in den Pullover springend, und das Geräusch deiner Absätze in den Ohren überfremdungsschuldbewusster Italiener zu einem Rhythmus steigern, der bei gewissen Völkerstämmen Deflorationsriten begleitet, wollte dir bei Gelegenheit den umkehrbaren Satz »Ein Neger mit Gazelle zagt im Regen nie« ins Ohr mit angewachsenem Läppchen, da du schlagfertig bist, flüstern – all das wollte ich dir andichten, und nun entziehst du dich der Dichtung und willst Wahrheit bleiben, ohne Rücksicht auf meine Ökonomie, denn mit dir hätte ich im schwarzweißen Himmelbett meines Romans so oft und variantenreich schlafen können, dass sämtliche Abarten der Liebe unter einem Dach, will sagen Himmel Platz gefunden hätten. Sei's drum! Das Angebot war großzügig, als ich dich im Schachen aufgabelte und von einem der Blechtische unter den Linden befreite, an denen ausführlich über Politik geschwatzt wurde. Es zog dich in die Budenstadt. Ich schoss dir eine Papierrose aus dem Ramsch der Schießbude, die von dir allzu symbolisch aufgefasst wurde. Du hattest Heimweh nach der Jugend, die du ja noch verkörperst, und hoppstest wie eine Amazone auf dem weiß lackierten Pferdchen herum. Auf der Himalaya-Bahn wehte mir im Gewitter farbiger Scheinwerfer dein langes Haar ins Gesicht und verriet mir das Calèche-Parfum deiner Mutter, die in meinen Gedanken ein tiefes Rückendekolleté an einer steifen Party trug. Du wurdest natürlich nach außen gedrückt, und ich gab mir Mühe, nur Puffer zu sein. Auf der Achterbahn sahest du im gleichen Augenblick wie ich die ausschnittbogenhafte Stadtkirche zusammenklappen, doch weder deine noch meine Bratwurst sprang in der nächsten Kurve unverdaut aus dem Gesicht. Mit dem Putschauto wandten wir Konrad Lorenz an und brachten ein kreischendes Zwillingspaar dazu, unfreiwillig rückwärts zu fahren. Auf der Schiffchenschaukel wurdest du sentimental und wolltest einen fliegenden Kuss, da ihr im Turnen die fliegende Stafettenübergabe geübt hattet. Das klebrige Magenbrot wurde mir nicht erspart. Budenstadtmüde oder -trunken begleitete ich dich auf dein Zimmer in der Altstadt: Asylstraße, Haldentor, Golattenmattgasse, Kirchtreppe, Zinne. Der Dinge harrend, die da kommen würden, schlenderten wir, den Schritt verlangsamend, gassatim. Die Frage war nicht zu umgehen: Braust du noch einen Kaffee? Diese Frage war kein Präservativ über einer steifen Absicht. Trotzdem kam deine Antwort zögernd, als ob wir vor dem Traualtar stünden. Im ungelüfteten Zimmer stockte sich Gewitterschwüle auf. An der aufgespannten Karte von Spanien und dem zerfledderten Chopin-Heft merkte ich, dass Du eine Seminaristin warst und bist, wie sie in jenem Buch steht, das nie gekauft und dennoch in immer neuen Auflagen gedruckt wird. Der Kaffee war undefinierbar. Du saßest auf dem Bett, ich auf dem Klavierschemel. Was nun? Mann hüben, angehende Lady drüben. Hüben wie drüben gespannte Erwartung, sich in verschüttetem Kaffee Luft schaffend. Du wurdest zuerst intim mit der Frage, warum ich ihn ungesüßt trinke. Da war der Augenblick gekommen, mich dir zu eröffnen. Als ich ansetzte, entdecktest du gerade ein Paar welker Strümpfe auf deinem Arbeitstisch, die den aufgeschlagenen de Sade womöglich irritierten, mich, der ich diese Zeichensprache zumindest jetzt nicht verstehen wollte, kalt ließen, sofern Strümpfe, die ja wärmen sollten, kalt lassen können. Liebe Evelyn, sagte ich innerlich, doch nicht äußerlich errötend, du gefällst mir ausgezeichnet, du bist hübsch, jung, sportlich, geistreich, musikalisch, kussgewandt, dem Schmuck deiner Mutter nach zu schließen eine gute Partie und was der Dinge mehr sind, ich mache dir einen Antrag, ein Stellenangebot, für das die Papierrose Symbol sein darf: Möchtest du eine Figur in meinem Roman werden? Die Arbeit ist leicht, du brauchst nur vorzukommen, dich ein paarmal auszuziehen, lernst ein paar nette Kollegen, zum Beispiel den Buchhändler Laubschad, kennen, du kannst in meinem Roman ständig in der Badeanstalt an der Sonne liegen, wenn du danach verlangst, du wirst regelmäßig mit Bonmots gefüttert, darfst auch Chopin spielen, wenn du Chopin im Herzen und das Herz auf dem rechten Fleck haben willst, du brauchst keine Mathematikaufgaben mehr zu machen und keine Frösche zu sezieren, Ende Feuer mit umständlichen Einladungsversuchen pickliger Gymnasiasten, Ende Feuer mit der öden Wirklichkeit. Tritt ein in das Reich der Möglichkeiten. Wo wir uns fanden wohl unter Landen zur Abendzeit, da schlug deine große Geisterstunde, Evelyn, du wirst eingehen in die Literatur. Und der Lohn, der dir zuteil werden wird, ist höher als der Stundenlohn einer frischgebackenen und dennoch nach unausgegorener Hefe duftenden Primarschullehrerin: es ist der Lohn der Unsterblichkeit. Kennst du das Land, wo die Unsterblichkeit blüht? Nicht Spanien, nein, nicht Griechenland, es ist die Oase der Literatur inmitten der Fata Morgana Wirklichkeit, das Land der Illusion, die dadurch, dass sie sich als Illusion erkennt, wirklicher ist als jede handfeste Wirklichkeit.

Dass ich mich zum Schluss in den Wortschatz Professor Kleinerts verirrte, mag an der milden Physiognomie von Evelyn Kaiser gelegen haben, die während meiner Eröffnung sämtliche Interpunktionszeichen durchrepetierte, womöglich gar nicht für mich, sondern für ein bevorstehendes Satzzeichen-Ex. Die einladenden Pünktchen versteiften sich zu einem abweisenden Semikolon, das seine Härte gegen die Aggressivität eines Ausrufungszeichens

eintauschte, um nach einem Fragezeichen-Provisorium erst
gegen Schluss in die gedankenstrichliche Milde überzuge-
hen. Wenn ich dem imaginären Ort, wo Evelyn Kaiser hin-
blickte, einen Namen geben müsste, einen geographischen,
dann würde ich ihren Blick auf die Azoren-Inseln heften.
Von den Azoren kommt das schöne Wetter, das sprichwört-
liche Azorenhoch. Es verdrängte das anfängliche Tief, das
beinahe Regen in die wasserblauen Augen gebracht hätte,
und ließ in diesen Augen einen damastblauen Himmel auf-
gehen, wenn es je ein Himmel nötig hatte, von kostbarem
Stoff eine Farbe zu übernehmen. Sie blickte hinüber zu den
Azoren, und ich zückte mein Notizbuch, um ihren Namen
den andern Figuren vorzustellen. Dass sie, sich am sandi-
gen Strand der Unsterblichkeit wähnend, das Azorenhoch
ausnützen und ihr Glück sogleich in eine Liebesnacht um-
setzen wollte, entspricht der weiblichen Logik und braucht
nicht seitenlang ausgebreitet zu werden. Ich dagegen blieb
hart, im doppelten hegelianischen Sinn des Wortes, wollte
sie nicht länger von den Aufgaben abhalten und versprach,
sie darüber zu unterrichten, was in meinem Roman mit ihr
und um sie herum vorgehe. Ein kussloser Abschiedskuss
war alles. Stolz auf die platonische Liebe zu einer Roman-
figur torkelte ich durch die Gassen nach Hause, und nun
haben wir die Bescherung. (Der Pluralis Majestatis hat im-
mer dann einzusetzen, wenn das Subjekt nicht mehr Herr
der Lage ist, sagt Professor Kleinert). Evelyn Kaiser hält
mit frühweiblichem Instinkt nichts vom Geist, weil er nicht
unmittelbar zu imponieren vermag. Sie hätte, so glaube ich
sie zu durchschauen, eine beischlafeinleitende Bemerkung
über ihre schmalen Fesseln höher bewertet als die Aus-
sicht auf fleischlose Unsterblichkeit. Sie kündigt mir in ei-
nem netten, vierseitigen, allerdings weitmaschig und mit
viel Rand geschriebenen Backfisch-Brief sich selbst, Evelyn
Kaiser. Sie traue sich diese Rolle, die die Rolle ihres Lebens
gewesen wäre, nicht zu, lügt sie. Sie wolle nun ihr Patent

machen und nachher Englisch und kurze Röcke tragen lernen. Sie sei sehr gespannt auf mein Buch. Ob ich ihr eines widmen würde. Und all dies mit himmelblauer Tinte, die immer noch ein Azorenhoch und somit eine gute Wetterprognose für meinen Roman vortäuscht. Ade Evelyn Kaiser, ade silberne Zuckerzange, Chopin und undefinierbarer Kaffee, der mir nur in den Sinn gekommen ist, weil sie einen Band Borchert auf dem Regal hatte, ade du Traum von der Seminaristin, wie sie im Buch steht, ade Mama Kaiser, ade Rückendekolleté, ade Azorenhoch. Evelyn wird einen stiernackigen Kunstmaler finden, in seinen verschwitzten Leintüchern Unsterblichkeit finden, indem sie ihm uneheliche Zwillinge schenkt, jene Unsterblichkeit, die sie im sauberen Himmelbett meines Romans kinderlos und dennoch ins Absolute ausschweifend, von Auflage zu Auflage berühmter werdend oder aber in Vergessenheit geratend und dafür später nur umso vehementer entdeckt werdend, hätte haben können.

Diese Figur ist mir wortwörtlich missraten.

LOKALBERICHT

Es tut mir leid: in einer Bibliothek finde ich nie zu meinem
gewohnten Arbeitsrhythmus, denn Bibliotheken sind Irren-
häuser, und in einem Irrenhaus kann man sich allenfalls
entspannen, vom Unsinn des Lebens erholen, nicht aber
Arbeit, und schon gar keine geistige leisten. Trotzdem zieht
es mich immer wieder in unsere Kantonsbibliothek, weil
ich mich letztlich wie alle Geistesarbeiter nach einer Fas-
sade für mein Tun sehne. Banken wissen mit Säulenporta-
len, Quaderverblendungen, gesprengten Segmentgiebeln
und Triglyphenfriesen klug zu verschleiern, dass hinter
Antike und Renaissance nur multipliziert und dividiert,
potenziert und radiziert wird. Das Pestalozzianum an der
Bahnhofstraße täuscht einen Bahnhof vor und der Bahnhof
ein Mädchengymnasium. Die Rathausfassade entlehnt zier-
liche Voluten aus dem Barock oder Rokoko, um einer ins-
gesamt schwunglosen Beamtenschar äußeren, zum Himmel
stürmenden Schwung zu verleihen. Ein Laden für Damen-
wäsche täuscht mit dem schönsten Erker der Stadt über
die kunsthistorische Nichtigkeit seines Inhalts hinweg.
Gassauf, gassab, straßlängs, straßquer lügt uns die Ar-
chitektur frech und statisch senkrecht ins Gesicht, ohne
sandsteinsanft zu erröten, ohne ziegelsteinbrandrot zu
werden. Warum sollen ausgerechnet wir Germanisten, die
wir Beton- und Kunststofflügen am nötigsten haben, auf
den verglasenden Schutz der Bauten verzichten? Die Kan-
tonsbibliothek gehört zu den ganz seltenen Exemplaren
von Bibliotheken, die abwechslungsreich sind. Sitzt man
im Lesesaal, der wie die Aluminiumschublade eines gi-
gantischen, sämtliche Bibliotheken der Welt in alphabe-
tischer Reihenfolge enthaltenden Katalogs aus dem Bau-
körper des Kunsthauses springt, dann blickt man durch
die Glaswand in den Rathauspark und kann sich stunden-
lang von den unanständigen Forderungen der Bücher erho-
len. Da wogen die Ulmen und Kastanien, da sitzen lesende
Gymnasiasten auf den Bänken des Verschönerungsvereins

und träumen von absoluten Größen. Die Träume schweben in die Baumkronen, wo sie hängen bleiben, um dann mit Hilfe der Bäume in den Himmel zu wachsen. Sie blicken hie und da zu uns hinunter und denken: Die armen Teufel sitzen im Glashaus; nicht wissend, dass die Literatur, die sie verschlingen, eine noch größere Glaskuppel über dem Rathauspark errichtet, die ihre rheumaempfindlichen Seelen vor der Zugluft des Lebens schützt. Hübsche Mädchen der Höheren Töchterschule haben Zwischenstunden und beleben die Kieswege, streben, den Kopf voller Einkäufe, der Stadt zu oder kommen, Eis leckend, vom Rathausplatz, werfen in unserem Blickfeld das frisch gewaschene Haar zurück, als wollten sie vor einer geistigen Turnhalle beweisen, dass es noch andere Sportarten gebe. Ab und zu wird auf den Parkbänken geküsst, ein Bild, das uns den ewig ausbleibenden Musenkuss nur umso schmerzlicher in Erinnerung ruft. Besonders schön ist die Aussicht im Herbst beim Eindämmern, wenn die Lampen wie milchige Kugeln in den Nebelschleiern schwimmen, der Duft gebratener Kastanien die Phantasie anräuchert und wenn die Frauen in Ledermänteln und Pelzjacken durch die ewigen Jagdgründe des Mannes stolzieren. Aber auch akustische Abwechslungen gibt es. Der Schanztunnel liegt unter der Bibliothek, und jeder Schnellzug oder Güterzug macht uns mit dumpfem, unterirdischem Donnern die Gefährlichkeit des Lebens, das wir auszuklammern versuchen, bewusst. Sitzt man, eine Lesepause verantwortend, im Ausstellungsraum, in dem die Schätze der Bibliothek hinter Glas liegen, blickt man hinüber zum Regierungsgebäude, dann erkennt man, dass auch Regierungsräte nur Menschen sind und menschliche, wenn auch sehr kurze, regierungsratbemessene Pausen nötig haben. Es gibt glückliche Leute, die während der Arbeitszeit nichts zu tun haben und deshalb in den Pausen sehr beschäftigt wirken. An der gehetzten Art, wie unsere Regierungsräte zu ihren Autos hasten, um die Parkscheibe zu verstellen, könnte man fast meinen, sie genössen dafür in den Büros eine unendlich dauernde, azurblaue Zone. Die Abwechslungen sind mannigfaltig. Plötzlich fliegt eine der purpurroten Türen auf, hinter denen sich die Büros der höchstbezahlten Geistesarbeiter verbergen, und der Archivar stolpert mit einem turmhohen Bündel von Akten heraus, als hätte er keine andere Absicht, als sie möglichst geräuschvoll dem blaugrün geflammten Linoleumboden anzuvertrauen. Oder der Konservator des Kunsthauses weicht mit erhobenen Händen vor der Farbspritzpistole eines bärtigen Künstlers zurück und verspricht hoch und heilig, das heißt bei Cézanne, van Gogh und Klee, ihm für die nächste Weihnachtsausstellung eine Wand frei zu halten. Oder ein Schüler steht zum ersten Mal vor einem Schlagwort-Katalog und zweifelt an seinen alphabetischen Kenntnissen. Oder Krankenschwestern bringen Bücher zurück, die sie nicht verstanden haben, die Bücher die Schwestern, und verlangen nach solchen, die nicht vorhanden sind, die Bücher nach Schwestern. Ganz selten kommt es auch vor, dass der Wunsch eines Kunden sich mit dem Angebot des Bücherturms deckt, dass die Signatur stimmt und der Bestellzettel zum entsprechenden Buch findet, dass das Buch die Liftfahrt schwindelfrei übersteht, seinen Inhalt nicht in den zarten Händen der Ausleiherin erbricht und völlig vorhanden, anwesend, bestellbar zum verdutzten Kunden findet. Bei solchen Begegnungen klopft es laut und zackig im Zentrum der Bibliothek wie in Flipperkästen, wenn sich ein Freispiel dem freispielsüchtigen Gehör einschmeichelt. Mit andern Worten: in der Kantonsbibliothek läuft mehr als im ganzen Kanton, so viel, dass man immer einen Vorwand findet, nicht zu arbeiten und Pause auf Pause ohne störendes Klingelzeichen folgen zu lassen. Die Bibliothek ist eine Pausenkantine in der Architektur des Weltgeistes. Die Bibliothek ist ein hohler Zahn im Gebiss der abendländischen Kultur. In diesem hohlen

Zahn befindet sich ein schubladenreicher Katalog mit Signaturen, die auf Bücher verweisen, und in diesen Büchern steht: es war einmal ein hohler Zahn, darin befand sich ein Kästchen mit einem Brieflein des Inhalts: Es war einmal. Es war einmal ein Zahnarzt, der plombierte Bibliotheken, auf dass sie den Weltgeist nicht mehr schmerzten. Doch die Bibliotheken waren faul und mussten gezogen werden. Der Zahnarzt griff mit seiner Extraktionszange in alle Städte der Welt und zog alle Bibliotheken aus. Wild schrie der Weltgeist, doch es half ihm nichts. Und was machte der Zahnarzt mit so viel faulen Zähnen? Er konstruierte eine kunstvolle Prothese aus Bibliotheken, ersetzte damit die längst übervolle Hölle und ließ sie die Menschen anblecken, die glaubten, das Gebiss sei ein Himmelstor, und sich Hals über Kopf hineinstürzten. Im Gebiss fanden sie einen Katalogkasten mit Signaturen, die auf Bücher hinwiesen des Inhalts: Es war einmal.

Da sitzen sie nun, die armen Toren, lassen sich von Bakterien anstecken und sind klüger als zuvor. Eine Bibliothek ist, wenn man trotzdem liest. Billigste Kalauer müssen aufs Tapet, um das grässlichste Irrenhaus, das dem menschlichen Geist jemals entsprungen ist, um das Labyrinth aller Labyrinthe zu bannen. Man spult getrost den roten Faden ab, den man bei geistiger Arbeit nie verlieren soll, und tappt auf das zu, was die Welt im Innersten zusammenhält, auf die Interpretation, nicht wissend, dass der Faden von unserem Herzblut rot ist, dass wir ihn nicht abspulen, sondern dass er uns einspult, bis die Seele im roten Kokon jenen Winterschlaf beginnt, von dem sie nie mehr aufwacht, auch wenn sie alle Prinzen aller Märchenliteraturen unablässig auf den Mund küssen. Apropos grässlich: ich suche die Bibliothek nur auf, wenn ich den Zettelkasten meiner Dissertation »Das Weltbild des Dichters Günter Grass im Spiegel seiner Namengebung unter besonderer Berücksichtigung der Orts-, Flur- und Straßennamen« in

Ordnung bringen muss. Wie Sie wissen, gerät mir das Material aus dem Zettelkasten, da ich ein unordentlicher Schreiber bin und immer alle angefangenen Arbeiten auf dem Tisch herumliegen lasse, ständig unter die Blätter des Romans, was verheerende Folgen hat. Seine langen Nebensätze schleichen sich ein, seine Ironie schleicht sich ein, sogar Namen wie Stockturm und Laubschad schleichen sich ein. Ich bin umschlichen und angeschlichen, ohne ihm wirklich auf die Schliche zu kommen. Und der arme Günter Grass hat nichts als Scherereien mit seinem dissertierenden Scherbaum, das heißt, Familienpflichten noch und noch. Er muss Pate stehen zu diesem Roman, muss ihn aus der Taufe heben, muss sein geistiger Urgroßvater und gleichzeitig sein Zwillingsautor sein, muss mir onkelonkelhaft auf die Schulter klopfen und ein väterliches Vorbild abgeben, muss sich handkehrum in eine sechzehnjährige Göre verwandeln und sich vergewaltigen lassen, darf womöglich Katz und Maus mit mir spielen und muss sich örtliche Betäubungen gefallen lassen, vom Vergleich mit einem germanistischen Plebejer, der den epischen Aufstand probt, ganz zu schweigen. Nun, das ist der Lauf der Germanistenprosa. Ich sortiere also die eingeschlichenen Nebensätze unter dem Stichwort »Missverhältnis zwischen Form und Inhalt«, schicke den Stockturm zurück in ein Werk über ostdeutsche Backsteingotik, lasse den Buchhändler Laubschad wieder Uhren flicken und stelle im potentiellen Werk der Sekundärliteratur jene beruhigende, wissenschaftliche Ordnung her, die in meiner Prosa, die natürlich auch eine Form von Sekundärliteratur darstellt, um alles in der Romanwelt nicht herrschen will.

Mein Freund und Anwalt, Richter und Henker, Verteidiger und Ankläger, der Kritiker Felix Neidthammer, der ein Buch mit dem Titel *Literarische Todesurteile* geschrieben hat, das seine gesammelten Verrisse einer verblüfften Öffentlichkeit näherbrachte, er ist mir ein unentbehrlicher Helfer in der Not. Zwar weiß er so wenig als ich, wie man heute schreiben sollte, aber er weiß haargenau, wie man nicht mehr schreiben kann. Dieses Wissen ist mindestens so viel wert wie die Klauselschläue eines unbestechlichen Advokaten. Heutzutage kann es sich kein Autor mehr leisten, ohne guten Anwalt vor den hohen Gerichtshof der Weltliteratur zu treten. Der Kritiker kann aus der Geschworenenschar der Leser Verschworene des Ruhms oder des Untergangs machen. Seine Macht ist unbegrenzt, denn im Anfang war das Vorwort und das Nachwort. Er hat immer das letzte Wort. Er spielt den *advocatus diaboli,* er macht dem Autor das Leben zur Hölle oder hebt ihn in den achten Himmel. Im achten Himmel waltet das Glück, welches höher steht als Liebesglück; das Glück, jemand zu sein. Der Anwalt entscheidet darüber, ob sein Klient den Stil gefunden habe oder nicht. Selber kann er sich's leisten, seine Anklagen oder Plädoyers im miserabelsten Philosophen-Stil vorzutragen, weil es bekanntlich keine Kritik der Kritik gibt, weil ihn kein Richter mit der Glocke zu übersichtlichem Satzbau ermahnt, weil er Ankläger, Verteidiger und Richter in einer Person ist. Ein Autor, der sich keinen Anwalt nimmt, ist a priori ein Schwerverbrecher, der nicht einmal mehr verurteilt, sondern totgeschwiegen wird. Das Totschweigen ist die härteste Strafe des Kritikers. Lieber lebenslängliche Zuchthausstrafen, lieber bitterste Urteile wie »Nicht druckreif«, »Überflüssig«, »Muss noch die Kommaregeln lernen«, »Wird sich selber untreu« als die Verbannung in das Sibirien der Literaturkritik, als dem Schweigetod entgegensehen. Der kluge Autor legt sein Werk möglichst unausgereift seinem

Anwalt zu Füßen und sagt: Bitte, ich komme allein nicht mehr weiter, retten Sie einen schiffbrüchigen Mann. Jeder gute Anwalt hat nur dann Lust an einem Fall, wenn die Frage der Schuld oder Unschuld so verzwickt ist, dass sie nur kraft seiner Genialität gelöst werden kann. Wagen wir doch die Behauptung, der echte, geborene Anwalt sei die gesellschaftliche Komplementärfigur zum Kriminellen, ein Verbrecher auf der andern Seite der Schranke. Nicht minder komplementär verhält sich der Kritiker zum Autor: er ist der Sozusagen-, der Will-sagen-Schriftsteller, Herr Möchtegern und Fräulein Aberdoch, und er wird das zu Füßen liegende Werk seines Klienten dann mit Zehenspitzen aufnehmen, wenn es genügend Fehler aufweist, dass er zum Mitautor werden kann. Der geborene Kritiker ist ein halb geborener Schriftsteller und deshalb, wie alle Halb- und Fehlgeburten, von Natur aus böse. Auch das uneingeschränkte Lob ist im Grunde nichts anderes als positiv apostrophierte Bosheit. Wer einmal als Autor erlebt hat, wie unschöpferisch das Lob machen kann, wird diesen Satz billigen. Der Vollblutkritiker lässt alle Schriftsteller lobend und tadelnd dafür büßen, dass ihn die Muse zwar geküsst, aber aus unerfindlichen Gründen nur auf den Hintern geküsst hat. Solche Küsse sind, zugegeben, schmerzhaft, man rutscht jahrelang auf dem Stuhl hin und her, ohne dass der Kuss nach oben rutschen will, der Juckreiz überträgt sich auf die Feder, und die Tinte wird ochsenblutrot, gerinnt womöglich zu sarkastischer Schwärze. Was können die Autoren dafür, dass der Kritiker just in dem Augenblick, als die Muse auf leisen Sohlen nahte, sich nach einer Fußnote bückte? So viel und so wenig, wie der Unzüchtler dafür kann, dass sein Ankläger in seiner Jugend zu spät aufgeklärt wurde und infolge einer musterhaften Erziehung sein Glied nur in der Phantasie, dafür umso schamloser, unverständigen Passanten vor die Nase gehalten hat.

Der Kritiker Felix Neidthammer hat mir einmal in einer schwachen, das heißt für Kritiker in einer schöpferischen Stunde verraten, nach welchen Regeln jener Kunst, die zu Unrecht so heißt, man einen Roman so verreißt, dass er in kleinen Fetzen der Abfallgrube der Literaturgeschichte zutreibt, vom Wind des Vergessens getrieben.

1. Man lese den Roman entweder gar nicht oder aber so genau, wie ihn nie ein Leser, nicht einmal der Autor lesen wird und gelesen hat.
2. Man setze, was zu beweisen wäre, gleich an den Anfang, weil die meisten Zeitungsleser nur den Anfang und den Schluss einer Kritik lesen. Man verschaffe sich den nötigen Respekt mit verhaltener Bosheit, indem man etwa schreibt: Der Autor XY hat uns den Roman des Jahrhunderts geschenkt, oder ganz schlicht: Um es gleich vorwegzunehmen ...
3. Man zitiere häufig und zusammenhangslos, denn jeder zitierte Satz wirkt, aus dem Kontext gerissen, falsch. Es liegt in der Natur des Zitates – die spöttischen Anführungszeichen tragen das ihrige dazu bei –, dass man sich fragt, was könnte da nicht stimmen. Man zitiere also so oft und lasse das Zitat in vielsagend bösen Pünktchen verebben, dass der Leser misstrauisch wird und nur noch auf den Gnadenstoß wartet.
4. Man verkenne die Absicht des Autors gründlich und verlange vom Roman, was er nicht sein will und nicht sein kann. Man beklage sich zum Beispiel bei einem bewusst kitschigen Roman über den Kitsch und bei einem bewusst floskellosen Roman über den fehlenden Kitsch. Man fordere Adjektivreichtum, wo der Fünftklassaufsatz Vorbild war, und sprachliche Askese bei einem barock überschäumenden Wucherer. Der Leser wird

diesen Trick nie durchschauen, weil er dank den heutigen Machtverhältnissen nicht vom Roman zur Kritik, sondern von der Kritik zum Roman schreitet und dort die vom Kritiker geforderten Eigenschaften tatsächlich vermisst, sofern er einen verrissenen Roman überhaupt noch liest. Mit einem Wort: Der Kritiker muss aus allem alles machen können.

5. Man frage häufig und mit Nachdruck: Was heißt dieses Wort? Da jedes Wort unendlich viele Bedeutungen hat, wird es immer auch jene haben können, die der Autor nicht meinte und die der Kritiker für seine Beweisführung, die keine ist, braucht. Man frage zum Beispiel: Was heißt eigentlich dieses »und«, das der Autor bis zum Überdruss verwendet? »Und« ist eine kopulative Konjunktion nebenordnender Funktion, folglich meldet sich der Verdacht, der Autor wolle Sätze und Satzglieder in wilder Orgie miteinander kopulieren lassen und spekuliere auf den Erfolg bei Lesern, die in der Literatur ohnehin nur das Perverse suchen. Jedes Wort lässt sich durch die Frage nach seiner eigentlichen Bedeutung erledigen. Also Faustregel Nummer fünf: Man nehme die Sprache beim Wort.

6. Man streite ab, dass etwas, was dasteht, auch dastehe. Man leugne schlicht und einfach die Existenz eines Inhalts, den man nicht sehen will: Es steht nicht da, punktum. Und siehe da, der Inhalt verflüchtigt sich auf der Stelle, vor allem wenn das Zitat erst nach der Behauptung kommt.

7. Man verweise auf die literarischen Vorbilder, die der Leser nicht kennt. Man mache den Autor zum Dieb, in der Fachsprache Epigone genannt. Man zeige, dass schon Goethe die Konjunktion »und«

gebraucht hat, dass alles, alles schon und viel besser gesagt worden ist. Damit erweist man der älteren Literatur einen großen Dienst. Der Leser wird sich entrüstet vom Epigonen abwenden und in jenen Büchern blättern, die zu den bedeutendsten in der Weltliteratur gehören.
8. Man gehe einen Schritt weiter als der Autor und beweise in einer Kostprobe aus eigener Feder, dass das, was der Autor zu können glaubt, jeder kann. Da man als Kritiker Schriftstellerblut in den Adern fühlt, wird es ein Leichtes sein, von der Vorlage aus ein paar Linien weiterzuziehen und so zu tun, als hätte man auch die Vorlage erfinden können.
9. Man verführe den Autor zur Untreue zu sich selbst, man werfe ihm Seitensprünge aller Art und nach allen Richtungen vor. Ein sich selbst untreuer Autor, ein ewiger Don Juan seiner selbst, ein Verräter am ursprünglichen Quell, aus dem das Wasser reiner Dichtung hervorsprudelt, wird im Publikum jene Mischung von Erbarmen und Verachtung erzeugen, die viel tödlicher wirkt als der reine Stolz, den brauchen wir nicht zu lesen: Man fühlt sich dem Autor auch moralisch überlegen.
10. Man führe keinen der angewandten Taschenspielertricks ein zweites Mal vor und halte sich an die goldene Regel aller Zauberer: Die Verwirrung nach dem ersten, hochklassigen Trick für den nächsten, und die des nächsten für den übernächsten ausnutzen. Man finde zum Schluss ein versöhnendes Wort, das dem Publikum vorlügen soll, dass auch der Kritiker nur ein Mensch sein wolle. Zum Beispiel: Der Verlag wird sich bestimmt beim nächsten Buch vorher überlegen, ob er durch die Publikation dem Autor, sich selber und der literarischen Öffentlichkeit mehr nütze als schade.

Als kleine Zusatzregel: Man schreibe Kritiken wenn möglich immer nach einem Familienstreit oder am Samstagabend, wenn andere in den Ausgang gehen dürfen.
Mein Anwalt, der Kritiker Felix Neidthammer, hat mir in derselben schwachen Sprechstunde – er empfängt die Autoren nur nach schriftlicher Voranmeldung – auch versichert, dass man so, wie ich schreibe, heute nicht mehr schreiben könne, morgen vielleicht wieder und gestern auch noch, aber heute nicht mehr. Ich entgegnete ihm, in seiner Sprache bleibend, ich schreibe ja bewusst Germanistenprosa, ich wolle als abtrünniger Germanist den Prozess gegen die Überlieferung gewinnen, um der lebenslänglichen Zuchthausstrafe des Interpretierens zu entgehen. Er saugte wild an seiner Pfeife, was immerhin in dem Sinn hätte ausgedeutet werden können, dass er meinen Tobak als stark empfinde, aber das Schlürchen ließ Kondenswasser vermuten und dieses nichts Gutes. Nein, nein und nochmals nein. So kann man heute nicht mehr schreiben. Machen Sie meinetwegen Primarschülerprosa oder Mundartgedichte, drehen Sie Sprichwörter um, oder ziehen Sie sich das Kalbsfell des Simplicissimus über die Ohren, aber diese Eulenspiegelei auf dem Buckel des Blechtrommlers ist eine geistige Perversion. Das nimmt Ihnen kein Mensch und schon gar kein Kritiker ab. Ich wende ein, dass ich nicht für Kritiker schreiben wolle. Da verleugnet die Pfeife ihre Dunhill-Qualitäten und geht sang- und klanglos aus. Nicht für Kritiker? Ja um Gottes Willen, für wen denn? Gehören Sie auch zu denen, denen tausend Ungerechte lieber sind als ein Gerechter? Bitte, dann werfen Sie sich in die Arena des niederen Leserpöbels, erstaunen Sie aber nicht, wenn Sie aus unserer Kirche ausgestoßen werden. Das hat Felix Neidthammer natürlich nicht ausgesprochen, ich habe es ihn nur in meinen Gedanken sagen lassen. Da wir Freunde sind, lenkte ich natürlich ein: Ich schreibe für den kritischen Leser. Und siehe: die Pfeife hatte ihren

Dunhill-Stolz und folglich noch ein Glütchen, das dem milderen Tabak zu einem nachsommerlichen, beinahe herbstfeuermilden Qualmen verhalf und die bösen Augen Neidthammers wieder listig werden ließ. Der kritische Leser, den wollte er mir zuliebe verkörpern, und wir gingen, er mit dem Rotstift und mit Salzsäure, ich mit Hühnerhaut ob so viel Scharfsinn, gemeinsam hinter das Manuskript. Wir suchten den Stil, den ich noch nicht gefunden hatte und nie finden werde, er erblühte in exotischen Schnörkeln und verbarg sich unter endlos langen Strichen. Ihre prostituierte Prosa, die auf den Strich geht, kann man nur mit Strichen heilen, sagte er, gemütlich qualmend.

LOKALBERICHT

Fernwirkender Gesang vom AEW-Hochhaus aus gesungen: Am Donnerstag jeder Woche fahre ich mit dem Lift auf die Dachterrasse des städtischen und kantonalen Beamtenhochhauses, um meiner Hassliebe auf unser Städtchen Luft zu verschaffen und, gleich dem trommelnden Helden meines Dissertationsthemas, alles kurz und klein zu singen, bis mich ein Scherbenhaufen darüber hinwegtröstet, dass es vorher nicht besser war, und mir haufenweise Glück verspricht. Oskar hatte es aufs Stadttheater abgesehen, ich, Sie haben es erraten, zuerst immer, wenn auch nur präludierend, auf die Kantonsbibliothek. Ich singe mich, vergeblich Tauben, die es in dieser luftigen Höhe nicht gibt, suchend, behutsam durch die Ulmen und Kastanien des Rathausparkes, lasse den nächsten Schnellzug noch unter den Füßen derer, die ihre Hände in Fußnoten waschen, hindurchdonnern, um dann mit zwölf längsrechteckigen Schreien etwa dreimal so viele Geistesarbeiter der Erkältung des Lebens auszusetzen. Es raschelt im Zettelkastenwald. Fußnoten geraten durcheinander, Themen flattern davon, Buchzeichen verlieren ihre symbolische Bedeutung, überhaupt werden Symbole nackt, Dutzende von Interpretationen liegen darnieder, weil die Interpreten ihren Texten nachrennen müssen, die Morgenluft wittern und heim ins Reich der Literatur flattern wollen. Lexika geraten außer Rand und Band. Bundesgerichtsentscheide entscheiden sich für den Luftweg, Gedichte geben die gebrochene Zeilenform auf und werden prosaisch. Es zieht, endlich zieht es in der muffigen Bibliothek. Die Interpreten rennen sich gegenseitig die Köpfe ein und haschen mit Unsterblichkeitsfloskeln nach ihren Dichtern, die Bibliothek gibt endlich zu zu sein, was sie ist: ein Irrenhaus. Die quadratischen Fenster des Bücherturms werden Stockwerk für Stockwerk sorgfältig entglast, damit die in Reih und Glied stehenden Dichter jenen Schnauf zurückbekommen, der ihnen bei der Aussicht, dauernd gelesen und missverstanden zu werden, ausgegangen ist. Zitate wirbeln durcheinander, herrenlos geworden, im Zeitschriftenregal macht sich der Wind an die Lektüre absurder Fachblätter. Der Wind, der Wind, das himmlische Kind, er hilft mir noch so gern, diese Brut an die Luft zu setzen. Ein Blick hinüber oder besser hinunter zum Stockturm: Er lächelt, ist zufrieden. Ich verspreche dem Stadtammann, der soeben aufgeregt aus den Toren tritt und mit vorgeschirmter Hand vergeblich Hagelhimmelfärbung sucht, dass ich nur entglasen werde, wer und was im Städtchen irgendwie und -wo mit Literatur zu tun hat. Darauf nickt er mir beruhigt zu, fast so väterlich wie der Festgemeinde am Jugendfest. Doch schon muss ich mein eigenes Versprechen in den Wind schlagen. Auf dem Weg zum Bildungsaquarium kommt mir die Balänenturnhalle in den Entglasungssinn. Bevor ich links abbiege, wird noch kurz der Lokalredaktor Barzel zum Optiker geschickt, der sich in einem Café vor Leserbriefen verstecken wollte. Er befand sich mitten auf einem Fußgängerstreifen und treibt nun, wie ein Betrunkener taumelnd, gegen die Kreuzung ab. Dem spinatgrünen Fiat, der ihn anfahren will, wird gerechtigkeitshalber die Windschutzscheibe ausgesägt. Ja, jeder Windschutz muss fallen. Um den nun entstehenden Verkehrsunfall kann ich mich nicht kümmern, Barzel wird Sie vom Krankenbett aus in der Tageszeitung unterrichten. Ich muss meinen ganzen Humor darauf konzentrieren, der Turnhalle heimzuzahlen, was sie mir mit Hilfe eines pockennarbigen, immer zu spät, weil gerade aus dem Dienst kommenden Turnlehrers angetan hat. Wenn Sie Turnhallen lieben, dann halten Sie bitte die Ohren zu, denn im nächsten Augenblick erweisen sich sechs ballsichere Scheiben als durchaus musikalisch. Die Sprache kennt einen hübschen Ausdruck, den ich leider umkehren muss: Fall auf Knall! Klirr, schepper, krach, meinetwegen perdauz! Der Platz vor der Turnhalle ist vorübergehend zumindest barfuß unbespielbar. Die ockergelbe Turnhalle gähnt mit sechs Löchern frustriert hinüber zur Wohnung des Turnlehrers, der nicht helfen kann, da er ein Panzerbataillon in einen dreitägigen Spielzeugkrieg führt. Handbälle finden keine Sicherung mehr und fliegen mit viel Effet gegen ein Tor, das sie nicht gemeint haben. Mein Gesang kennt aber keine Materialgrenzen wie derjenige Oskars. Jetzt wird Metall angeritzt. Die Reckstangen, die mir noch heute nachlaufen, sofern Reckstangen laufen können, werden mitten entzwei gesungen. Acht gleißende und verschwitzte, magnesiumbestäubte und leicht durchhängende Reckstangen geben ihre Halterungen auf und klötern schonungslos auf den angeblich federnden Linoleumboden. Sie verzeihen, dass ich in der Hitze des Gesangs das falsche Verb verwendet habe. Natürlich klötern, wenn schon, nur leere Konservenbüchsen. Was aber wichtiger ist: mit den Reckstangen zerbricht jener Turnlehrersatz, der mich aus meiner Jugendzeit bis in die reifsten Mannesträume seltsamerweise unverschlüsselt verfolgte: Ist Frischknecht schon am Reck gewesen? Lieber Turnlehrer Hartmann: Ja, ja, ja, jetzt, wärest du nicht im Dienst, du würdest rot werden vor Stolz, röter als die Trainerbluse der Fünfkampf-Nationalmannschaft, in der du vergangenen Zeiten nachträumtest und uns zu Zehnkämpfern machen wolltest, trainerblusenrot vor Stolz über die achtfach übers Knie gebrochene Welle deines Sorgenkindes Günter Frischknecht. Hoffen wir, bis zum Ende des WKs sei die Turnhalle noch nicht verglast. Nach den Reckstangen werden die Kletterstangen in weniger als den berüchtigten fünf Sekunden zu einem Heurechen degradiert, Hanteln werden teils unhandlich gemacht, teils nur vorsichtig angeritzt, damit die Kugeln stemmenden Athleten im rauschhaften Augenblick der Überwindung der Schulterhöhe auf die Füße fallen. Auch das Langpferd soll beim nächsten Gebrauch in die Knie sinken und den fliegenden Reiter auf der Gummimatratze bruchlanden lassen. Ich verbeiße mich in die Stafettenstäbe, ritzeratze und mit Tücke, auf dass am Sporttag der Stab weder ganz übergeben noch ganz übernommen werden kann. Den Lederbällen singe ich die Luft aus, die Hochsprunglatte soll beim leisesten Windstoß jenes Klirren von sich geben, das einen Meter zwanzig wagende Gummimenschen noch im Scherensprung auf die Zähne beißen lässt. Aus den Wurfkörpern singe ich Patronenhülsen und pfeife drauf ein garstig Lied, ich gebe keine Ruh, bis sämtliche Requisiten sadistischer und gutmütiger, dummköpfiger und pockennarbiger, Fünfkämpfer-Lorbeeren im Buffet ausstellender und nach ähnlichen Lorbeeren trachtender Turn-, Sport- und Gymnastiklehrer zu schaurigem Schrott gemahlen sind. Nach diesem Furioso schöpfe ich Atem und flöte mich endlich an das von Oskar so gehasste Stadttheater heran. Ich kann zwar an unserem schabzigergrünen Saalbau nichts Hässliches finden, noch weniger an seinem zitronengelben, von gefrorenen Schlagrahm-Pilastern verzierten Innern, schicke aber ihm zuliebe einen Schrei durchs Schlüsselloch auf den Kronleuchter los, den Stolz aller Abonnenten, der mit seinen Glaswaffeln eher einer Konditoren- als einer Architektenphantasie entsprungen sein dürfte. Die Eiswaffeln geben die Erinnerung an den Konditor preis und gehen läutend in sich. Läutend in sich gehende und einen Kronleuchter vorgetäuscht habende Eiswaffeln verlassend, schaue ich schnell beim Buchhändler Laubschad herein, der die Auslagen wechselt und wetterfeste Bücher ausstellt, nämlich syntosile Landes-, Europa-, Welt- und Mondkarten, nehme die heftige Zustimmung des Stockturmes auf den Weg, der mich durch die Vordere Vorstadt, über den Rathausplatz, am Kunsthaus und dem Irrenhaus vorbei durch den Park führt, worauf zielend? Das Lehrerinnenseminar hat, werden Sie mir zugestehen, genügend mit Literatur zu tun, um meiner unersättlichen Stimme Glasnahrung zu geben. Glas, Glas, Gläschen! Oder soll man ein Aquarium, nur weil zierliche Backfische zwischen den fleischfressenden Pflanzen ihrer Lehrer herumschwimmen und nach geistigem Futter schnappen, verschonen? Wenn ich Sie richtig verstehe, flüstern Sie: Keine Schonung, bitte, den Kern aller Dinge freilegen, unser Schulsystem entglasen. Sie sind also Revolutionäre. Dann singen Sie bitte mit, in As-Dur, weil Höhere Töchter gerne As-Dur Polonaisen spielen. Das kostbare Glasfenster in der Halle wird zwar ausgesägt, aber unversehrt für spätere Generationen beiseitegestellt. Lehrerbrillen werden geschont, weil der Optiker mit Barzels Neuverglasung Arbeit genug hat, und wir wollen doch den armen Töchtern nicht noch blindere Lehrer gegenüberstellen. Sonst aber wird am ganzen Glashaus unserer Bildungsstätte nichts geschont, am wenigsten die kostbaren Mikroskope, die das Übel hundertfach vergrößern und dennoch nicht erkennen helfen. Keine Wandtafel bleibe ganz. Ade gläsern frostiger Klassengeist, auf Nimmerwiedersehn glasklare Mathematik, ruhe in Scherben! Ade vor allem undurchsichtige Interpretation von Gedichten, ade milchglasiger Deutschunterricht, ade Religionsunterricht, der du in den Farben von gotischen Kathedralfenstern brennst. Weg mit den Butzenscheiben der Geschichte, weg mit dem bläulichen Oszillographenglas der Physik, fort mit italienischen Glasbläsereien, fort mit dem Fernglas der Geographie. Scherble munter Doppelverglasung des Lateins, habt keine Hemmungen, ihr Griechisch-Grisaillen, und vor allem weg mit den Zahnputzgläsern im Zeichnen. Die ganze Glasharfe des Freifachunterrichts gebe ein letztes Scherbenkonzert, eine Glühbirne nach der andern platze dumpf wie in der Schießbude. Ein ganz gewöhnlicher, blitz-glas-sauberer Lustmord an einem gläsernen, weil erstarrten Unterrichtssystem. Was übrig bleibt, ist die Pausenglocke, die unablässig Alarm oder Befreiung schrillt und dem Städtchen wie mir befiehlt: Pause, mach mal Pause, glasfressender Orpheus. Allzu gern hätte ich noch das AEW-Hochhaus unter mir zersungen und Hunderte von halbtätigen Beamten von der Klimaanlage befreit und an die Luft gesetzt. Aber dieser Versuch, fürchte ich, würde die Selbstvernichtung implizieren. Auch sagt mir der Stockturm, es gebe noch der Donnerstage genug, an denen ich dem Laster Oskars frönen könne. So hole ich im Schnelllift, dessen Boden sich gegen meinen Bauch stemmt, jenen Schwindel nach, der auf der Aussichtsterrasse trotz einer Höhe von zweiundzwanzig Stockwerken und einer scherbelnden Stadt nicht nach mir greifen wollte.

4. Brief an den Leser

Armer, strapazierter Leser! So kommt es, wenn man als Günterchen nicht gelernt hat, was Günter nie mehr lernen wird, und keine Ordnung in den Papieren halten kann. Das Kapitel »Fernwirkender Gesang vom Stockturm aus gesungen« hätte den Kronzeugen für meine Interpretation abgeben sollen. Ich wollte geistreich erklären, weshalb der Dichter unter dem Vorwand, sie sei langweilig, auf die Zeichnung Danzigs aus der Vogelschau verzichtete. Jeder andere Autor hätte die günstige Gelegenheit benützt, um den Leser mit dem Ort der Handlung ein für alle Mal bekannt zu machen. Doch unser Dichter (wir pflegen in der Germanistensprache von »unserem« Dichter zu reden, weil wir ihn schließlich gepachtet haben) greift nur einzelne Gebäude und Straßen heraus, damit die kindliche Perspektive gewahrt bleibt. Ähnlich verfährt er mit dem Vorort Langfuhr. Man glaubt, man habe das Quartier lückenlos vor Augen: Max Halbe-Platz, Elsenstraße, Luisenstraße, Labesweg, Kleinhammerpark, Aktienteich, Hindenburgallee, Fröbelwiese, Friedhof Saspe, Jäschkentaler Wald, Erbsberg, Kuddenpäch-Denkmal. Der Dichter lässt so oft und unmissverständlich Straßenbahnen der

Linie zwei und fünf vorüberklingeln, dass wir in Gedanken alle Stationen Revue passieren lassen können. Aber immer klafft eine Lücke, genau jene Lücke, welche die Phantasie braucht, um lebendig zu bleiben. Wenn wir den Weg Oskars im Stockturm-Kapitel verfolgen, wird diese Technik offenbar. Vom Laden des Sigismund Markus in der Zeughauspassage entweicht er auf den Kohlenmarkt und stellt sich vor die Zeughausfassade. Das Stadttheater, durch eine lichtlose Gasse vom Zeughaus getrennt, ist noch verschlossen. Er trommelt sich nach links, bis zwischen Stockturm und Langgasser Tor. Durch das Tor und links einbiegend in die Große Wollwebergasse getraut er sich nicht, denn dort sitzen Mama und Jan Bronski im Café Weitzke bei ihrem erfrischenden Mokka am kühlen Marmortischchen, und wenn sie noch nicht dort sind, kommen sie vielleicht gerade aus der Tischlergasse, wo sie es in einer billigen Pension eine gute Dreiviertelstunde miteinander getrieben haben. Bis dahin ist der Weg präzis angegeben. Ich habe ihn auf einer Exkursion nach Danzig, heute Gdańsk, abgeschritten, Meter für Meter. Immer noch reihen sich im kühldunklen Tunnel der Zeughauspassage Schaufenster an Schaufenster. Natürlich hält der Sigismund Markus keine Blechtrommeln mehr feil, aber die Kanonenkugeln stecken nach wie vor in der Zeughausfassade. Das Stadttheater ist modern umgebaut, der Stockturm ist fast der alte geblieben, und durchs Langgasser Tor winden sich keine strohgelben Straßenbahnen mehr, doch die Schienen gleißen noch im Pflaster. Links nach dem Tor findet man tatsächlich die Wollwebergasse, das Café Weitzke lässt sich vermuten. Doch wo mündet die Tischlergasse ein? Da haben wir sie, die berühmte Zahnlücke. Unser Dichter ist ein wahrer Meister des So-Tuns-als-ob. Er versteckt die ominöse Tischlergasse, um der Leserphantasie jenen Schlupfwinkel zu schaffen, der den Ehebruch noch pikanter macht. Dass sie Tischlergasse heißt, ist so wenig zufällig, als irgendetwas in diesem großartigen Roman zufällig ist. Das Tischler-Motiv kommt in den *Hundejahren* vor. Der wirkliche Vater Harry Liebenaus ist Tischler, und Harrys Cousine Tulla Pokriefke strömt einen penetranten Tischlerleimgeruch aus. Wer ist der mutmaßliche Vater Oskars? Nicht der Kolonialwarenhändler Matzerath am Labesweg, sondern der smarte Jan Bronski, der Oskar womöglich in der Pension an der Tischlergasse gezeugt hat. Alle wirklichen Väter unseres Dichters haben etwas mit Tischlerei zu tun. Warum gerade mit diesem und mit keinem anderen Handwerk? Der Tischler zimmert nicht nur Stühle, Wandschränke und wuchtige Buffets, er zimmert vor allem den Familientisch, uraltes Symbol der Urzelle unserer Gesellschaft. Auf diesem Tisch serviert der Kleinbürger Matzerath seine Lieblingsgerichte, zelebriert er mit andern Worten den kleinbürgerlichen Mief, und unter diesem Tisch hockt der Dreikäsehoch Oskar, um diese nach Sardinenöl stinkende Welt aus der Froschperspektive zu zertrommeln. Ein Tisch ist eben nicht nur ein Tisch. Etwa so, armer Leser, hätte das Stockturm-Kapitel in meiner Dissertation »Das Weltbild des Dichters Günter Grass im Spiegel seiner Benamsung unter besonderer Berücksichtigung der Orts-, Flur- und Straßennamen« angefangen, wenn das Wörtlein »wenn« nicht wäre, wenn mir der Sturmwind des Zweifels an der Doktorwürde nicht den ganzen Zettelkasten durcheinandergebracht und hinüber auf den Schreibtisch der zweiten Sekundärliteratur geweht hätte, um mit windischer und wetterwendscher Kühnheit einen Stil aus der Prosa »unseres« Dichters, dem Jargon Felix Neidthammers, der behutsamen Sprache Professor Kleinerts, den Stilblüten Redaktor Barzels, dem wortwörtlichen Gestammel dissertierender Halbdichter und dem unbeholfenen Satzbau meiner Schüler zu mixen, den wir schlicht und einfach den gefundenen Stil oder den Stil der Germanistenprosa nennen wollen. Sie, arme Leser, sind wie immer in der Geistesgeschichte die Leidtragenden, indem Sie auslöffeln müssen oder wollen, was wir uns eingebrockt haben.

Das Doktorandenseminar wird auch Oberseminar oder Seminar für Vorgerückte genannt. Auf einem fehlerhaft getippten Anschlagkärtchen am Schwarzen Brett stand einmal: Seminar für Vorverrückte. Ich besuche es mit lückenhafter Regelmäßigkeit, damit ich nur vierzehntäglich an der Menschheit verzweifeln muss. Professor Kleinert kommt immer etwas zu spät und atemlos in die Stunde, als habe er ein Spießrutenlaufen durch aufständische Dichter hinter sich. Wir trommeln ihm mit 36 Knöcheln Beifall. Er nickt uns schwer und atemlos zu, manchmal auch lächelnd im Sinne: Lassen wir doch diese Kindereien. Dass er sein Buch wie eine Bibel auf dem Pültchen aufschlägt, ist natürlich ein Klischee. Allmählich wird es ruhig, hastig werden die letzten Notizblätter ausgeliehen und Vorlesungen zurückgegeben, die Gesichtszüge straffen sich zu jenem Ernst, der dem Gegenstand angemessen ist. Wir spitzen das Gehör für die Sprache anderer. Die Damen zeigen jene Mischung aus Unsicherheit und letzter Hingabe auf den Gesichtern, die sie dem Geist gegenüber immer mit Erfolg anwenden. Draußen brandet unangefochten der Abendverkehr. Professor Kleinert wie immer im Frack, bereit fürs Theater. Meine Damen und Herren ... Er sagt es leise seufzend und gibt dadurch der Anrede einen nicht gerade schmeichelhaften Sinn: Meine Damen und Herren, die ihr das sechsunddreißigköpfige notwendige Übel eines Professors seid, der lieber interpretieren als die Kunst der Interpretation lehren möchte. Aber wir geben uns Mühe, möglichst nicht aufzufallen und ja nichts Vorlautes zu sagen. Was nun folgt, ist hochinteressant und wäre der Wiedergabe würdig. Professor Kleinert wagt sich aufs Glatteis der Moderne. Die Moderne, das heißt bei uns Ende neunzehntes Jahrhundert. Die Ultramoderne, jenes Treibeis, auf dem man nur noch von Scholle zu Scholle hüpfen kann, ist der Expressionismus. Professor Kleinert beschwört uns, nicht in seelische Abgründe vorzustoßen, ohne mit der Taschenlampe der herkömmlichen Ästhetik ausgerüstet zu sein. Wir knipsen also unsere ästhetischen Taschenlampen an und leuchten hinab in das grausige Dunkel von Kafkas *Schloss*. Das Nichts nichtet unentwegt. Wir vermessen jenes irrationale Gelände mit Zirkel und Maßstab, das der Landvermesser K. in Ermangelung seiner Instrumente und seiner alten Gehilfen dem öden Winter überlassen musste. Sechsunddreißig kleine Landvermesser ziehen hinter dem großen Landvermesser getrost in den Herrenhof und beobachten durch das Schlüsselloch, den alles entschlüsselnden Schlüssel unter dem Brusttuch verbergend, einen schlafenden Klamm. Klamm, klammer, am klammsten. Die Türe klemmt, doch Professor Kleinert ist trotz seines biblischen Alters ein starker Mann. Weit hinten nimmt er Anlauf, bei Schopenhauer, rennt zwischen dem Entweder-Oder Kierkegaards durch endlose Säle der mystischen Langeweile, nimmt die Freitreppe zum aschfahlen Treibhausgarten Stefan Georges im Schwung und rennt die Türe hinter dem Schanktisch der abgründigen Verzweiflung ein. Bums, da liegt es, das Numinose. Klamm erwacht aus seinem beklemmenden Schlaf und bekennt offen: ich gehöre zur Familie der Vaterfiguren bei Kafka. Mit dieser Garantie, dass nichts mehr fehlgehen könne, im Sack, stürmen wir den vereisten Schlossberg hinan. Aber oha, der eisige Nordwind des Numinosen ist bissiger als vermutet. Unsere Gesichter werden rot, und die herkömmlichen Formeln der Interpretation fallen wie Eiszapfen vom Mund. Professor Kleinert sammelt seine in alle Winde absurder Definitionen verstreute Schar und bläst zum Rückzug. Wir kommen so nicht weiter, wir müssen nach Vorbildern graben. Mit Schäufelchen und jenem Sieb ausgerüstet, das die Spreu vom Weizen sondert, graben wir in der Arktis von Kafkas Gefühlskälte nach den Leichen wärmerer Vorfahren. Und die Mühe lohnt sich: der Schädel Goethes kommt zum Vorschein. Nun sind wir endlich beim Thema und können das

Schloss auf sich beruhen lassen, weil es Goethe im Turm des *Wilhelm Meister* implizit vorweggenommen hat. Besitzt nicht auch das Schloss als einzigen markanten Bauteil einen allerdings schäbigen Turm? Gibt nicht dieser Turm Anlass zu weit ausholenden Vergleichen? Blinken nicht die Fenster des Turms in irrsinniger Weise? Das Licht des Himmels, kurz das Absolute genannt, das Goethe über Italien in ungebrochenem Weiß wahrgenommen hat, erfährt bei Kafka eine unendliche Spiegelung und Brechung durch den Wahnsinn. Das Schloss verkörpert wohl den höchsten Sinn, wenn man nur sicher wüsste, dass das Verlangen nach einem solchen höchsten Sinn nicht bloß eine Täuschung des Wahnsinns ist und das Schloss infolgedessen nur ein Trugbild der Phantasie. Mit andern Worten: Der Dichter setzt als Hypothese die Formel ein: es gebe das Numinose. Diese Formel präjudiziert ein Labyrinth in seiner Brust, das er, um ihm auszuweichen, nach außen reißt und im Labyrinth seines Werks veräußern will. Doch der Hexenmeister wird von den heraufbeschworenen Besen des Nichts in den hintersten Winkel seiner Hypothese gefegt, wo er nun tatsächlich glaubt, es gebe das Numinose nur in der von ihm hypothetisch angenommenen labyrinthhaften Form. Mit andern Worten: der Versuch verändert die Versuchsanordnung, so dass man nicht mehr feststellen kann, ob er auch gelungen sei. Ganz einfach ausgedrückt: die werkimmanente Suggestivkraft des Numinosen vernichtet den Wunsch, an etwas zu glauben, was es gar nicht gibt, und transformiert ihn in die Faszination durch das nichtende Numinose und somit zur häretischen Transparenz. Für die Deutschlehrer unter Ihnen: Kafka ist der erste, nach modernen Baugesetzen vorgehende Städtebauer des Nichts. Ich schreibe mir beim Aufnotieren die rechte Hand buchstäblich von der Seele. Gottseidank wird es nun langweiliger. Wir wechseln die Batterien in den ästhetischen Taschenlampen aus und steigen für längere Zeit hinab in das Reich der Mütter. Das gibt mir willkommene Gelegenheit, meine Kommilitonen zu betrachten. Ich kenne längst nicht alle, obwohl wir *numerus clausus* haben. Von den sechzig Bewerbern schied rund die Hälfte in einem Qualifikationsinterpretieren aus. Da waren's nur noch drei Dutzend. Drei Dutzend aufgeweckte, mit einer unvollendeten Dissertation herumlaufende und mit einer einfühlsamen Seele ausgestattete Kandidaten der Philologie. Gibt es einen schöneren Anblick auf der akademischen Welt? Was unsere Seele betrifft: man deponiert sie am Anfang des Studiums in einem Schließfach im Keller des Deutschen Seminars, um Platz zu haben in der Brust für die Seelen der Dichter, die man studiert. Besteht man das Studium mit Erfolg, dann bleibt die Seele im Seminar und an ihrer Stelle bekommt man eine neue, aus Crêpe-Papier kunstvoll gefältelte Seele, eine Nachahmung der Seele des Dichters, über den man dissertiert hat. Scheidet man vorzeitig aus dem Rennen aus, darf man die alte Seele wieder in Empfang nehmen und ein Leben lang den Psychiatern nachrennen, weil sie nicht mehr in die zu eng gewordene Brust passen will. Der Doktorand, auf bestem Weg zu erfolgreichem Abschluss, darf sich bereits eine Mietseele, eine Vorform jener Crêpe-Papierseele aus Seidenpapier einsetzen. Deshalb sind wir Doktoranden so empfindlich, deshalb schreiben wir einen Papierstil und deshalb gelingt es mir, geneigter Leser, beim besten Willen nicht, die *Blechtrommel*-Sätze aus dem Gelenk zu schütteln. Nur wenn ich diesen Roman anstelle meiner Dissertation vollende, habe ich jemals Aussicht auf meine eigene, viel zu groß gewordene Seele, weshalb ich eigentlich jetzt schon zum Psychiater gehen könnte, um meinen germanistischen Dachschaden reparieren zu lassen. Aber wieder zurück zu den Normalen, zu meinen Mitdoktoranden.

Da ist vor allem Kaspar Fröhlich, der wie sein Vater zwanzig Semester studiert hat und entsprechend dissertiert: Der Mond in der Lyrik vom Minnesang bis zur Moderne. Er trägt sich gegenwärtig mit dem Gedanken, die Mondfinsternisse hineinzunehmen, um dem Ganzen eine Abrundung ins Dämonische zu geben. Seine hartnäckigen Fragen im Doktorandenseminar sind berüchtigt. Man wird nicht recht klug, ob er es wirklich ganz genau wissen will oder ob er für die banalsten Erkenntnisse schon zu gescheit ist. Kaspar Fröhlich organisiert Lesezirkel und Repetitions-Übungen, die er am Anschlagbrett der Dozenten bekannt gibt, um ja keinen Zweifel über seine Ambitionen offen zu lassen. Man trifft ihn immer im Deutschen Seminar an, meistens im Gespräch mit Assistenten oder Professoren. Man kann ihn jederzeit alles fragen, sofern man bereit ist, innerlich das Pfötchen aufzustrecken. Wenn er in den Gängen lacht, schickt er sein Lachen in die hintersten Nischen der Bibliothek, um allen, den Dichtern und Studenten, zu beweisen, dass das Studium Spaß mache. Was weiß ich noch von Kaspar Fröhlich? Dass er keine Freundin hat, weil sein Vater als Deutschlehrer die These vertritt, man solle ein Gretchen aus dem Klassenzimmer heiraten, das man ganz nach eigenem Sinn und Geist geformt habe. Kaspar brennt darauf, an einem Gymnasium sein reiches Wissen vor die Säue zu werfen. Da ist Christian Wagner, der zwar viel weiß, doch alles wissen möchte. Er glaubt an das Schöpferische in jedem Menschen und hat deshalb seine ersten Gedichte heldenhaft verbrannt. Mit seinem Blick lässt er jeden fühlen, dass der Ernst der Literaturgeschichte keinen Spaß vertrage. Wenn er lachend seine gelben Zähne zeigt, kriegt jeder Hühnerhaut. In seiner Gegenwart taucht früher oder später die Sinnfrage auf. Er schreibt die zuverlässigsten Vorlesungen und hat nichts Geringeres vor, als allen kommenden Generationen ein für alle Mal den Satz klar zu machen: Heinrich, mir graut vor dir! »Der Vokativ bei Goethe«. Da ist Ophelia, immer kränklich, immer schwitzend im Seminar, immer gleich seerosenblass und umschleiert angezogen, immer schmucklos. Ihr Thema: Das mystische Seufzen in Rilkes *Duineser Elegien.* Sie seufzt aber nie unter ihrer Last, sondern bleibt immer gleich transparent. Da ist die sexgeladene deutsche Maid Kirsten Seifert, ihrer Dissertation »Die erotische Transzendenz im erzählerischen Werk Arthur Schnitzlers« schon längst auf eine höchst attraktive Weise überdrüssig. Sie entführt ähnlich Verzweifelte in ihrem Morris Cooper in ihre Bude und enthüllt, sofern die Kunst der Interpretation kunstvoll genug angewandt wird, ihren interpretationsbedürftigen Körper. Im Übrigen steht sie Modell für die Werbeprospekte einer Büstenhalter-Firma und hat mir im Seminar auf meinen ausdrücklichen Wunsch einmal ein paar Glanzfotos zwischen die Notizen geschoben, auf denen sie der Marke Triumph auf triumphale Weise zu einem Triumph verhilft. Da lächelt sie braungebrannt im weißen Schlüpfer, lässt das lange Haar auf die Schultern fallen und kreuzt die Arme vor den nackten Brüsten. Ich schreibe ihr darunter: *summa cum laude,* doch sie will den Wink nicht verstehen und mit diesem Können, auch eine Art von Interpretation, zu Professor Kleinert in die Sprechstunde eilen, um ihm klar zu machen, wo ihre Talente und wie eng sie anliegen. Da ist die energische und kluge Dorothea, die es auf das zur Hälfte gleichnamige Epos abgesehen hat. In den Diskussionen wirkt sie sportlich zäh und stellt in zehn Sekunden jedes entstellte Zitat wieder her. Mir fällt auf, dass da überhaupt viele Damen sind, jede insgeheim eine Marianne von Willemer, eine Frau von Stein oder eine Staub aufwirbelnde Bettina. Da ist der scheue, mit seinen Einmeterneunzig in eine andere Welt ragende Thomas Zweifel, der nach einem Monat Vorlesungsbetrieb allen Ernstes fragen kann, ob das Semester schon angefangen habe. Er dissertiert über die Papierkörbe im Verhältnis zur Utopie, ausgehend vom Roman *Ateniva* von Rechtlab Saremo. Unrasiert sieht er immer verschlafen aus, als käme er soeben aus dem Bett.

Die bibberige Halshaut lässt auf Haschisch schließen. Stets hat er ein wild zerlesenes Buch unter dem Arm, das dem Titel nach nie zum Seminarthema passen will. Da ist der querköpfige Fritschi, der bei seinen Voten die Sätze nie vorbereitet und so leise stottert, als wäre er in einem Privatkolloquium. Wenn ihm Professor Kleinert etwas entgegnet, fährt er mit »Ja aber, ich würde doch meinen« dazwischen. Wenn darauf der Professor glaubt, sagen zu dürfen, meint er noch einmal, meinen zu müssen, bis der Professor mit Nachdruck daran festgehalten haben will, was er mit »Ich möchte noch einmal darauf zurückkommen« quittiert. Im Pausengespräch ist er höchst originell: Was aber bleibet, dichtet der Stifter. Sein Thema nennt er verschmitzt: Präexistenz in: Der Tor und der Tod in Venedig. Da ist der Deutsche Schamoni, so heißend, weil er bei jedem Votum errötet, obwohl er längst abgeschlossen hat und sich dank einem *Summa* auf Kosten Brentanos einen Freihörerschein für alle Seminarien bis zum Rücktritt oder Ableben Professor Kleinerts erworben hat. Er verführt hübsche Mädchen an der Höheren Töchterschule zur Erkenntnis, dass alles Schöne selig in ihm selbst scheine. Da ist der andere praktizierende Doktor phil., der den *Faust I* und *II* auswendig kann und sinngemäß Jürgen Weimar heißt. Wenn er aufstreckt, weiß jeder im Seminar, dass es ein Wettzitieren zwischen ihm und Professor Kleinert absetzen wird. Gewonnen hat, wer den andern zum Schachzug zwingt: Das muss ich mir auf das nächste Mal überlegen. Überhaupt fällt mir auf, dass da viele frisch gebackene Doktoren und viele Deutsche sind, die uns die Antworten wegschnappen und unsern Lehrmeister vor allzu häufiger, mitleidiger Fragezeichenmimik bewahren. Da ist der große Kafka-Experte Axel Aßmann, auch ein Deutscher, der ständig einen Prozess hängig haben will und mit dem Zitat herumläuft: »Ich bin die Aufgabe, kein Schüler weit und breit.« Auch er wird vermutlich noch mehr als genug Schüler haben, die über Generationen hinweg erfolglos an der Aufgabe knabbern, aus einem Deutschlehrer einen brauchbaren Menschen zu machen. Erwähnenswert bleibt der introvertierte Kaspar Hauser, der eine gestohlene Speisekarte mit der Aufschrift »Salzburger Hof« und einem angeblich von Trakl stammenden Gedichtanfang als Visitenkarte seiner Kongenialität vorzeigt. Und nicht zu vergessen der einzige Adlige, Graf von Platin. Er hat für die Verdienstaussichten seiner Kommilitonen ein blasiertes Lächeln übrig, weil er auf einem Schloss zu Hause ist und schon als kleines Gräflein auf den Knien Thomas Manns herumgerutscht ist. Statt Studienausgaben bringt er Lederbände mit Goldschnitt ins Seminar, schreibt sie aber dessen ungeachtet mit Füllfedernotizen voll. Sein Thema lautet logischerweise: Die Vorstufen des *Doktor Faustus,* gestützt auf den Nachlass unserer Hausbibliothek. Wer je mit Platin im privaten Kreis zusammen war, konnte feststellen, dass er bei jedem Telefonanruf, der für andere bestimmt ist, sagt: Und lass alle grüßen von mir. Man munkelt, er empfange Professor Kleinert für die Vorbesprechungen zu seiner Dissertation auf dem elterlichen Schloss und lasse ihn im Jaguar abholen.

Da es im Seminar immer noch langweilig ist – soeben entbrennt eine Diskussion über den Begriff des ästhetischen Scheins, den Fritschi mit aller Gewalt vom Kopf Professor Kleinerts reißen will, während Schamoni und die kluge Dorothea mit heiligenscheinhaften oder scheinheiligen Argumenten auf der Lauer liegen –, buchstabiere ich mich an das Gesicht Kaspar Fröhlichs heran und erinnere mich Ihnen, gelangweilte Leser, zuliebe an einen schwülen Pfingstmontag, an dem der damals elfsemestrige, schon Doktoranden-Würde ausstrahlende Kaspar Fröhlich eine bunt durcheinander lesende und noch bunter interpretierende Schar von Neulingen auf einer literarischen Exkursion nach Tübingen führte, um ihnen am Symbol des Hölderlinturmes klar zu machen, wie gefährlich das Studium der Geisteswissenschaften sein kann. Der D-Zug spuckte eine Handvoll ungehobelter Proseminaristen auf den Bahnsteig, die sich von halbnackten Filmstars an der Kioskwand nicht von ihrem Vorhaben abbringen ließen. Tübingen brütete in der Frühsommerhitze am Neckar. Schwäbische Fachwerkhäuser grüßten fensterreich. Die Burg schlummerte im Glast. Auf der Alleeinsel lagen weiße Mädchen im Gras und gestalteten ihre Freizeit sinnvoll, indem sie stakenden Studenten zuwinkten. Deutsche Burschenherrlichkeit auf langen Kähnen. Deren ungeachtet bezog eine schulreisenhaft wirkende Schar Schweizer Junggermanisten unverzüglich die Jugendherberge und rüstete sich mit Wanderschuhen und Regenschützen aus, um im Eilmarsch die Wurmlinger Kapelle zu erobern. Da wurde der Keim zu meinem Roman gelegt, erlaubte ich mir doch zum ersten Mal, im wortwörtlichen Sinne abtrünnig zu werden. Mochten meine Kommilitonen der unwiderstehlichen Tübinger Gewitterstimmung mit Wanderschuhen in die Magengegend treten und mit Uhland-Fähnchen – solche gab es tatsächlich am Kiosk der Jugendherberge – ins Gesicht schlagen, ich setzte mich in die nächste Gartenwirtschaft und goss kühlen, zuckersüßen Nacktarsch hinter die Binde. Sternhagelvoll vergaß ich das Elend der Sterndeutung, legte mich in einen Kahn und trieb unter den Weiden durch gegen den Hölderlinturm, dessen offene Fenster schwarz und drohend in den Gewitternachmittag gähnten. Mückenschwärme tanzten über dem Neckar, schwäbische Dirndl ließen sich von weinrot bemützten Kavalieren ins Gewitter rudern. Da, und nur da, möchte ich behaupten, wurden sie wach, die Geister der Geisterstadt Tübingen, während sie auf der Wurmlinger Kapelle den Schlaf der Gerechten schliefen. Die Zipfelmütze zuckte hennarot im Fensterchen, der Hofbibliothekar Scardanelli schritt in seinem Käfig auf und ab. Ein brenzliger Geruch stieg mir in die Nase, und schon sprengte der Feuerreiter durch die Gassen. Blitzgeäder verteilte sich gerecht über den ganzen Himmel. Der junge Mörike erbleichte vor dem braunen, sinnlichen Gesicht Peregrinas, und Hesse eilte hinauf zum Pressel'schen Gartenhaus, um Waiblinger die letzten Hölderlin-Fragmente zu entreißen. Der grüne Fluss war ein abgrundtiefer Weiher, der jeden Augenblick laut zerspringen konnte. Kusstrunkene Schwäne erstarrten zu Glas. Die Wetterfahne kreischte im Wind. Ich riss meine Augen weit auf, um hineinzustarren in den aufgetrennten Kuhmagen der Literaturgeschichte, aus dem es blutig dampfte, und war betrunken genug, um meine Trunkenheit für erlösenden Wahnsinn zu halten. Ich warf alle guten Vorsätze, ein treuer Wiederkäuer zu werden, über Bord. Literatur fressen, Literatur wiederkäuen und einen unverdauten Brei von sich geben, den andere fressen, wiederkäuen und wieder von sich geben. Nein, lieber ertrank ich auf der Stelle und richtete mich unten, im Spiegelbild von Hölderlins Turmzimmer ein. Als ich klatschnass und mit ein paar Hagelkorneinschlägen im Kopf in die Jugendherberge zurückfand, blickte die muntere Schar dem verlorenen Schaf halb misstrauisch, halb gedankenlos und, wenn es drei Hälften für einmal geben darf, halb kapellenbegeistert entgegen. Kaspar Fröhlich hatte einen langen Tisch organisiert. Da um zehn Uhr Lichterlöschen war, spielten wir bei Kerzenschein weiter. Wer findet einen Reim auf Mensch? Wer sagte: Wo ein Wille ist, ist auch ein Weg? Wie viele Zäsuren darf ein klassischer Hexameter haben? Wisst ihr überhaupt, was ein Hexameter ist? Wo steht und fällt der Satz: Wär nicht das Auge sonnenhaft, die Sonne könnt' es nicht erblicken? Wagen wir, weil es läutet und Professor Kleinert siegreich aus der Schlacht um den ästhetischen Schein, das heißt mit unangetastetem Heiligenschein von dannen zieht, den versöhnlichen Satz: Sonnenhafte Augen sahen in Tübingen unter der Leitung Kaspar

Fröhlichs die Sonne der Interpretation lachen, die sich für wenige Augen hinter einem Pfingstgeist versprengenden Gewitter schwersten Kalibers versteckte und fortan nie mehr so richtig aufgehen wollte.

LOKALBERICHT

Halbzeit. Der erste Block ist zuschanden geschrieben. Sie wundern sich vielleicht, weshalb ich bis jetzt so wenig über meine Schüler geschrieben habe. Schüler im Auf- und Umbruch, ohne Unterbruch. Das Thema müsste doch verlockend sein. Nun, meine Schüler haben zurzeit Ferien, und Ferien habende Schüler soll man weder schreibend noch an sie denkend aus dem Ferienschlaf wecken, der den Bildungsschlaf gottlob vierteljährlich und gesundheitsfördernd unterbricht. Indessen sind sie für den Deutschunterricht nicht untätig. Sie erleben im Augenblick in Spanien, Tunesien und Griechenland, natürlich auch in der Badeanstalt im Schachen, all das, wofür sie nach den Ferien in einem dreistündigen Aufsatz büßen müssen: Ist man in den Ferien wirklich ein anderer Mensch? Mein letztes Thema lautete: Wie beurteilen Sie einen Menschen, der sich ein Auto leisten könnte, aber nicht Auto fährt? Da mich meine Schüler oft genug den Wagen anstoßen sahen, beantworteten sie die Frage entsprechend positiv, nur der kühne Hiltbold rüttelte an den letzten Dingen, indem er die Zusatzfrage stellte, weshalb sich ein Deutschlehrer der Kantonsschule kein besseres Auto leisten könne. Ich musste ihm, obwohl der Schluss fehlte, eine Sechs geben, denn diese Frage an den Lehrer und somit direkt an den Staat zu richten, verdient beste Benotung. Wir wollen diese Frage vorerst auf sich beruhen lassen und uns auf den nächsten Aufsatz vorbereiten: Ist man in den Ferien wirklich ein anderer Mensch? Versuchen Sie doch einmal, für sich zu Hause im stillen Kämmerlein, wenn Sie einen Block bewohnen, im halben Zimmer, diese Frage ganz floskellos, alle Ferienkolonien, Mittelmeerpensionen und Zeltplätze in Gedanken auf einen Nenner bringend, zu beantworten, sofern ein Zeltplatz von den heutigen Ausmaßen unter einem Bruchstrich Platz hat. Ich gebe Ihnen, da Sie nicht im Aufsatzunterricht sind, sondern draußen im kalten Wind des Lebens stehen, eine halbe Minute Zeit. Adressieren

Sie bitte die Antwort an Günter Frischknecht, Stockturmgasse 6, Brösen/Neufahrwasser. Bis Ihre Antworten eintreffen, werde ich sie für mich privat vorwegnehmen. Bitte schauen Sie nun weg, wenn Sie die Lösung selber finden wollen oder wenn Ihnen die Ferien gerade bevorstehen, ich lasse wie im Fernsehen vor der Bekanntgabe von Fußballresultaten, die nach der Bekanntgabe durch 46 Beine erläutert werden sollen, einen Gong erklingen. Sie hasten im Schnellleseverfahren über die Zeilen weg, bis Sie auf das Reizwort Gong stoßen, dann sind die Ferien zu Ende. Also, Gong! Nach reiflicher Überlegung glaube ich füglichstens sagen zu dürfen, dass man in den Ferien tatsächlich ein anderer Mensch ist. Es liegt nun mal in unserer Natur, dass wir eine hypothetische Veranlagung haben und unter dem Vorzeichen »Was wäre, wenn ...« mehr erleben als im sogenannten Alltag. Wir brauchen die Ferien dringend, um diejenigen zu sein, die wir nicht sind, also eindeutig andere Menschen. Sei es im Feuerwerksmonat August oder im Grippemonat März, im Drachenmonat Oktober oder im Monat der Adventskalender, einer von zwölf Monaten muss uns beweisen, dass elf Monate härtesten Existenzkampfes nicht sinnlos waren. Da wir logische Wesen sind, suchen wir den Sinn im Unsinn, also zum Beispiel auf den Zeltplätzen. Dort sind wir völlig andere Menschen, denn wir fühlen uns wie zu Hause in einer Welt, die in Plastik und Segeltuch den Komfort nicht nur wiederholt, sondern wortwörtlich auf die Zeltspitze treibt. Eine Tomate rollt in den Sand statt auf den Perserteppich. Da wir in den Ferien sind, reinigen wir die Tomate anstelle des Teppichs. Eine Taschenlampe gibt vorzeitig ihren Geist auf. Da wir in den Ferien sind, bringen wir die Lampe nicht zum Elektriker, sondern lassen den Zeltplatzelektriker ins Haus kommen, und da Handwerker der Sage nach immer untätige Hausfrauen verführen müssen, lesen wir auf unserem Klappstuhl getrost in den *Klassischen Sagen des Altertums* weiter, während zwei verschiedene Batterien mittels zwei verschiedener Fassungen zwei verschiedene Birnen zu verschiedenem Leuchten bringen. Da wir im Berufsleben Unmenschen sind, gestatten wir uns in den Ferien sanfte Menschlichkeit, um nicht zu sagen Humanität, und finden dementsprechend alles menschlich. Es ist menschlich, dass das Schiff Verspätung hat, dass das Essen teuer und halbwarm ist, dass der Strand überfüllt ist, dass die Verkehrsadern bald unter Verstopfung, bald unter Durchfall leiden, es ist menschlich, dass auch der Keilriemen mal Ferien macht, es ist menschlich, dass die Frauen unmenschlicher sind als je und mit oder ohne Büstenhalter elf Monate lang hausfraulich gesparte Weiblichkeit auf einmal ausgeben wollen. Es ist menschlich, dass die Deutschen überall zuerst da sind und wir Schweizer mit der obligaten Stilverspätung zu spät kommen, es ist menschlich, dass Belgier ohne Fahrprüfung die Kinder sämtlicher EWG-Staaten auf den Straßen gefährden. Es ist menschlich, dass der Krieg weitergeht. Die Berichte in der Zeitung liegen mit täglicher und mildernder Verspätung neben der Serviette. Und es ist menschlich – sofern Schriftsteller Menschen und nicht höhere Wesen sind –, dass ich über die Ferien nur Klischees zu verbreiten weiß, das Klischee freilich zum Stilprinzip erhebend, wie es der Kritiker Felix Neidthammer in seinen *Literarischen Todesurteilen* unablässig fordert. Es gibt einen wunderbaren Film zum Thema »Menschlichkeit im Ferienparadies«, Sie haben ihn alle gesehen: *Le vacances de monsieur Hulot*. Erinnern Sie sich an den kleinen Kellner, der einen Herrn vom Strand ständig ans Telefon rufen muss? Dieser Kellner würde in der Sprache Professor Kleinerts das schlechte Gewissen verkörpern, das uns vom Strande der Freiheit an die Hörmuschel der Pflicht ruft. Auf die Anfrage der Pflicht, ob wir glücklich seien, deuten wir mit fünf sprechenden Fingern auf den überfüllten Strand der Freiheit, was auch die Pflicht bei bestem

Pflichtwillen nicht verstehen kann, weil Finger nicht einmal symbolisch telefonieren können. Leicht verunsichert stellen wir nun die Nummer elf des Trieblebens ein und hören von einer Stewardess des Unbewussten den näselnden Satz: Bitte melden Sie sich nach den Ferien wieder, was einem Besetztzeichen gleichkommt. Verdutzt rennen wir zurück an den Strand der Freiheit, wo der Platz an der Sonne hart umkämpft, immerhin noch vorhanden, aber leider wertlos geworden ist, da die Sonne auf Urlaub gegangen ist. Der Kellner des schlechten Gewissens nimmt sodann unsern Auftrag entgegen, eine Fernverbindung mit der Sonne des Glücks herzustellen, die auch prompt am letzten Ferientag zustande kommt. Etwa so müsste ich den in sich selber ruhenden Unsinn der Ferien umschreiben. Kürzer, prägnanter und für Leihbibliotheken: Die Ferien heben sich durch die Tatsache, dass sie Ferien sind und folglich Ferien machen, selber auf. Das Ferienhafte wird zum Inferialischen. Nehmen Sie mir den guten Rat ab: Machen Sie dort Ferien, wo sich die Ferien ihrer selbst nicht bewusst sind, das heißt: Leben Sie außerhalb der Ferien so selbstzwecklos ferienfrei, dass Sie vier Wochen Ferien mühelos verkraften können. Weichen Sie den Ferien aus, wo immer Sie können, damit Sie die Ferien bei Nacht und Nebel hinterrücks und meuchlings im Eigenheim überfallen. Das ist der einzige Trick, um ihnen beizukommen. Reißen Sie jeder Utopie den Stachel des Unmöglichen aus, indem Sie täglich utopisch, gewagt und ein anderer Mensch seiend in den Tag hineinleben. Das Glück will nicht gejagt, sondern verscheucht sein. Immer dort, wo man selber nicht ist, ist das Glück. Wenn Sie im Alltag Ferien machen, heftet sich das Glück so hartnäckig an eben diesen Alltag, dass Sie gar nicht mehr verreisen müssen, wenn Sie dagegen in den Ferien vorsätzlich glücklich sein wollen, schleicht sich der Alltag mit seiner sprichwörtlichen Gräue in Ihr Ferienunbewusstes ein. Gong! Etwa so viel oder so wenig meinte Goethe vermutlich mit dem Satz: »Lerne nur das Glück ergreifen, denn das Glück ist immer da.« Am Unterschied zwischen der Paradoxie meiner Ausführungen, die Sie hoffentlich übersprungen haben – Sie können sie mit der Fingerspanne oder an der Seitenzahl ermessen –, und der Prägnanz von Goethes Weisheit erkennen Sie, nebenbei gesagt, zu welchen Umwegen und Narrenspuren die Literatur heute fähig ist, nachdem ihr die Kritiker diese Fähigkeit zwei Jahrzehnte lang nach dem Zweiten Weltkrieg abgesprochen haben, und der aufmerksame Leser beziehungsweise Überhüpfer kann überdies abschätzen, wie heiß es gegenwärtig im Tessin sein muss. Von meinen Schülern, wenn sie braun gebrannt und mit noch bunteren Hemden aus den Ferien zurückkommen, werde ich nichts dergleichen verlangen. Sie sollen mit altersgemäßem Pubertätspessimismus feststellen dürfen, dass der Mensch in den Ferien kein anderer ist, weil wir das Anderssein im Soseinmüssen längst verlernt haben.

LOKALBERICHT

Auf der schwarzen Tafel an der Marktgasse steht in goldenen Lettern: Dr. Felix Neidthammer, Literaturanwalt, Sprechstunden: Montag und Donnerstag 8–12 und 14–18 Uhr, Nachtverhöre nur nach Vereinbarung. Ich ziehe den frühen Morgen vor, aber warten muss ich trotzdem. Im nüchternen, weiß gekalkten Wartzimmer, dessen einziges Fenster auf einen Hinterhof geht, sitzen die Dichter und warten auf ihren Ruhm oder auf ihre Hinrichtung. Es ist unheimlich, so viele höhere Wesen miteinander in einem Raum zu sehen. Die jüngeren rascheln aufgeregt mit ihren Manuskripten, bringen bald da eine Korrektur an, als könnte man im letzten Augenblick durch Korrekturen noch etwas retten, zerreißen bald dort mit gespieltem Masochismus ein Gedicht und werfen es in den Papierkorb, der die Form einer Amphora hat und in Überlebensgröße zur Schreibdisziplin mahnt. Die älteren dagegen sitzen gelassen in den Korbstühlen, ein unscheinbares Mäppchen bei Fuß und blättern, Interesse für die Produktion ihrer Konkurrenz vortäuschend, in den literarischen Zeitschriften, die jahrgangreich herumliegen. Rauchen ist gestattet. Überflüssig zu sagen, dass, wenn schon, Pfeife geraucht wird, weshalb das Kratzen, Stopfen und Knistern von Tabakbeuteln, ab und zu auch das Scheppern von Dosen, als ständiges Werkgeräusch das monotone Geraschel bereichert. An den weißen Wänden hängt zur Erbauung eine Scherenschnittfolge, die eher in das Wartzimmer eines Dentisten passen würde. Da versucht ein alter Mann mit Hilfe eines Fadens, den er um eine Astgabel geführt hat, den schmerzenden Zahn, durch ein rosarotes Backentuch mehr als genügend sichtbar gemacht, zu ziehen. Hinter seinem Rücken steht ein Zuber Wasser zum Spülen bereit. Was auf dem nächsten Bild passiert, ist sonnen- beziehungsweise wasserklar. Der Mann geht in sich und eilt mit laut schreiender Backe, einen Schirm in der Hand, der ihm jetzt nichts mehr nützt, zum Zahnarzt, der wie der Schneider Böck im dritten Streich am Bildrand bereits erkennbar ist. Nun wird die Folge unglaubwürdig, weil das Wartzimmer übersprungen wird. Dann beginnt die Prozedur. Weit nach hinten gelehnt, auf der Kante des Fußbrettes des Stuhls des Zahnarztes er selber, während der Schatten des Fußbrettes des Stuhls des Zahnarztes nicht zur Darstellung kommt. Der Zahnarzt zieht und zieht, der Patient klammert sich an den Armlehnen fest und würde seinen Peiniger noch so gern nach hinten fallen sehen. Aber der Zahn leistet vorerst noch den Widerstand, den man nach einer schlaflosen Nacht von ihm erwarten darf. Endlich neigt der faule Zahn zur Erkenntnis, dass das Alte dem Neuen weichen müsse, gibt seinen Sitz im Zahnfleisch nach einem markzerfressenden Abschiedsschmerz preis, und das kämpfende Paar fällt auseinander wie erwartet, der Patient wie von einer Nadel gestochen zurück in den Stuhl, auch Rittergestühl genannt, der Zahnarzt auf den Boden, um einen Purzelbaum rückwärts zu demonstrieren, während der Schatten des Rückens des Zahnarztes wie auch der Schatten des Zahnes des Patienten und letztlich die Schatten der Kopfstützen des Stuhles nicht geworfen werden, das heißt in die Technik der Darstellung eingehen, die sinngemäß Scherenschnitt- oder Schattenbildtechnik genannt wird. Solcherart von seinem Schmerz befreit, lacht der Befreite laut vor Heiterkeit. Er zückt den Beutel, lässt die Taler springen, und der bebrillte Arzt schenkt ihm als Symbol seiner Gegenleistung den Zahn. Das rosarote Backentuch darf auf dem letzten Scherenschnitt dem Hals eines beschwingt von dannen Ziehenden sportliches Aussehen verleihen. Er schreitet fürbass. Wohin? Das Bild hängt sinnigerweise neben der Tür zum Sprechzimmer Doktor Neidthammers. Mit andern Worten: Es war einmal ein hohler Zahn, der mit Hilfe eines im Briefkasten versteckten Brieflein des Inhalts, dass einmal ein hohler Zahn gewesen sei, auf sich selbst zurückweist. Wir Germanisten, interpretationsgewandt, verstehen die Scherenschnittfolge auf Anhieb. Nie habe ich daran gezweifelt, dass der Kritiker Felix Neidthammer seine Dichter ermahnen will, Klienten zu werden, bevor es zu spät ist, zum Zahnarzt zu gehen, wie es sich gehört, und nicht wie der törichte Mann mit dem Zuber hinter dem Rücken versuchen zu wollen, den schmerzenden Zahn des sie bedrängenden Stoffes – ein ungestalteter Stoff kann tatsächlich schmerzen wie ein Weisheitszahn – im eigenen Stil, also mit Faden und Astgabel, zu ziehen. »Wie ziehen wir diesen Stoff, junger Mann?« – eine stehende Wendung Doktor Neidthammers. Nun, der junge Mann kommt soeben von der Behandlung zurück ins Wartzimmer. Die selbstverständlich hübsche Sekretärin in eierschalenweißer Stewardess-Uniform geleitet ihn mit einem mütterlich besorgten, kaugummirot umschminkten Lächeln, denn er wird, seiner Miene nach zu schließen, vermutlich nie mehr in seinem Leben eine Zeile schreiben. In der Hand hält er zerknüllte Papiere, die einmal der Anfang eines Gedichtbandes waren. Aber er geht den bitteren Weg zu Ende bis zur großen Amphora, wo der Gedichtband in guter Gesellschaft sein wird. Die älteren Kollegen nehmen keine Notiz von diesem feuerlosen Autodafé, kennen sie die Szene doch aus eigener Erfahrung. Der Nächste, bitte! Ich identifiziere mich mit dem Nächsten und folge einem wippenden, wiegenden oder meinetwegen wogenden Hinterteil in die Praxis Doktor Neidthammers. Die Assistentin weiß, dass die Dichter als höhere Wesen nicht auf noch so lange Frauenbeine schauen, weshalb sie ihre Röcke immer dort aufhören lässt, wo auch die Beine aufhören, Beine zu sein. Die Laune des Kritikers ist, wie nach dem jungen Mann nicht anders zu erwarten war, die allerübelste. »So können sie heute nicht mehr schreiben«, ruft er mir entgegen, ohne aus einem Artikel, den ich nicht geschrieben habe, aufzublicken. Im Vorzimmer hämmern die Praktikanten wie wild auf ihren Maschinen herum. Die

Assistentin rückt mir den Ledersessel zurecht und bettet mich so, wie ich nachher liegen werde. An den Wänden hängen die sprichwörtlichen Kritikerwaffen: Hellebarden, Morgensterne, Dreschflegel, Doppeläxte und Galgenstricke, Mausefallen jeder Größe und Machart. Auf einem Glastablar steht die Salzsäure der Ironie und das Zyankali des Zynismus. Im Glasschrank liegen die feineren Instrumente für Wurzelbehandlungen, natürlich groß und alles überragend die Extraktionszange. Es brennt das Flämmchen der Leidenschaft. Die Spritzen für wörtliche Betäubungen liegen griffbereit, und fein säuberlich geordnet in einem fahrbaren Schubladen-Boy die Prädikate von »genial« an abwärts über »déjà-vu« und »muss das sein?« bis zu »nicht druckreif«. Auf einer Schublade steht auch »steht nicht da«, und auf einer andern: »Hat seinen Stil noch nicht gefunden«. Entsprechend seiner beruflichen Zwitterstellung zwischen Zahnarzt und Staatsanwalt (im Namen der Weltliteratur) trägt Felix Neidthammer eine hochgeschlossene schwarze Bluse mit freilich nur rudimentären Talarärmeln. Diese Tracht gibt ihm das Aussehen eines chinesischen Piraten, und nimmt man den Mittelscheitel hinzu, der sich übrigens auch auf den Blick überträgt, hat man das Bild eines Homöopathen. Mag der gescheitelte Blick den gefundenen Stil verkörpern, heute ist die Laune Felix Neidthammers die übelste. Er klopft fortwährend seine Pfeife aus, fuchtelt damit in der Luft herum und meint mit dem Satz: »das können sie, das dürfen sie nicht schreiben!« gar nicht mich, sondern den Frechling, der sich in einem Artikel mit dem Titel »Kritik der Kritik« über das unseriöse Handwerk der Kritiker beschwert und gelegentlich unentstellte Zitate Felix Neidthammers einflicht, also schlicht und einfach ihn meint. »Da gibt man den Vögeln eine Chance«, sagt er, »und sie fallen hinterrücks über einen her.« Der Artikel, den ich sogleich lesen muss, lässt der Dunhill-Pfeife Felix Neidthammers jegliche Luft ausgehen. Er sei ein formaler Fetischist, heißt es unter anderem, der die Literatur nur unter dem Gesichtspunkt des formalistischen Einmaleins betrachte. Wenn der Gegenstand im Wort aufgehe und die Sprache zu sich selber komme, sei alles in Butter, gleichgültig, welcher Unsinn im Wort aufgegangen sei. Er verlange den Zweifel an der poetischen Sprache auch von denen, die noch zur Poesie fähig seien, damit er alles mit der gleichen Waage messen könne. Er schreibe launisch und mit Vorurteilen, wenn einer seinen Segen nicht einhole, sei er von vornherein abgeschrieben. Er protegiere gewisse Verlage, mit deren Lektoren er befreundet sei. Er sei alles in allem ein verhinderter Schriftsteller, der die entgangene Macht durch die Macht eines Monopol-Kritikers ersetze. Er sei als Kritiker überhaupt nicht kompetent zu urteilen, kompetent sei letztlich nur derjenige, welcher das Beurteilte selber schöpferisch zu leisten imstande sei. Der Schreibende fordert eine neue Generation von Kritikern, die nicht verhinderte, sondern ausübende Schriftsteller seien, die nicht nur den Stil verstecken, sondern selber auch einen schreiben könnten. Er zitiert darauf ein paar wirklich schreckliche Wendungen aus der Feder meines Anwalts, die jeden, der seinen Stil noch nicht gefunden hat, Hoffnung schöpfen lassen. Als stellvertretendes Beispiel: Man muss die Sprache beim Komma nehmen. Die Assistentin bringt uns, immer lächelnd, jenen Kaffee, der Geistesarbeiter zu Verbündeten macht, und wenn ich mich nicht täusche, blickt sogar mein Anwalt auf ihre langen, nicht enden wollenden Beine, womöglich auf der Suche nach einer passenden Fußnote. Die Knöpfe der weißen Uniform sind übrigens golden, und das Schiffchen sitzt gekonnt schief auf klischeehaft kastanienbraunem Haar. Auch die Natur wiederholt sich dauernd, wie sollten da die Dichter immer etwas Neues erfinden? Bei einer so hübschen Assistentin böse Kritiken zu schreiben, ist, nebenbei gesagt, eine Todsünde wider den Geist.« »Was sagen Sie nun«, meint mein Anwalt an der Pfeife saugend, und ich frage Sie, geschätzte Leser, was würden Sie in meiner Lage darauf antworten? Sagen, der unbekannte Kläger hat recht und meinem Kritiker somit eigenhändig die Robe des Staatsanwaltes überstülpen? Die Achseln zucken und eine achselzuckende Besprechung meines nächsten Buches in Kauf nehmen? Sich ausschweigen und freiwillig in das Sibirien des Totgeschwiegenwerdens auswandern? Von etwas anderem, zum Beispiel vom Wetter oder von der Assistentin, reden und eine wetterwendsche Laune heraufbeschwören? Dem Schreibenden unrecht geben und in das offene Messer des Lobes rennen? Wie man in den Baumbestand der Kritiker ruft, so tönt es aus dem Blätterwald zurück. Eine hochverzwickte Lage, die nicht besser wird, wenn ich die Morgensterne an der Wand um Hilfe anflehe. In solchen Notlagen muss man eine Pfeife besitzen, die man umständlich aus dem Futteral ziehen und umständlich-nachdenklich, jede Interpretation offen lassend, stopfen kann. Zweitens darf man kein Feuer auf sich haben, besonders wenn eine feurige, literarische Stewardess in der Nähe wartet und ein Schwefelhölzchen – dies ist freilich erfunden – am eigenen Absatz entflammt. Unsere Pfeifen füllend und stopfend, verstehen wir uns ohne überflüssige Worte, mein Kritiker und ich, wir nehmen sozusagen unsere Pfeifen beim Wort, und qualmen uns Notlügen ins Gesicht, machen uns also jenen blauen Dunst vor, der das Verhältnis zwischen Autor und Kritiker seit jeher beherrscht, vernebelt und offen gelassen hat. Ich qualme: Durchschauen Sie bitte nicht, dass ich Sie durchschaue! Er qualmt: Ich werde mich hüten, Sie und durch Sie mich zu durchschauen, und somit könnte unsere Besprechung eigentlich beginnen. Ich ziehe mein Manuskript aus der Mappe, aber Neidthammer schüttelt den Kopf und deutet auf jenen Paravan in der Ecke des Zimmers, hinter dem sich die Assistentin umzieht. Mit anderen Worten: meine Zeit ist abgelaufen. Jedem Klienten tritt sie in anderer Aufmachung entgegen, für jede Zirkusnummer trägt sie ein anderes Kostüm, und ein typisches Literatengerücht will wahrhaben, ihre Kleider machten die Leute, man könne, wenn man die ganze Garderobe kenne und richtig interpretiere, auf das zu erwartende Urteil schließen. Ich bin gespannt, wie es dem »Nächsten, bitte« ergehen wird. Schon stöckelt sie hinter dem Paravan hervor. Die Schwesterntracht und die Gase vor dem Mund verheißen eine milde Blinddarmoperation. Ich packe also meinen Roman wieder ein, verabschiede mich Speichel schlürchend von meinem Anwalt und hole im Wartzimmer meinen Mantel. Die Wartenden warten vergeblich auf meinen Gang zur Amphora. Der Nächste, bitte, ist ein bereits ergrauter Aphoristiker, der dem Volksmund aufs Lügenmaul schaut und Sprichwörter umdreht. In einer halben Stunde wird er entweder seinen aphoristischen Weisheitszahn oder den Blinddarm draußen haben, denn so wie er kann man in Gottes Namen heute nicht mehr schreiben. Ich drücke ihm die kleinen Finger.

PS: Im schneeweißen Stewardessen-Kostüm erscheint die Assistentin nur jenen Dichtern, für die der Flug der Phantasie noch alles offen lässt.
   Sie tröstet mit ihrem Kussmündchen den Kritiker Felix Neidthammer über den zu tief geratenen Musenkuss hinweg.
   Ihr Name sei Angelica, ein weißer, scheinheiliger Engel.
   Einem Mundartlyriker erscheint sie in der Berner Tracht, einem Aufsätzchen-Schreiber im Bikini, einem Henry-Miller-Nachahmer in der Schlangenhaut der Nacktheit, einem Surrealisten mit dem Kopf unter dem Arm und brennenden Schubladen in den Beinen und einem Silbenspalter im Langhaarfell. Anziehen, ausziehen, umziehen, das ist der Lauf der Literatur.

LOKALBERICHT

Ab und zu stelle ich mir eine unerlaubte Gewissensfrage, zum Beispiel: Wen beneidest du am meisten in der Stadt? Keine Frage, weil die Antwort täglich in der Tageszeitung erscheint, Lokalredaktor zu sein ist ein wundervoller Beruf. Ich möchte ein ganzes Leben lang Ferien haben, um ein ganzes Leben lang auf die Lokalseite einer städtischen Tageszeitung angewiesen zu sein. Aus südlicher Distanz liest sich das Lokale einer unbedeutenden Stadt wie der spannendste Kriminalroman mit 365 Fortsetzungen im Jahr. Die Fortsetzung folgt bis in alle Ewigkeit. Der Lokalredaktor Barzel ist in meinen Augen der glücklichste, weil unbewussteste Schriftsteller der Welt. Er trägt ein riesiges Mosaik aus kleinsten, buntesten Steinchen zusammen, ohne an die Illusion eines Gesamtplanes zu glauben. Und dabei fallen ihm die größten Perlen in den Schoß, sofern ein Mann für einmal einen Schoß haben darf. Mal schreibt er über die Jahresversammlung der Philatelisten, mal über die Fahnenübergabe bei der Blechmusik, mal über den Kaninchenzüchterverein. Kulturelles verträgt sich neben Banalem. Er sammelt Splitter und Anekdoten, schiebt eine Betrachtung über unsere Eidechsen ein, wärmt alte Bräuche auf, und immer findet sich im Archiv ein malerisches Altstadtbild. Wie es früher einmal war. Altvertraut und immer wieder schön. Als man in der Rathausgasse noch am Brunnen waschen konnte. Eine wischende Frau verführt zum Aphorismus: Morgentoilette in der Pelzgasse. Seinen alten Reiz behalten hat der Blick von der Zinne auf die Giebel der Haldenhäuser. Dann wieder nackte Gegenwart: Unzucht im Pissoir des Stockturmes, dreistündige Sitzung des Einwohnerrates, Sommerzeit – Jugendfestzeit. Oder Zukunftsvision: Welchen Altstadtblock werden die Parkplätze morgen verschlingen? Wie werden die Kadetten in zehn Jahren daherkommen? Wo führt die Gewässerverschmutzung hin? Wer wird nach Annahme der Schwarzenbach-Initiative die Tiere im Roggenhauser-Wildpark füttern? Also ein Durcheinander, Gewurstel, Mischmasch, Potpourri, Tohuwabohu, Sammelsurium, eine Menkenke? Nach Professor Kleinert und Felix Neidthammer nicht mehr und nicht weniger als ein definitionsgerechter *nouveau roman* mit allen Raffinessen: Wechsel des Standortes, Herumturnen in Zeiten und Zeitformen, Anführungszeichen-Stil, der sich selber nicht ernst nimmt, keine Handlung, gebrochene Form, nichtige Aussage und kollektive Autorschaft. Denn Barzel schreibt natürlich nicht alles selber. Darüber hinaus hält sich dieser Roman an modernste Erscheinungs-Praktiken. Er erreicht täglich mindestens 30'000 Leser, ohne dass sie in die Buchhandlung laufen müssen. Er ist billig. Die Druckfehler sind einkalkuliert und die Erlaubnis zum Abdruck ist gestattet. Er wirbt mit Schlagzeilen aus der Politik und aus der Sportwelt unauffällig für sich. Er bewältigt Gegenwart und Vergangenheit. Er ist wegwerfbar, der erste Wegwerfroman. Er wird nicht interpretiert und nicht bekrittelt. Er baut die Leserbriefe ein. Er ist zu allem hinzu noch ein Schlüsselroman. Er ist obszön, verlogen, mystisch und wahr zugleich. Er ist poesievoll, hochdramatisch und langweilig episch. Man kann ihn von hinten nach vorn und von vorne nach hinten lesen. Oder man kann ihn überhaupt nicht lesen und ist dennoch über seinen Inhalt informiert, weil er sich täglich ereignet, nicht nur im Schildkrötenkopf Barzels, auf den Straßen, Gassen und Gässchen. Er touchiert alle großen Themen der Zeit, von der Militärdienstverweigerung bis zur Zifferblattrenovation des Stockturms. Er ist Liebes- und Eheroman ohn' Unterlass, Nachttischlektüre für ihn und für sie, Kinder lesen ihn oder falzen Schiffchenmützen daraus und tragen ihn auf dem Kopf. Regierungsräte vertreiben sich die Zeit damit und Professoren putzen sich, zumindest auf den Toiletten des alten Schulhauses, den Hintern damit, kurz: Barzel schreibt und lässt schreiben den Universalroman, von dem jeder Schriftsteller träumt, der im

Mann ohne Eigenschaften und in *Zettel's Traum* vergeblich angestrebt wird, weil zu dick, zu teuer, zu gescheit, zu unlesbar und was weiß ich alles. Und das Beneidenswerteste wie gesagt: Barzel ist sich dessen nicht einmal bewusst, hat keine Zahnschmerzen von Neidthammerschen Wurzelbehandlungen, kennt keine Honorarsorgen und keinen Ideenausfall, denn er notiert die Geschichte auf, die das Leben schreibt. Er muss nicht auf die Suche nach dem Stil gehen, weil ihn der Stil buchstäblich heimsucht und mit allen Wassern wäscht. Er kennt keine Hürde mit der Aufschrift: So kann man heute nicht mehr schreiben, denn seine Kunst hat es nicht nötig, von können zu kommen. Sie leitet sich in höchst eigenwilliger Etymologie von kunterbunt ab. Wissen Sie, fragt der Duden, dass »kunterbunt« etwas mit Kontrapunkt zu tun hat? Barzels Kunst ist die Kunst des Kontrapunkts. Sie ist wortwörtlich gegen den Punkt, überhaupt gegen Satzzeichen. Sie ergießt sich endlos wie ein Strom, wie der Strom des Lebens selbst. Darum mein Geheimtipp: Das Jahresabonnement der Tageszeitung kostet nur Fr. 53.– Zählen Sie einmal Ihre Romane zusammen und rechnen Sie aus, welche Summe sie verschlungen haben, ohne im Geringsten der Übersicht, Handlichkeit und Omnivalenz dieses Universalromans zu entsprechen.

Geschichten, die das Leben schreibt. Das glückliche Leben, das seinen Stil gefunden hat, das sich ewig wiederholen darf! Tja, seufzte meine Großmutter auf der Ofenbank, das sind so Geschichten, die das Leben schreibt. Sie faltete ihre knorrigen Hände zum Gebet der Bewunderung und ließ den nur rhetorisch verneinenden Kopf so lange auspendeln, bis sich das Unfassbare in Selbstverständlichkeit auflöste. Ich saß auf dem Schemel zu ihren Füßen und lernte den ersten großen Dichter der Weltliteratur kennen, den ersten ausdauernden auch, denn das Leben schrieb und schrieb und schrieb. An einem schweren Eichentisch sitzend stellte ich es mir vor, mit der kratzenden Feder wild über eine endlose Pergamentrolle flitzend, die Rolle floss über den Tischrand, verknäuelte sich unter dem Tisch und wuchs allmählich zu jenem Wust an, den man vor Augen hat, wenn man dem Leben Undurchschaubarkeit andichten will. Meine Großmutter konnte so gut erzählen, dass ich keine einzige ihrer Geschichten mehr weiß, ich erinnere mich nur noch an ihre Gebärden, an gewisse Aussprüche. Ich frage mich heute, wo nahm meine Großmutter die Geschichten her. Ihre Teilnahme galt nämlich mehr dem Friedhof als dem Leben, und außer den sonntäglichen Erbauungsfahrten in den benachbarten Dankesberg und den donnerstäglichen Besorgungen beim Futtermüller und im Laden Onkel Herberts tat sie kaum einen Schritt aus dem Dorf. Natürlich schwatzte sie mit den Nachbarinnen, war sie ständig auf der Walz zu Cousinen und Verwandten, aber sind Nachbarinnen, Verwandte, Futtermüller und Kolonialwarenhändler mit einer Spielzeugabteilung das Leben? Ist der Friedhof mit seinem Schneckenparadies für die Hühner das Leben? Meine Großmutter würde zu all diesen Fragen sagen: Dummes Zeug! Sie würde ihre Tasche aufknipsen, in der es immer seifig roch, würde die silberne Bonbonniere mit zitternder Hand aufschnappen lassen, sich Gaba-Tabletten auf die Zunge schieben und sückelnd eine jener

Geschichten erzählen, die das Leben schreibt. Ich gäbe heute alle Geschichten der Welt für jene Prosa, die das Leben meiner Großmutter auf noch unerforschtem Postweg zukommen ließ. Sie begann meistens mit dem Satz: Ei, du mein Trost! Oder: Ei, du meine Güte! Oder schlicht und einfach: Dem Herrgott sei's geklagt! Diese Sätze waren nichts anderes als sperrangelweit offene Doppelpunkte für das, was kommen sollte. Wann und wo immer meine Großmutter solche epischen Doppelpunkte in die verblüffte Welt setzte, scharte man sich um sie, und zwar blitzartig. Der Braten fasste Fuß, der Stein blieb in der Schleuder, der Briefträger machte kehrt, und ich glaube, sogar der Pfarrer hätte seine Predigt unterbrochen, wenn meine Großmutter seinen lebensmüden Gedankenstrichen einen kraftstrotzenden Doppelpunkt entgegengehalten hätte. Noch bevor sie nach dem Doppelpunkt groß, ganz groß und ohne Anführungszeichen weiterfahren konnte, saß man ihr zu jenen Füßen, die sie aus Aberglauben nie wusch, weil sie nach ihrem Tod für alle Zweifler an der Religion Fußspuren zum Himmel hinterlassen wollte. Und dann: Du meine Güte, behüt uns Gott, brach das Leben mit all seinen Absurditäten, Grillen und Schrulligkeiten herein, das Leben, wie es leibt und lebt, das ungebrochene, das sagenhafte Leben. Der eisige Nordwind des Lebens. Schiffbrüche draußen im Leben. Lebenselixier und Lebensbaum. Das quecksilberhafte, unberechenbare Leben. Zwischen Leben und Tod. Lebensmüdigkeit und Lebenslust, das übersprudelnde und das heimtückische Leben. Der Ernst des Lebens. Lebemänner und Verbrecher am Leben. Lebenskünstler und ausgeblasene Lichter des Lebens. Das Würfelspiel und das bunte Karussell des Lebens. Lebensalter und Lebensweisheit, und immer wieder: die Schule des Lebens, das Leben als Lehrmeister, das Leben als Bewährungsprobe. Tja, das sind so Geschichten, die das Leben schreibt. Sie waren so kurz und so saftig, dass es mir unvorstellbar schien, das Leben habe auch nur ein einziges Mal radiert. Meine Großmutter schloss meistens mit dem Satz: Wartet nur, bis euch die Schule des Lebens in die Finger nimmt! Das sagte sie auch zu den Erwachsenen, die seit Jahrzehnten im Lebenskampf standen. Nach der Art aller guten Geschichtenerzähler leitete sie mit einer Drohung über zur Wirklichkeit. Und die panische Angst vor den gichtigen Fingern der Schule des Lebens ist mir nie mehr aus den Gliedern gefahren. Eine Schule, die das Leben ausklammert, ist schon schlimm genug, geschweige denn eine Schule, die das Leben verkörpern soll. Aus diesem Satz roch mir das Leben immer leicht urinsäuerlich wie Schulhauskorridore entgegen, kreidestaubig, tintenätzend und aquariumfaul. Heute glaube ich, die List meiner Großmutter zu durchschauen. Sie wollte uns vom Leben, dem sie auf den Friedhof entfloh, mit Geschichten abhalten, sie ließ ihre bunten Leuchtkugeln vor einem grauen Hintergrund platzen, um uns hellhörig für Geschichten und taub für den Schulhauskorridorenlärm des Lebens zu machen. Die Großmutter war weise. Sie unterschob dem Leben ihre erfundenen Geschichten, um es sich selber anklagen zu lassen. Inzwischen habe ich, der ich aus der Schule des Lebens die schlechtesten Noten nach Hause trage und von Klasse zu Klasse repetieren muss, immerhin festgestellt, dass das Leben so wenig Geschichten schreibt als die Weltgeschichte Dramen und der sprichwörtliche Gymnasiast Gedichte. Das Leben, so unerbittlich schulmeisterlich es sich gebärden mag, ist nicht einmal zum Satz »Ich bin das Leben«, und noch weniger zu einem brauchbaren Lebenslauf fähig. Das Leben ist Analphabet. Selber der Buchstaben unkundig, zwingt es jeden Teilnehmer in seiner Schule über die Schiefertafel, dadurch die Grundlagen für jene Literatur schaffend, die es mit weibischer Gefallsucht und mit klug gemimter Stummheit all denen abfordert, die glauben, seiner Schule für immer entronnen zu sein. Das

Leben schreibt nicht, liest und korrigiert nicht, es posiert. Nackt und üppig, in rubenshafter Vollblütigkeit zwingt es seine Jünger zu jenen Darstellungen, die man der Anständigkeit halber Kunst nennt. Das Gerücht mag weiterhin umgehen, »es schreibt«, das Leben lacht darüber und zeigt sein auswechselbares Gebiss.

LOKALBERICHT

Der Besuch beim Buchhändler Laubschad war längst fällig. Neuerscheinungen? Neue Gerüchte? Er streicht sich aufgeregt sein schlohweißes Haar zurecht. Der Buchhändler Laubschad erfreut sich hühnenhafter Größe. Seine Hakennase rühmt sich jener Witterung, die man als literarischer Geschäftsmann haben muss. Laubschad setzt sie allerdings nicht geschäftlich ein. Mit immer neuen Tricks versucht er, seine Kunden loszuwerden und die Bücher zu behalten. Eigentlich verkauft er, wenn er schon verkaufen muss, die Kunden an die Bücher. Er lässt sie lesen vom Gehilfen aus dem Leseinstitut »Legissima«, da er kein ungelesenes Buch in seinen Regalen duldet. Oder trügt der Schein? Wozu steht eigentlich ein messingenes Rohrbett hinter jener Bücherwand, die auch das Pult verdeckt? Laubschad schläft gelegentlich in seiner Buchhandlung. Bis abends zehn Uhr täuscht er Arbeit vor, dann löscht er die Lichter und verlässt den Laden nicht, wie vielfach angenommen wird, durch die Hintertür, sondern zieht sich Schlafrock und Schlafmütze über und schlüpft in der Wärme seiner Bücherluft unter die Decke. Kühles Linnen schmeichelt langhaarigen Junggesellenbeinen. Wer nie bibliophil war, kann die nun beginnende Orgie kaum verstehen. Doch für die langlappigen Ohren eines Bücherliebhabers beginnen nachts die Bücher mädchenhaft zu kichern und zu tuscheln, zu wispern und einlullend zu singen, mit einem Wort: zu verführen. Sie strömen ihr betörendes Oasenziegenleder-Parfum aus, sie blenden mit ihrem Goldschnitt, sie lassen liebesrote Lesezeichen schamlos ausgefranst über das Regal hängen und verlocken zum Zupfen, Streicheln, Betasten. Laubschad hat sich nicht hingelegt, um asketisch zu widerstehen. Hörig seinen Büchern hat er es einzig und allein auf die Entjungferung von ein paar sorgfältig ausgewählten und reservierten Neueingängen abgesehen. Besonders scharf machen ihn die Lederausgaben. Auch für zartes Dünndruckpapier hat er eine Schwäche. Also schleicht er, der betörenden Musik folgend, barfuß über den Spannteppich, zückt die Jungfern aus dem Regal und nimmt sie kurzerhand zu sich ins Bett. Niemand findet etwas Besonderes dabei, wenn ein Nekrophiler seiner Definition gerecht wird und auf dem Friedhof Leichen schändet, wenn ein Koprophiler Kot verspeist und wenn ein Homophiler Männern huldigt. Wir haben uns heute dank der Fachliteratur und der Belletristik, dank dem unermüdlichen Aufklärungswillen der Frauenzeitschriften und dank der Filmindustrie so sehr an die variantenreichen Abarten der Liebe gewöhnt, dass uns jeder Normale tiefst verdächtig und letztlich pervers vorkommen muss. Die Normalität ist die abgeschmackteste aller Perversionen. Masochismus und Sadismus gehören zum täglichen Brot unserer Lektüre. Was ist also schon dabei, wenn in meinem ohnehin erotisch armen Roman ein Bibliophiler seine Bücher schändet, ohne der Gesellschaft jenen Schaden zuzufügen, nach dem sie heute so süchtig ist? Nicht einmal Oswalt Kolle hält Bibliophilie für ehegefährdend, und schließlich ist Laubschad unverheiratet und wird es bleiben, sofern ihn eine Ganzlederausgabe mit hauchzartestem Dünndruckpapier und nylonweichen Buchzeichen nicht noch dazu überreden kann, aufs Standesamt und hernach in die Kirche der Buchbinderkunst zu eilen. Vorläufig lässt er noch Verlobung auf Verlobung folgen. Ähnlich jenen katholischen Priestern, welche der Sage nach Bräute entjungferten, um ihnen die Liebesnacht mit dem Bräutigam nicht zur Qual und folglich die Ehe nicht von vornherein suspekt zu machen, steckt der Buchhändler Laubschad – erwarten Sie bitte nicht, dass ich nun Glied sage! – seine Nase in den Schoß bildhübscher und zur Hochzeit mit ihrem ersten Leser geschmückter Lederbände und verhilft ihnen zu jener Erfahrung, die lesende Bräutigame überraschen, beglücken und befriedigen wird. Laubschad durchstößt mit lüsterner Gelassenheit und hoch erekter Nase Hymen um Hymen, indem er keusch verklebte oder gar französisch raffiniert unaufgeschnittene Seiten entzweit, meinetwegen schändet und lustmordet. Und zwar nicht der Reihe nach, sondern alle miteinander, orgiastisch und stellungsreich. Ejaculatio praecox folgt auf Ejaculatio praecox, Jüngferchen um Jüngferchen schreit auf, lustvoll oder gequält. Laubschad schweift ein und aus. Und die Bücher sind ihm dankbar stöhnend zu Willen, lassen alles über sich ergehen, was die Phantasie zwar erfinden, der Wortschatz aber nicht bewältigen kann. Die Orgie erreicht ihren Höhepunkt im Morgengrauen, wenn die kostbaren Luxusausgaben, durch Laubschaden klug geworden, sich gegenseitig von hinten und von vorne, von oben und von unten ineinander verkrallen und die buchstabenkarierte Bettdecke des Messingbettes zum Sündenpfuhl, das Bett selber zum Luderbett machen. Ein Buch ergießt seinen Inhalt ins andere, und da die Bücher noch keine Pille kennen, liegt es auf der Hand, dass der literarische Nachwuchs unüberschaubar sein wird. Zwillingsromane und Trilogien, Sekundär- und Tertiärliteratur, Stief- und Waisenkinder, und alle unehelich, selbstredend. Der uneheliche Sohn von Günter Grass' Erstling lebt in wilder Ehe mit den Großvätern der Trivialliteratur, sagte Professor Kleinert wortwörtlich, allerdings erst, nachdem es schon geläutet hatte. Und Felix Neidthammer wehrte sich vehement und spaltenreich dagegen, dass die literarische Öffentlichkeit als Robinsonspielplatz für Frühgeburten missbraucht werde. Sie, die Kritiker und Professoren, sind es, die mich vermuten lassen, dass es im Luderbette Laubschads orgiastisch zu und her gehen muss, dass dort, in der seriös getarnten Buchhandlung jene Perversion ihren Anfang nimmt, die man hinterher eine geistige Tugend nennt und der abendländischen Kultur als Feigenblatt vor das Unaussprechliche hält. Laubschads Erschöpfung wird nach solchen Nächten keine Grenzen kennen. Die Buchhandlung bleibt bis um neun geschlossen, damit die Verkäuferinnen aufräumen, betten und lüften können. Laubschad verschanzt sich hinter dem Gerücht, er sei krank, während er in Untat und Wahrheit bereits die neuen Opfer sortiert.

5. Brief an den Leser
Lieber, hochgeschätzter Leser! Ich brauche Sie nicht aufzuklären, Sie wissen über unsere Kultur Bescheid. Sie wissen unter anderem, dass nicht Sie die Kultur tragen müssen, weil es Institute gibt, welche diese Last für Sie auf leicht verletzbare Schultern nehmen. Wenn Sie je im halbleeren Saalbau zwischen Zitronenschaumwänden, gefrorenen Rahmpilastern und unter Eiswaffeln gesessen haben, während vorne auf der Bühne ein Provinz-Hamlet nicht aufhören wollte mit seinem Sein oder Nichtsein, dann wissen Sie auch, worin die Inkonsequenz unserer demokratischen Kultur liegt, nämlich darin, dass man nicht den Mut hat, dieses Stück nur noch den Abgeordneten, den Pressevertretern und Theatersachverständigen, in intimstem Rahmen vorzuspielen, welche dem Publikum ohnehin nachher sagen müssen, was es nicht gesehen und wo es zu früh gelacht hat. Unsere Kultur tut immer noch so, als wäre sie für alle gemacht. Es gibt auf der ganzen Welt nur eine Kultur für alle: die Fußballkultur. Doch davon ein andermal. Das Anliegen dieses Briefes ist es, geschätzte Leser, Sie auf ein Institut aufmerksam zu machen, das Ihnen unliebsame Lektüre abnimmt: das Leseinstitut »Legissima«. Es befindet sich an der Bachstraße, im zweiten Stock des neuen Kulturheims, nur hundert Meter von der Sauna entfernt. Unter der Leitung einer hocheleganten Vierzigerin, die früher den Kulturkreis Zschokke präsidierte, fand dieses Institut in kürzester Zeit zu ungeahnter Blüte. Die Dame, Madame Laur-Bélard, beschäftigt rund zwei Dutzend ausgebildete Germanisten, welche jederzeit in Ihr Haus auf die Stör kommen, um alle Ihre

ungelesenen Bücher tadelloser Lektüre zu unterziehen. Möchten Sie Ihre Bibliothek renovieren und die längst verstaubten Bücher durch abermalige Lektüre auffrischen, oder möchten Sie überhaupt erst eine Bibliothek anlegen, ein Anruf genügt, und ein ausgewogenes Leserteam unter der Leitung eines Oberlesers steht – die Filzpantoffeln bringen sie selber mit – vor Ihrer Tür. Madame Laur-Bélard hat durch diese kulturelle Neuschöpfung nicht nur der unter der Last ständig zunehmender Neuerscheinungen zusammenbrechenden Leserschaft einen unbezahlbaren Dienst erwiesen, sondern auch uns Germanisten. Wo, um Gottes Willen, wollen die vielen frisch gebackenen Doktoren heute denn noch ihr Brot verdienen? Der Tarif ist übrigens sehr günstig, weil es ein ungeschriebenes Gesetz in der Kulturwelt gibt, dass geistige Arbeit entweder gar nicht oder nur sehr schlecht zu bezahlen sei. Man weicht hohen Löhnen und somit dem Verdacht, die Arbeit habe nichts mehr mit Geist zu tun, konsequent aus. Wissen Sie, was der Staat einem Mittelschullehrer für die Stunde bezahlt, wenn wir auf eine Lektion eine Vorbereitungsstunde rechnen und auf ein halbes Jahr drei Wochen Ferienarbeit? Machen Sie die Augen zu, um nicht auf Staatskosten erröten zu müssen! Rund Fr. 14.–, in Worten: vierzehn! Welcher Gärtner schneidet Ihnen für dieses Hungerlöhnchen noch die Rosen? Gesunde Rosen im Garten zu haben, ist beruhigend. Eine gesunde, weil gelesene Bibliothek und folglich ein gutes Gewissen der Kultur gegenüber, wie viel mehr wert ist das? Madame Laur-Bélard bezahlt ihren Lesern zwanzig Franken in der Stunde und streicht für ihre geniale Idee die Hälfte ein. Für rund Fr. 300.– im Jahr sind Sie also mit Ihrer Bibliothek à jour, sofern Sie den Ankauf unlesbarer Bücher nicht übertreiben. Denn die flotten Mannen des Instituts »Legissima« lesen unheimlich schnell. Gedichtbände in zwei Minuten, Dramen mit Ausnahme von Hochhuth in zehn Minuten, moderne Romane von Schweizer Autoren, die ja heute alle sehr groß und auf dickem Papier gedruckt werden, in einer halben Stunde, engagierte Literatur mitsamt dem Engagement in einer Viertelstunde, Trilogien in einer Doppelstunde. Es lohnt sich, werter Leser, umso mehr, als Ihnen der Oberleser zu jedem Buch die für Konversation notwendige Kurzformel aushändigt. Sie können diese Formeln an einen Schlüsselbund hängen und damit in jeder hochgeistigen Diskussion Respekt gebietend klirren. Alles Weitere lesen Sie am besten in der kleinen Broschüre »Die Leser auf der Stör« nach, die Madame Laur-Bélard herausgegeben hat. Wenn Sie den Aufwand nicht scheuen, können Sie Ihre Bücher auch ins Institut bringen oder noch besser: Mit jedem neu erworbenen Buch direkt das Haus an der Bachstraße aufsuchen, dann können Sie in der Lesebar bei einem kühlen Drink darauf warten. Heute, wo so viel unnützes Zeug zusammengeschrieben wird, ist diese Einrichtung von unschätzbarem Wert. Frau Laur-Bélard durfte denn auch unlängst den Kulturpreis der Stiftung Zschokke entgegennehmen, den sie mit folgenden süßen Worten verdankte, die wir der Vollständigkeit halber im nächsten Abschnitt wiedergeben möchten:

Verehrter Stiftungsrat, liebe Ehrengäste,
 Sie zeichnen mit ihrer Gabe eine Frau aus, der das Kulturleben unserer kleinen Stadt von Kindsbeinen an besonders am Herzen lag. Schon als junge, schwärmerische Seminaristin war ich stolz, in einem Kulturkanton zur Schule gehen zu dürfen, und wenn ich jeweils durch den Rathauspark an der Bibliothek vorbeischlenderte, blickte ich ehrfürchtig auf die vielen gekrümmten Rücken im Lesesaal und dachte: Diese Rücken müssten eigentlich andere Lasten tragen können. Das Gleichnis von Sisyphos fiel mir ein, der einen schweren Stein bergan wälzte und doch nie die Höhe erklomm, die Adlerfreiheit zu großen Taten. Die-

ser Stein war recht eigentlich der Stein des Anstoßes zu meinem Projekt, das Sie heute in so liebenswürdiger und ehrenvoller Weise würdigen. Als ich meinem ehemaligen Deutschlehrer, Dr. Josef Faust, zum ersten Mal von der Idee erzählte, rief er aus: »Die Botschaft hör ich wohl, allein mir fehlt der Glaube.« Er prophezeite mir einen dornenvollen Weg, und ich, damals leicht zu entmutigen, dachte allen Ernstes daran, einen Damensalon zu eröffnen. Doch: es führen viele Wege nach dem Rom der Kultur. Ich lernte meinen Mann kennen und kam alsbald mit den Spitzen der Industrie in Tuchfühlung, der Zementindustrie und der Turbinen-Industrie. Unser Kulturkanton, so sagte ich mir in einer schlaflosen Nacht, ruht auf den Grundpfeilern der Industrie, sie ist es, die die Welt im Innersten zusammenhält. So fasste ich mir ein Herz und sprach bei Doktor Niemöller, dem Verwaltungsratspräsidenten der Zementfabrik, vor. Helfen Sie mit, sagte ich unter anderem, jenen Ruf unseres Kantons zu zementieren, der gegenwärtig am Abbröckeln ist. Gedenken Sie der schicksalshaften Jahre anno dazumal, als unzählige Emigranten unsere Lande überfluteten und von hier aus die Kultur Deutschlands steuerten. Der weißhaarige Patriarch, ich vergesse diesen Augenblick nie in meinem Leben, hauchte auf seinen Handrücken, den er mir entgegenstreckte, und sagte: So leicht wie ein einziges Zementstäubchen, *madame,* ist die Verwirklichung Ihres Projektes. Nennen Sie die Summe und beleidigen Sie nicht einen alten Mann, der mit achtstelligen Zahlen groß geworden ist. Ich wurde über und über rot, denn ich fühlte, nun war der Moment gekommen, da ich mein zweites Ja-Wort erhielt. Er begleitete mich hinaus und sagte: Darf ich Ihnen jetzt schon die Schleppe der öffentlichen Dankbarkeit tragen? Da alle Würze bekanntlich in der Kürze liegt, möchte ich diese Schleppe nun nicht wie ein Pfauenrad über meinem stolzen Haupt auffächern, sondern den Dank an Sie alle zurückgeben. Es bleibt mir, zu danken für das große Wohlwollen, das die Leser dieser Stadt und dieses Kantons meinem Leseinstitut entgegenbringen, zu danken für die Liebe und Sorgfalt, mit der Sie diese Feier vorbereitet haben, zu danken für die Gunst, Bürgerin eines Kulturkantons zu sein, zu danken nicht zuletzt für das gelbe Couvert, das bereits in Griffnähe liegt und eine bescheidene Frau, die nur mit dem kleinen Einmaleins aufgewachsen ist, sicher nicht beschämen wird. Ich möchte die edle Hand, die mich beschenkt, verlängern und jenen Leser mit einer kleinen Aufmunterungsprämie beglücken, der nächstes Jahr am meisten ungelesene Bücher zu uns bringt. Der Wettbewerb wird unter dem Motto stehen: Ersparte Lektüre ist Zeit, Zeit ist Geld, und Geld bedeutet: mehr Bücher. Wer mehr lesen lässt, weiß mehr. Ich danke Ihnen.

Überflüssig zu sagen, dass es, wie immer, wenn überflüssiges Geld von scheinbar überflüssigen Organisationen überflüssigerweise an im Überfluss schwimmende Organisationen oder Personen verteilt wird, böses Blut absetzte, das für diesmal nicht in den Adern progressiver Künstler gerann, die bekanntlich Preise und Stipendien fordern, bevor sie etwas zutage gefördert haben, sondern eine andere Dame des Kulturlebens fieberhaft erhitzte und sie noch während des langanhaltenden Beifalls ostentativ das westliche Ende des Saales aufsuchen ließ, wo sie, eine Notdurft notdürftig vortäuschend, empört, beleidigt, im Tiefsten verletzt buchstäblich das Weite suchte und fand. Der Kulturhyäne Lora Schwarb wollte es nicht in den raubvogelähnlichen Kopf, dass ausgerechnet ihre schärfste Konkurrentin, die süß flötende, um Jahrzehnte jüngere und, was am schlimmsten war: bedeutend hübschere Kulturamsel Eleonore Laur-Bélard mit jenem Preis bedacht wurde, den sie rezitierend seit jeher im Sperberauge gehabt hatte. Während die Laur-Bélard ausgebildete Leser auf die Stör schickte, trug die

Schwarb ihre Schauspieler-Ausbildung eigenhändig von Haus zu Haus und rezitierte, wo immer sie gefragt wurde, was immer gefragt wurde. Zwei Metiers, die sich gegenseitig ausschließen, gewiss. Vorlesen, zelebrieren, was alle schon dutzendmal gehört oder gelesen haben, ist das pure Gegenteil jener Nachlese, die störende Leser betreiben. Während Lora Schwarb resolut und bodenständig auftritt, schleichen die Leser in Filzpantoffeln herum und lassen ihre Gegenwart vergessen. Während jene die Dichter auswendig lernt und, freilich nicht immer fehlerfrei, auswendig hersagt, pfeifen die Leute vom Institut »Legissima« auf jede Art von Gedächtnis und verhelfen höchstens der Bibliothek selbst zu ihrem eigenen Repertoire. Zelebrierender Ernst hüben, antizelebraler Sport im wortwörtlichsten Sinne drüben. Lora Schwarb ging in ihrem Hass so weit, dass sie sich Leuten, die soeben ihre Bibliothek renoviert hatten, schamlos aufdrängte, sich zu einem Rezitationsabend einladen ließ und die frisch gelesenen Bücher mit der Bemerkung aus dem Gestell zog: »Nun wollen wir uns aber zusammen anhören, was wirklich drin steht.« Kreidebleich brachte sie mit bebender Stimme und in jenem Deutsch, das selbst von der Bühne aus als Bühnendeutsch empfunden wird, jenen Dichter zum Erklingen, der unter den barbarischen Händen der »Legissima-Elektriker«, wie sie die Leser nannte, sang- und klanglos untergegangen wäre. Wenn Lora Schwarb im engsten Familienkreis das Blaue vom Stuckhimmel herab rezitierte, wurden alle bleich vor Ehrfurcht. Der Vater, der vielleicht immer noch mit der Tageszeitung geliebäugelt hatte, legte sein Gesicht in ernste Falten und wurde inne, dass es für jeden Schweizer ein Fernweh gab, das Fernweh nach der Heimat in der Sprache. Die Mutter ließ die kräftigen Hände im Schoße ruhen und schweifte ab in die Gefilde ihrer blütenhaftesten Jugend, als sie in einem welschen Institut nachts immer ein Reclam-Bändchen unter dem Kopfkissen hatte, und der älteste Sohn fasste, im Schneidersitz auf dem Teppich lauernd, einen Vorsatz, der die ganze Familie entzweien sollte: Er möchte Schauspieler werden. Er fühlte sich vom männlichen Tenor Lora Schwarbs über alle Bühnen der Welt hinweggetragen und lag selig in den Armen der tragischen Muse. Wenn Lora Schwarb nicht mehr weiter wusste oder sich verhedderte, nahm jeder sofort die Schuld auf sich, mit dem Fuß oder dem kleinen Finger geraschelt zu haben. Und nach dem Verklingen der Stimme war es minutenlang feierlich still, bis die Mutter seufzend das Schweigen brach: Man könnte noch stundenlang zuhören. Diesen Satz nahm Lora Schwarb noch so gerne wortwörtlich, und so donnerten und blitzten dann bis nach Mitternacht sämtliche Expressionisten durch den Salon, während der Vater zwischen Blitz und Donnerschlag vergeblich und verzweifelt versuchte, das Licht der Wirklichkeit anzuzünden. Doch da er sich gewohnt war, für unvorsichtige Sätze seiner Gattin zu büßen, schwor er sich einzig, nie mehr von seinem Jüngsten zu verlangen, Schillers *Glocke* auswendig zu rezitieren. Alle machten sie nach jedem Gedicht seltsame, robbende Bewegungen mit dem Hintern, die Lora Schwarb als anfeuernde Zeichen zum Galopp missverstand. Kurz nach ein Uhr gab der Vater dann dem Sohne einen eingeübten Fußtritt. Der nahm eine leere Flasche vom Marmortischchen, verschwand und schraubte im Keller jene Sicherung raus, die in Lora Schwarbs geschwellter und dennoch formloser Brust nicht erreichbar war. Sechzig-Watt-Birnen indirekter Beleuchtung gaben auf höchst direkte Weise den Geist auf, nicht aber Lora Schwarb, deren Stimme sich auch in völliger Finsternis zurechtfand. Die Sintflut dauerte an, der Weltuntergang installierte sich, zumal es ihm in der neuen Atmosphäre eschatologisch wohl wurde. Wer längst nicht mehr fühlen wollte, musste trotzdem hören, und erst als der Sohn seinen rechten Fuß opferte und mit einer Glasscherbe zwischen den Zehen – er hatte wie alle echten Jünger barfuß zugehört – die schreiende Lora Schwarb überschrie, nicht ohne vorher die Sicherung wieder reingeschraubt zu haben, gab es erste Anzeichen eines Unterbruchs. Man holte die Taschenapotheke, pflegte einen blutenden Fuß, der obendrein die schmerzende Funktion eines winkenden Zaunpfahls zu erfüllen hatte. Der Vater erweiterte den Zaunpfahl mit einer wild geschwungenen Taschenuhr zum Gartenzaun, und diese Zaunsprache verstand Lora Schwarb auch wirklich, aber erst nach einem Kaffee HAG. Arme, unverstandene Lora Schwarb. Eleonore Laur-Bélard hatte keinen Grund, ihre Konkurrentin, die Vogelscheuche, zu hassen, weil eine rezitierende Vogelscheuche zwar Spatzen im überreifen Korn kornscheu macht, aber niemals eine flötende Amsel zu übertönen vermag. Sie war mit jenem Busen begnadet, in dem alle Arien aller Opern der Welt Platz gefunden hätten, den man sonst nur der Natur zugesteht und der durch keine Argumente, nur durch Zentimeter widerlegbar war. Und dieser Busen war es letztlich, der von den Herren der Zschokke Stiftung preisgekrönt wurde, ihn hatten sie vor Augen, wenn sie von Kultur sprachen, in seinen Schlitz und nicht in den gierigen Schlund des Leseinstituts steckten sie das gelbe Couvert. Frau Laur-Bélard zeigte ihre Dankbarkeit denn auch nicht nur in Worten, sondern in einem gewagten Dekolleté, das beim anschließenden Apéritif mehr und mehr zum Mittelpunkt der Gedanken wurde. Wer immer ihr im Kunsthaus gratulierte, ließ ein geistreiches Bonmot fallen, nach dem sich Madame Laur-Bélard nicht minder naturreich bückte. So konnte auch Lora Schwarb nichts ausrichten, die in ihrer schwarzen Pelerine von ihrem Mann wieder eingefangen worden war und sich davon hatte überzeugen lassen, dass ihre Flucht zum größten Triumph von Eleonore Laur-Bélard geworden wäre. Ihr Mann war ein harmloser Trottel, der ihr in einem Abstand von fünf Metern überallhin folgte, wo sie die Rache der Rezitation hintrieb – Rache an der Literatur für versagte Gaben der Natur –, und er war es nun auch, der ihre giftspeienden Vorstöße in Richtung Mittelpunkt dämpfte, zurückhielt, unterband: »Nicht doch, Lora, lass es nun genug sein«, redete er ihr zu, wenn ihre Vipernzunge vorschnellen und die Preisgekrönte mit Sarkasmus beißen wollte. Er war es, der ihr unentwegt Weißwein nachgoss und unter dem Vorwand, zu beobachten, mit wem die Laur-Bélard denn jetzt wieder causiere, genauso unverhohlen auf das Wunderkind der Natur starrte wie die übrige Prominenz auch. Der Apéritif steigerte sich zum Bankett, an dem das Ehepaar Schwarb zwar zuunterst saß, dafür aber die Platten zuerst anstochern durfte, und der Teller des Mannes häufte sich in ehelicher Ergänzung zum fast leeren Teller von Lora Schwarb, die ihren Appetit für den süßen Dessert der Rache aufsparen wollte.

II. Teil

Das Fest
oder die sogenannte Wirklichkeit

Hauptfigur des zweiten Teils ist unsere kleine Stadt. Wie man eine Stadt schildern sollte, müsste ich nach den Konsultationen bei Felix Neidthammer, nach dem Doktorandenseminar bei Professor Kleinert und nach dem Schüleraufsatz »Die Stadt, in der wir leben« eigentlich wissen. Ich weiß es weniger als je zuvor. Der fernwirkende Gesang vom AEW-Hochhaus aus war ein erster, kläglicher Versuch. Im Zentrum der Stadt steht der Stockturm. Ihn könnte ich jederzeit beschreiben, zumal sich in meinem Zettelkasten für die Dissertation Material in Hülle und Fülle findet. Ich könnte eine Stadt aus Stocktürmen bauen. Doch wem, außer den Stocktürmen, wäre damit gedient? Ich könnte jederzeit ein zweites Langfuhr mit Max-Halbe-Platz, Elsenstraße, Luisenstraße, Labesweg, Kleinhammerpark usw. nachmodellieren, da die Elemente baukastensauber bereitliegen, bereit, um Auskunft über das Weltbild des Dichters im Spiegel seiner Namengebung zu geben. Doch wem, außer dem Spiegel, wäre damit gedient? Ich könnte mich Architektur studieren und Verantwortung für städtebauliche Fragen übernehmen lassen. Die Kaserne verschieben. Die Altstadt sanieren. Die Umfahrungsstraße überdenken. Doch wem, außer der balsahölzernen Muse der Architekturstudenten, wäre damit gedient? Ich könnte der Stadt schlicht und einfach einen Namen geben. Doch wem, außer dem flurnamensüchtigen Lokalhistoriker, wäre damit gedient? Ich könnte letztlich seitenlang an unserer nichtigen Stadt verzweifeln. Doch wem, außer dem gierigen Nichts, wäre damit geholfen? Das Nichts, den Lokalhistoriker, die balsahölzerne Muse und den Spiegel beschwichtigend, halte ich mich an den Stockturm, der bei uns Oberturm heißt, die Zwillingsbruderschaft zum Stockturm aber nicht verleugnen kann, und lasse mir von einer banalen blutrot-weißen Schweizerfahne die zentrale Idee geben. Eine lustig knatternde Fahne lässt auf Halbmast hängende Ideen blitzschnell nach oben schießen und verheißungsvoll im Winde flattern, im Winde der Inspiration natürlich. Im Zentrum des zweiten Teils steht die Stadt, und im Zentrum der Stadt steht der Stockturm, der einmal, im Zentrum des Jahres, eine Schweizerfahne trägt, der einen zentralen Tag in meinem Leben beflaggt: den Geburtstag. Ihn in seinem eigenen Roman zu feiern, wäre das gute Recht eines Autors, denn Schreiben bedeutet ja im Glücksfall Neugeburt. Sämtliche Geburtstage aufmarschieren lassen, sie auf ein Glied kommandieren und mustern, angefangen beim ersten Kerzenglück und beim Lebkuchenhaus mit zuckerverzierten Dachplatten, hinüberwechselnd zu den Büchern des Onkels, die man alle schon gelesen hat, und zu den unverwüstlichen Socken der Großmutter, verweilend bei den symbolischen Geburtstagen: Heute bist zu zehn, heute bist du sechzehn, heute bist du zwanzig Jahre alt, vorstoßend bis zu jenen Persönlichkeitsfestivals, an denen man erfahren muss, wie gut oder wie schlecht einen die lieben Verwandten kennen. Ich könnte einen Geburtstag feiern ganz nach meinem Geschmack und zunächst einmal seitenlang Zuger Kirschtorte essen. Nein, nein und nochmals nein. Im Bahnhofbuffet unserer Stadt gibt es bessere Kirschtorten als in meinem Roman. Der Geburtstag soll nur geburtshelferische Rolle spielen. Ich erinnere Sie an das Kriegsjahr zweiundvierzig, an den Vorabend des zehnten Juli, als meine Mutter Kirschen entsteinte und Weckgläser voller Konfitüre im Geist vor sich sah. Mitten in der Nacht meldete sich ein zukünftiger Nachtmensch, indem er einer Frau jene Wehen verursachte, die ihm alle Frauen vereint später heimzahlen sollten. Im ersten Morgengrauen wurde ein schwer aufzutreibendes Taxi dank dem Hinweis auf Dringlichkeit alarmiert und zur Stelle gebracht. Der Mercedes-Benz ratterte dieselgeschwängert Richtung Provinzhauptstadt. Die Drittklassstraße wollte unerwünschte Hebammendienste leisten, doch ich hielt mich, soweit es möglich war, zurück. Eine zuschnappende Barriere in einem namenlosen Vorort sorgte für die sprichwörtliche Aufregung, weil das Taxi zwischen Stuhl und Bank geriet und geschickt manövrieren musste, um mich das Licht der Welt nicht in Gestalt dreier Stirnlichter erblicken und gleich wieder verlieren zu lassen. Niemand im vorüberbrausenden Schnellzug ahnte, dass in einem verquer stehenden Taxi ein verquer liegender Schriftsteller darauf wartete, seiner Vorliebe für schachendammfern railende Schnellzüge näheren Ausdruck zu verleihen, und die SBB hätten sich beinahe selbst um einen künftigen Abonnenten gebracht. Solcherart auf die Dramatik des Lebens vorbereitet, ratterte ich unbehelligt ins Kantonsspital, wo es, nach den Worten von Doktor Knabenhans, höchste Zeit gewesen sein soll. Punkt sechs Uhr begrüßten mich zweiundzwanzig, von violetten Artilleristen losgepaffte Böllerschüsse und wollten mir weis machen, das Leben bestehe aus einem einzigen Jugendfest. Die Mutter sank erschöpft in jenes Linnen, das jugendfestlich rein und weiß war, Doktor Knabenhans gab mir den sprichwörtlichen Klaps auf den Hintern und hielt mich in der Faust meinem mutmaßlichen Vater entgegen, der seine erste Geburt somit überstanden hatte. Vaterstolz begegnete eigenwilliger Krebs-Psyche. Die Begegnung verlief den Umständen entsprechend diskussionslos, wir einigten uns rasch auf unsere zukünftigen Rollen. Auf dem Stockturm wehte die Schweizerfahne und kam um einiges jener dafür größeren Schweizerfahne auf dem heimatlichen Schulhaus zuvor, welche die Geburt eines Knaben und somit Rekruten ankündigt. Mädchen werden nur mit der Aargauer Fahne geehrt und rechtzeitig an den häuslichen Herd erinnert. Doch das Fähnchen auf dem Stockturm meinte nicht nur mich und die in mir schlummernde Dissertation über den Sänger des Danziger Stockturms, es meinte vor allem das Jugendfest, dem ich symbolischen Rückhalt verliehen hatte, und es meinte in der Jugendfestsprache für die Bürger der Stadt das Schönwetterprogramm. Bei schlechtem Wetter wird auf der Stadtkirche die grün-weiße Fahne gehisst. Alle Voraussetzungen waren geschaffen für ein sonniges, jugendfestliches, fröhliches, positives, optimistisches Kind. Dass es anders kommen musste, daran mag der Taxichauffeur schuld gewesen sein. Er brachte mir im Mutterleib den nötigen Pessimismus bei und lernte mich, zwischen den Schranken der Sprache hin und her zu manövrieren, um dem Zug des Absoluten ausweichend zu begegnen. Wenn alle Eltern auch insgeheim hoffen, ihr Kind sei musisch talentiert, so hoffen sie doch nicht minder inbrünstig, es mache mit diesem Talent nicht brotlosen Ernst und bleibe ein Familien-Geheimtipp, ein latentes Talent oder ein Tantentalent, das alle Tanten zwar ausrufen lässt: Wie gut er doch zeichnen kann! sie aber nie zum Schlachtruf zwingt: Er will sage und schreibe Künstler werden! Das Schönwetterprogramm ließ, wie gesagt, die Möglichkeit zu einer reinen, schneeweißen und festlichen Existenz offen. Marschmusikklänge schallten an mein verklebtes Ohr, der Frühschoppen der Stadträte wurde mir in leicht reduzierter Form zuteil. Tanzen wollte ich schon damals nicht, aber eine Vorliebe für Schwesterntrachten verband mich mit meinem zukünftigen Dissertationsthema. Pascal und damit die ganze abendländische Philosophie vorzeitig oder, wenn Sie wollen, rechtzeitig missverstehend, konnte ich von mir höchstens sagen: *Coitus, ergo sum*. Alles Übrige blieb einstweilen im Dunkel eines schneeweißen Tages, der mit Glocken lärmte und dem dritten Kriegsjahr ein festliches Gepränge gab. Heute, hinter meiner Maschine sitzend und schwitzend, Typen reinigend und entwirrend, bin ich versucht, den Pascal'schen Satz abermals abzuwandeln in: *Scribo, ergo sum*. Während andere, um sich ihre Existenz zu beweisen, einen Sportwagen oder einen Leutnants-Grad brauchen, benötige ich eine, will sagen zwei Schreibmaschinen, eine, um zu sagen, und eine, um so zu sagen oder um sagen zu wollen. Das Leben hat aus einem unbeschriebenen Blatt einen Papiertiger geformt, der, um ihm und sich zu beweisen, dass weder es noch er ein unbeschriebenes Blatt ist, unbeschriebene Blätter einspannt und beschreibt. Solche Umwege machen das Leben und die Sprache, wenn beide vorhaben, zu sich selbst zu kommen. Ich zitiere, um mir auf die Spur zu helfen, im weiteren Ramuz, der gesagt haben soll: »Ils bâtissent des villes, mais il faut quelqu'un pour le dire, autrement elles ne sont pas bâties«, und erkläre damit, weshalb die Stadt am gleichen Tag Geburtstag hat wie der Schreibende: weil sie zu einem, wenn auch ungeschulten Baumeister gekommen ist. Die Stadt feiert am Jugendfest ihren und meinen Geburtstag, und ich feiere, indem ich das Jugendfest ins Zentrum der Stadt rücke, ihren und meinen Geburtstag. Wir beglückwünschen uns also gegenseitig zu unserer Existenz: die Stadt, indem sie alljährlich 22 Böllerschüsse loslässt und mir dadurch nur einmal im Leben gerecht zu werden vermochte, ich, indem ich diese Böllerschüsse regelmäßig verschlafe, um Kräfte für den schönsten Tag des Jahres zu sammeln. Denn nur einmal innert 365 Tagen erwacht die Stadt aus dem Schlaf der Mittelmäßigkeit – während ich meine Mittelmäßigkeit im Schlaf durch Träume kompensiere, in denen Champagner-Pfropfen knallen, rund 22 –, um sich auf die Socken zu machen und ihren während 364 Tagen hausfraulich gesparten Charme auf einmal auszuspielen. An diesem Tag verdient die Stadt wahrhaftig einen Namen. Wie geben Eltern ihren Kindern den richtigen Namen, wenn sie sich nicht einig sind? Sie veranstalten ein Seilziehen zwischen den Namen, mit andern Worten: sie lassen das Los sprechen. Werfen wir also alle in Frage kommenden Namen in die Urne der Gleichgültigkeit. Zwickau, weil die Stadt eine verzwickte Politik betreibt; Giebelwil, weil sie der Lokalhistoriker in seinen geistreichen Gedichten mit dem Titel: »In Giebelwil wohnt ein Giebelwiler namens ...« so nennt; Unseldwyla, weil es die mittelhochdeutsche »selde« bei uns nicht gibt; Attentia, weil man immer auf alles warten muss und die Stadt vor dem Zweiten Weltkrieg eine Hochburg des sogenannten Attentismus war; Lachen: das Städtchen bringt jeden, der es ernst nehmen will, zum Lachen; Knitterbach, einfach so; Hintermberg, weil es vor dem Jura liegt; Kasernen, weil die Kaserne in der Mitte liegt und dort bleiben wird, solange man bei der Stellenbewerbung noch gefragt wird, was der Vater im Dienst gewesen sei, und diese Frage stirbt nie aus, weil wir das flotteste Kadettenkorps der Welt haben; Aarau, weil das Gelände früher einmal eine Au war und die Stadt so tut, als liege sie an der Aare; Folterthal, weil der Geist des Mittelalters, mit Ausnahme jener »selde«, in stickigen Dachstöcken nistet und jeden auf die Folter spannt, der etwas Rechtes werden möchte; Honolulu, weil der Ort weit, weit ab der Welt liegt; Nekropolis aus Gründen einer abgestorbenen Kultur; Klagenfurt, weil viel geklagt und wenig unternommen wird; Wolfsburg, weil nichts läuft und nichts läuft und nichts läuft; oder ganz einfach Wanzig? Lassen wir das Los ob so viel Möglichkeiten sprachlos werden. Halten Sie mit mir, an meinem und am Schicksal meines Romans teilnehmend, den Atem an. Noch ist alles offen. Im Anfang war nebst Vor- und Nachwort auch das wortwörtliche Wort, der Name. Namen sind es, die die Welt verändern. Ich ziehe, ziehe aus der Urne gespielter Gleichgültigkeit mein Schicksal. Grabsch, grabsch! Das Schicksal heißt Aarau, Aarau, im Frühmittelalter von den Kyburgern gegründet und seither leider nie mehr gänzlich zerstört. Aarau, auch Alt-Aarau genannt. Butzenscheibenfreundlich und kulturgesinnt, schildbürgerreich und militärverrückt, nicht spießig, nein, nicht einmal dies, aber spaßig, voller Baugruben, in die es selbst hineinfällt, mit der Zeit gehend und folglich immer veraltet, Geburtsstätte von Dichtern und Henkern, im Zentrum, soweit es nicht von der Kaserne in Anspruch genommen wird, oder sagen wir: im Nebenzentrum mit einem Stockturm prahlend, der alles sagt, was über die Stadt zu sagen ist. Er verkündet das Schönwetterprogramm, er rückt so wenig von der Stelle wie die Brauerei, er beherbergt eine alte Türmerwohnung, in der heute ein Carillonneur haust, der von Zeit zu Zeit mit silberreinen Klängen Presslufthämmer untermalt und bitterste Wahrheit in edelste Tondichtung verklärt, er, der Stockturm, mahnt mit einem freskenhaften Totentanz die Bürger an die Vergänglichkeit alles Irdischen, er lässt den Schattenstab der Sonnenuhr auf seinem Gemäuer spielen und täuscht uns jene Sonne vor, die der Sage nach für alle Leut scheinen soll, er zeichnet sich durch jene Schießscharten aus, hinter denen wir ängstlich in die Welt gucken, ängstlich, weil wir seit sieben Jahrhunderten vergeblich auf jenen Faustschlag warten, der alles dem Erdboden gleichmacht, und er beheimatet im Kellergeschoß ein Pissoir samt ewig verschissener Scheiße, in der obendrein an phantasiereich verkritzelter Aborttür »Scheiße« zu lesen steht. Dieser Stockturm ist der hohle Zahn, der mich und die Stadt 364 Tage lang ununterbrochen schmerzt, weil kein Zahnarzt der Welt eine so große Extraktionszange besitzt. Doch am dreihundertfünfundsechzigsten Tag, am 10. Juli, gibt er Ruhe, weil Bacchus Erbarmen zeigt und der Stadt ein 24 Stunden wirkendes, schneeweißes Saridon verschreibt: das Jugendfest.

Beginnen wir also mit der Geburtstagsgeschichte: Es war einmal ein hohler Zahn inmitten eines faulen Altstadtgebisses, der mit Hilfe einer Schweizerfahne das Schönwetterprogramm in Kraft setzte. Von jetzt an müssen wir uns, immer noch auf der Suche nach dem verlorenen Stil, gelegentlich an den Stil des Lokalhistorikers halten, um das vielfältige Geschehen nur einigermaßen zu überblicken. »Schönwetterprogramm in Kraft setzte«. Doch wer da glaubt, das Jugendfest beginne mit der Schweizerfahne und den Böllerschüssen, der irrt wie alle Glaubenden. Es beginnt Wochen zuvor, durchläuft alle Stadien der Vorfreude auf allen Altersstufen und beginnt wortwörtlich spätestens mit dem vierten Glockenschlag, wenn der Lokalredaktor Barzel die für einmal nicht verräterischen Hähne krähen hört und zeitig aus den Federn hüpft. Er stellt während der Morgentoilette fest, dass es, wie seit jeher in der lokalen Festgeschichte, nach schlechtem Wetter aussieht, dass der Petrus das Ehrenbürgerrecht der Stadt Aarau wieder einmal ablehnen will. Doch lässt sich Barzel keinen langen Petrusbart anhängen, im Gegenteil, er rasiert die letzten Stoppeln des Zweifels weg, weil er und nur er aus der Lokalgeschichte wissen kann, dass es dem Himmel meistens zu schade um den Regen für diese Stadt ist, weil Regen Fruchtbarkeit bedeutet und die Stadt ihrem Ruf der Unfruchtbarkeit gerecht zu werden hat. Petrus hat seine helle Freude daran, die Frühaufsteher für ihre Unzucht mit drohenden Wolken zu bestrafen. Natürlich ist Barzel intelligent genug, um sich zu sagen: auch die Lokalgeschichte kann einmal unrecht haben. Mit den berühmten zwei Seelen in seiner Brust – einer lokalhistorischen, die das Schönwetterprogramm obsiegen lässt, und einer Aarauischen, die schwarz strotzt von Pessimismus – macht er sich auf zur Wetterkonferenz. Im Frühtau zum Kirchplatz wir gehn, fallerah! Die Vögel, alle mit einer weißen Schleife geschmückt, jubilieren, tirilieren, zwirilieren und tschilpen, dass es eine Freude ist. Die Sonne geht trotz den Wetterwänden auf und wirft Eichendorff'sches Rotgold auf die

Dächer. Noch gähnen die Straßen vor Leere, aber Tausende von Fahnen, Flaggen, Fähnchen hängen reglos da. Man beobachtet die Stadt sozusagen hinter den Kulissen, sozusagen vor dem Auftritt, sozusagen noch im Boudoir. Die antikisierenden Banken schämen sich für einmal vor der Gegenwart. Das Pestalozzianum weiß, dass es sich zu aller Jugendfestlichkeit komplementär verhält. Der Stadt ist es nicht ganz wohl in ihrem festlichen Make-up, denn sie sieht einer Contradictio in Adjecto entgegen: Alt-Aarau soll für einen Tag Jugendlichkeit ausstrahlen und der Jugend als Kulisse dienen. Punkt 5 Uhr 45 versammelt sich auf der Zinne bei der Stadtkirche, die immer noch auf schlechtes Wetter und somit auf einen Großaufmarsch in ihren renovierten Schiffen hofft – wenigstens einmal im Jahr ist die Kirche voll –, die Wetterkonferenz. Von der Wetterkonferenz nimmt die Jugend, die um diese Zeit immer noch süß schlummert, höchstens in Träumen Notiz. Ihr bleibt nichts anderes übrig, als beim Erwachen den Beschluss der Konferenz vom Stockturm oder von der Stadtkirche abzulesen. Zur Wetterkonferenz versammeln sich in einem Halbkreis in der Reihenfolge ihrer Wichtigkeit: der Lokalredaktor Barzel, der städtische Polizeichef Staffelbach, der Stadtammann Geratewohl, der Präsident der Jugendfestkommission Nussbaumer und der Sternwartenwart Silberschmidt. Wie kleine Buben stehen sie da, die auf den Samichlaus warten. Auf ihren Gesichtern steht lockere Erwartung geschrieben. Und schon rauscht es in den Lüften: Petrus schwebt hernieder, teilt das Gezweig der Linde und steht barfuß auf dem Kirchplatz, mitten im angezeichneten Landekreis. Barzel, der Älteste, will vortreten und sein Sprüchlein sagen, aber Petrus winkt ab. Er hat dringendere Geschäfte als Statistiken über Schönwetter- und Schlechtwetterprogramme anzuhören, zumal man im Wetterhimmel mit andern Maßstäben als denen der Statistik misst. Wie der selbstbewusste Captain einer

Fußballnationalmannschaft tritt er in den Halbkreis der Buben und überreicht dem Präsidenten der Jugendfestkommission ohne Federlesens das Schönwetterfähnchen. Dieser überreicht dem Petrus dankend eine Fahne der Stadt Aarau, auf der ein hochsymbolischer Adler unter rotem Blutbann die Krallen zeigt. Und nun muss geschehen, was leider jedes Jahr geschieht. Der Fotograf der Tageszeitung schleicht sich hinter dem Rücken Barzels bis auf Knipsnähe an und glaubt, auf ein unmissverständliches Hintenherumhandzeichen Barzels das Archiv um ein Bildchen bereichern zu müssen. Wie oft muss man es diesen Sujetjägern noch sagen! Das Absolute, in welcher Gestalt es auch auftritt, lässt sich nicht fotografieren, keine Linse der Welt ist einer derartigen Überbelichtung gewachsen. Und, nur nebenbei gefragt: Wenn dieses Bild je zustande gekommen wäre, wo, um Gottes Willen, hättet ihr es eingerückt? Auf der Sportseite oder im Feuilleton, neben der Wetterkarte oder im politischen Rückspiegel? Natürlich löst das klickende Geräusch alles Übernatürliche sofort in Nichts auf. Petrus entschwindet auf dem Luftweg und lässt die Wetterkonferenz mit ihrer Strafe stehen: schönes Wetter bis zum Überdruss. Statt dem Petrus zu huldigen und ihm das Ehrenbürgerrecht von Aarau zu überreichen, zu welchem Anlass der Stadtammann eine seiner berüchtigt kurzen Reden vorbereitet hat, wird nun der arme Fotograf verprügelt, der die Chance verpatzt hat. An dieser Stelle sei einmal gesagt: Ihr könntet ebenso gut den Stadtpfarrer verprügeln, der das Absolute auf seine Weise mit der Kamera der Gleichnissprache in den hintersten Winkel verscheucht. Er wohnt gleich nebenan. Aber die Wetterkonferenz gibt sich mit ihrem Prügelknaben zufrieden, und der Grund, weshalb nach dem Jugendfest jeweils keine Reportagenbilder mehr erscheinen, ist in der zerschellten Kamera auf dem Kirchplatz zu suchen. Dann aber kehrt die gute Laune zurück, die Schönwetterfahne wird von einem Kurier in Windeseile durch die Rathausgasse getragen und dem Carillonneur übergeben, der sie auf dem luftigen Stockturm hisst und damit ein Hurra auslöst, das durch alle Häuser der Stadt, in denen man schon am Aufstehen ist, schallt. Kurz darauf zünden die flotten Mannen vom Artillerieverein in der Uniform von anno dazumal auf dem Hungerberg beim Alpenzeiger die Lunte und wecken ständig verschlafen aussehende Kantonsschulprofessoren 22 Mal tüchtig aus dem Schlaf. Sind einmal die Professoren wach, dann erwacht allmählich die ganze Stadt. Das Schönwetterprogramm befindet sich programmgemäß in Kraft. Die Sonne klettert mit Seil und Fußeisen bergan zum Gipfel der Festlichkeit, das Himmelsblau vertieft sich zusehends, durchläuft die ganze Skala der Farbadjektive, die meine Schüler auswendig lernen müssen, gibt also das anfängliche und zerbrechliche Porzellanblau für ein Taubenblau preis, lässt die Tauben kornblumen- und lavendelblau werden, um erst gegen Mittag in die banaleren Sphären von Azurblau und Swissairblau hinabzusteigen. Das Geschehen überstürzt sich, ohne in sich zusammenzustürzen. Vor dem Rathaus lässt Polizeioberleutnant Staffelbach das Festtagsdetachement stramm stehen und gibt sprichwörtlich barsche Anweisungen. Geordnete Festfreude ja, Festtaumel nein. Fußgängerbußen nein, Parkbußen ja. Alle Querschläger sofort verhaften. Haben genügend Platz im Rathaus. Werde ihnen persönlich die Haare abschneiden. Bei friedlichen Demonstrationen: Knüppel aus dem Sack! Die so instruierten Mannen schwärmen aus und geben ersten, vollbepackten, womöglich mit Wohnwagen daherschwankenden Belgiern, die sich erlauben, am Jugendfest unsere Stadt zu durchqueren, zeichenreiche Kreuzplatz-Rätsel auf. Am Kreuzplatz bewegt sich das erste Jugendfest-Karussell. Die Kadettenmusik schmettert eine längst überflüssige Tagwache an die Fensterläden und lässt halb eingeseifte Familienväter im Schritt aufs Klosett marschieren. Jung und Alt, Groß und Klein, Kind und Kegel, Mann und Maus, Reich und Arm, Krethi und Plethi, *urbi et orbi,* was da kreucht und fleucht, jedermann, männiglich, Freund und Feind putzt sich vom Scheitel bis zur Sohle heraus, ist mit Leib und Seele dabei, bis über die Ohren jugendfestverrückt und lässt sich, ratzeputz, mit Pauken und Trompeten, mit Schall und Rauch aus den Federn konzertieren, böllern oder auch ganz einfach klingeln. Kein Wecker muss heute unverdiente Schimpfwörter über sich ergehen lassen, kein Telefonfräulein wird schlaftrunken angeschnauzt, man ist mit Stumpf und Stiel von der Pike auf dabei, Knall auf Fall gehen die Türen auf, Haus und Hof ergießt sich mit Sack und Pack von A bis Z aufs Pflaster, man ist schlechthinnig omnipräsent.

Nur in den Künstlerbuden an der Pophalde und in ein paar gorgonzolawändigen Hinterhofschlafzimmern unten im Schachen dreht man sich progressiv auf die linke Seite, entwirft vor dem Einschlafen noch schnell ein Flugblatt und brummt in den Bart: Die Füdlibürger haben wieder ihren Dings-bums-Trallala. In farbverkleckaten Kissen suchen sie den verlorenen Tiefschlaf, nicht wissend, dass in der Schweiz einer, der länger als bis um elf Uhr morgens schläft, angezeigt und polizeilich verfolgt werden kann. Muss man noch sagen, dass in den verschwitzten Leintüchern eine langbeinige, langhaarige Höhere Tochter, die sich aus purem Trotz gegen die Wegwerfgesellschaft selber wegwerfen möchte, ihre langen, silbernen Fingernägel in den Rücken des Partners krallt und hochbürgerliche Vorstellungen wie »Frühstück im Bett« realisieren möchte, dass der übernächtige Künstler kein Musikgehör hat und sie auf eine bleiche Bratwurst vom Grill vertröstet? Dings-bums-Trallala, Hau den Lukas, Hymen peng! Man schnarcht also in der Pophalde und im Schachen dem gezielten Aufstand entgegen, geht in sogenannten Potenzträumen mit Schläuchen gegen arme Polizisten vor und rammt der spätkapitalistischen Gesellschaft den Keil der Agitation in den Magen. Sie, die langhaarigen Spielverderber, wollen nicht einsehen, dass am Jugendfestumzug reinster Sozialismus kornblumenblaue Orgien feiert, indem sich das Proletariat der Erwachsenen, die fehlerzogene Jugend, vereinigt und geordnet, freilich mit Blumen statt mit Spruchbändern, gegen die altehrwürdige Stadt protestiert. Jugend protestiert gegen das Älterwerden, Festfreude protestiert gegen die Vernunft, Blumen protestieren gegen das Mauerblümchendasein auf einer abgelegenen Bergwiese, Musikvereine protestieren gegen philharmonische Streichorchester und Studentenverbindungen protestieren, die Philister mit ihren eigenen Waffen schlagend, lauthals gegen das Philistertum, die Kadettentambouren protestieren gegen das Taktgefühl, kulturelle Würdenträger protestieren gegen den Kulturkanton. Ein einziger Protestzug, ein gigantisches, poppiges Happening, was will man eigentlich an der Pophalde noch mehr? Man will, wie immer, das Gegenteil. Man will vor allem seinen Willen durchsetzen, und wenn er sich zufällig mit dem öffentlichen Willen deckt, will man, auch wenn's auf die Kosten der eigenen Haut geht, immer noch das Gegenteil.

Es gibt Leute, sogar alt eingesessene Alt-Aarauer, die behaupten, der Umzug sei das Schönste am ganzen Jugendfest. Redaktor Barzel weiß es, wie sich das für sein großes, lokalhistorisches Wissen gehört, ein ganz kleines bisschen besser. Nicht der Umzug ist das Schönste, sondern die Besammlung, wenn die Mädchen und Buben scharenweise in die Graben-Allee strömen und ihren Klassenstandplatz aufsuchen, wenn sich die Vorfreude sozusagen ein letztes Mal personifiziert und gegen die Hauptfreude aufbäumt. Groß ist die Aufregung, groß der Stolz auf das Kornblumenkränzchen und das weiße Kleidlein samt weißem Täschchen, groß schreibt sich da jeder Diminutiv. Groß ist das herzige Techtelmechtel zwischen Klassengespänlein, groß das minutiöse Schnattern flügge gewordener Entlein, groß im Großen und Ganzen alles Niedliche. Hoch überm Kohlenmarkt intoniert der Carillonneur silberglöckleinreine Volksweisen für alle jene, die noch nicht begriffen haben, dass das Jugendfest ein Volksfest ist. Es ist geradezu unheimlich, wenn der Stockturm so mädchenhaft hell erklingt, als wollte er seinen jahrhundertealten Stimmbruch, der mittelalterliche Folterungen sinngemäß untermalt hat, für einmal verleugnen. Stockturm wird Stöckeltürmchen. Aus seiner, also aus zentraler Sicht liest sich die Umzugbesammlung als ein tachistisches Gewühle unter einer grünen Blätterschlange, und aus den Gassen ergießt sich das Kremser-Weiß tubenweise in die Allee, um dem Karminrot, Nubierschwarz, Jadegrün, Senfgelb und Kornblumenblau zu signalhaftem Leuchten zu verhelfen. Hätte sich nur einer von den Künstlern an der Pophalde hier herauf bemüht, die ganze Gruppe hätte für ein Jahr lang Arbeit genug gehabt. Das Carillon schweigt erst, wenn die Kirchen, die Stadtkirche und St. Barbara sowie die Kirchen der Vororte, mit ihren Glocken die Luft zum kunstvoll gehämmerten Messingblech schmieden und die Festlichkeit in die sechste Etage emporheben, wohl um den Petrus auf diese klangvolle Weise doch noch zum Ehrenbürger zu machen. Das bronzene Dröhnen in der Luft ist so stark, dass niemand hört oder hören will, wie Petrus »Nein, nein und nochmals nein« sagt. Die Kadettenmusik bläst den Kirchenglocken jenen Marsch, den alle kennen, und der Umzug setzt sich langsam, ruckend und zuckend, vom Stockturm aus gesehen, in Bewegung. Womit beginnen, womit aufhören? Welches Marschtempo, welche Richtung einschlagen? Auditiv oder optisch oder gar audiovisuell vorgehen? Die Schlange beißt sich in den eigenen Schwanz. Der Umzug zieht nicht durch die Stadt, sondern er erfüllt die Straßen und Gassen. Er ist überall, ein weißer Lindwurm, dessen Schnauze, die Kadettenmusik, dem Schwanz, der Studentenverbindung Allotria, trommelnd ins Gerippe beißt. Je schneller die Kadetten trommeln, desto zügiger müssen die Studenten singen. Die Kadetten hätten es also in der Hand, sich selber von hinten drängen und anfeuern zu lassen. Doch sie halten sich an die Marschdisziplin, überholen auch den Umzug, den Umzug nach sich ziehend, nicht. Halten wir fest: der Umzug zieht um. Dichtgesäumt die Straßen, auf den Balkonen überschäumt es, an den Fenstern drängt es sich, auf Baugerüsten hockt es, auf Flachdächern steht es schwindelfrei, in Passagen findet es Harasse, Sockel nützt es aus, auf Autodächer klettert es: das Festpublikum. Die Fahnen knattern oder baumeln lose im Wind. Nennen wir das Ganze ein Schaugepränge! Man guckt, sperbert, äugt, winkt und ruft. Vereinfachend gesagt: Jeder will von jedem gesehen werden. Da trippeln die herzigen Erstklässler hinter ihren Lehrerinnen her, und die Lehrerinnen sind nicht mehr ganz so hübsch, wie sie als Seminaristinnen waren, aber immer noch hübsch genug. Sie lächeln für einmal milde, dulden das vielstimmige Geschnatter, das in der Schulstube jedes Fortkommen im Einmaleins verhindern würde. Da marschieren die jungen Lehrer, ernsten Blickes, um eindrücklich zu demonstrieren: Wir sind nicht nur Lehrer, wir pflegen zeitraubende Hobbys, wir kennen die Nöte des Existentialismus auch, unser Horizont ist nicht mit dem der Schüler zu verwechseln. Um diesen horizontalen Unterschied sichtbar zu machen, blicken sie streng nach oben und weichen der Begegnung mit den Eltern am Trottoirrand aus, die allerdings gar nicht den Lehrer suchen, sondern ihre Gören. Das übliche Bild: Eltern winken sich den Arm aus und Kinder sehen sie nicht, Eltern rufen: Peter, Barbara! Aber Peter und Barbara stellen sich taub, weil sie nicht zu den Eltern, sondern zum Umzug gehören wollen. Das ist der Lauf der Welt. Die Eltern wollen den Miteltern zeigen, dass sie auch ein Eisen im Feuer haben, während die Kinder vor den Mitkindern auf Elternlosigkeit wert legen. Sei dem, wie dem auch sei, immer kommt zur rechten Zeit eine Blechmusik, um dem langwierigen Erkennungsprozess ein schallendes Ende zu setzen. Blech blitzt in der Sonne, goldene Trichter kujehnen, spirrige Klarinetten schrauben sich auf einsame Höhen empor, und immer setzt der Trompeter hinten rechts kurz aus, um die Ventile durchzupumpen und einem verblüfften Konzertpublikum zu lehren, dass einmal keinmal ist. Wer ein geübtes Auge für Blechmusiken hat, der heftet es auf den Paukisten. Denn: Wie der Paukenmann paukt, so zwitschern seine Jungen. Eine Formation steht und fällt mit dem präzisen Paukenschlag. Alle teufelszüngigen Doppeltriller auf der Trompete sind wirkungslos, wenn das Paukenfell lahm, der Paukenträger zu dünn und sein Arm folglich zu schwach ist. Heißt es doch im Volksmund: mit Paukenschlag und Trommelklang. Wann endlich werden die nervenbetäubenden Tambouren durch wohltuende, weil monotone Pauker ersetzt? Wer will, mag meinetwegen in den nun folgenden Kantonsschulprofessoren das fehlende Paukerdetachement sehen, wir gönnen ihm diesen Irrtum gern. Er weiß nicht, dass Mittelschullehrer längst keine Pauker mehr sind, weil jede Paukerei Vorbereitung und jede Vorbereitung Zeit erfordert. Sie gehen steif in ihren Fräcken, ziehen häufig den Zylinder, weil jeder, der am Straßenrand steht, mal durch ihre Finger gegangen ist, sei es in eigener Person, sei es in bloßer Reinkarnation. Scheint es nur so, oder treten die Professoren besonders häufig auf der Stelle? Sie marschieren und kommen doch nicht vorwärts. Übrigens ist es das einzige Mal im Jahr, dass sie ihren Professorentitel zur Schau stellen. Jeder Umzug ist gleichzeitig eine Modeschau, wie ja das Leben schlechthin eine einzige, große Modeschau auf dem Laufsteg des Glücks ist. Seminaristinnen ergießen sich in vier Kolonnen in die Bahnhofstraße und stimmen manchen nachdenklich, der so viel Charme nicht in staubigen Schulstuben verwelken sehen möchte. Die Beine

sind lang und gebräunt, die Röcke kurz, die Haare frisch
gewaschen, die Lippen züchtig geschminkt. Kein Strauß
kommt gegen diesen Korso jugendlicher Lindenblüten auf.
Da und dort zuckt ein Männerherz zusammen, da und
dort tritt einer seiner Gattin auf den Fuß, weil der Hals
nicht lang genug sein will. Schönheit blendet. Wo nimmt
die Stadt nur so viel Schönheit her? Spieglein, Spieglein an
der Straßenkreuzung, welche hat den Vortritt? Sie stöckeln
einher, als wären sie erwachsene Damen. Freudefromm
kämpfen die rot und gelb bemützten Burschen der Kantonsschülervereine gegen ihr Schicksal, eine schmetternde
Blasmusik in Hörweite, an. O alte Burschenherrlichkeit
und bin ein fahrender Gesell. Für einmal herrscht trügerische Ordnung in den Reihen. Sie marschieren züchtig
stramm, machen ganz kurze Schrittchen, damit andeutend, dass sie die Burschenherrlichkeit so lang wie möglich zurückhalten wollen. Klatschkaltes Bier schäumt erst
in antiphilisträsen Gedanken. Der Widerspruch, dass man
das Philistertum mit dem bürgerlichsten Getränk der Welt,
mit Bier bekämpfen will, setzt am Umzug ein erträgliches
Gesicht auf. *Gaudeamus igitur, juvenes dumm suhumus!*
Seinesgleichen geschieht.

Wenn der geneigte Leser noch den Abgesang auf die
Balänenturnhalle in Erinnerung hat, wird er verstehen,
dass mir der Jugendfest-Umzug erst wieder gefallen kann,
wenn er sich mehr oder weniger geordnet über die Sportanlagen der Telli wälzt. Nach dem Kontermarsch durch
die Laurenzenvorstadt strebt man programmgemäß die
Morgenfeier an, die auf dem runden Wiesenstück unter
altehrwürdigen Bäumen stattfindet. Da also, wo tagsüber
Stafettenstäbe die verschwitzten Hände wechseln, wo sich
zimtrote Aschenbahnen unter rasselnden Lungen ins Unendliche erstrecken, wo Wurfkörper das Weite suchen und
auch finden, wo Bleikugeln dem Sand rekordversprechende
Dellen eindrücken und wo rote, gelbe, blaue und grüne

Spielbänder die Turnerleibchen kreuzen, damit sich die Handballtore nicht einseitig summieren, sondern gegenseitig die Waage halten, da wo pockennarbige Turnlehrer zu spät, weil immer gerade aus dem Militärdienst kommen, da findet die Morgenfeier statt. Ich konzentriere mich auf den viertelstündigen Augenblick, wenn Hunderte von weißen Schuhen rote Asche in den Telliring verschleppen, wenn schwarz befrackte Professoren achtlos durch die Weitsprunganlage schlurfen, und feiere ganz in meinem Sinn den befristeten Untergang der Leichtathletik. Noch während die Schuljugend zu den umarmenden Gebärden eines Dirigenten »Nun ist vorbei die finstre Nacht« intoniert, ist für mich leider die finstre Nacht unzähliger Turn- und Sportstunden noch lange nicht vorbei. *Mens sana in corpore sano.* Ich muss, wohl oder übel, den mitternachtsblauen Konfirmandenanzug ausziehen und der Trillerpfeife Professor Hartmanns – auch die Turnlehrer nennen sich in Aarau Professoren – gehorchen, muss vor den Kletterstangen antreten, deren Rost heute nur auf meine Hände wartet, muss hinaufhangeln (Aber rasch, sonst kommen Sie noch einmal zu spät in den Himmel!), muss oben umständlich balancierend kehrtmachen und kopfvoran hinunterschleifen. Da ich den Mut dazu immer noch nicht aufbringe und meinem Kopf eher eine sausende Sandnarkose als einen hochroten Stolz über vollbrachte Leistung prophezeie, bleibe ich in dieser verteufelten Lage zwischen Himmel und Erde hängen, muss Professor Hartmann ungeduldig die Pfeife schwingen lassen und wohl oder übel das Ende der Morgenfeier abwarten, weil dann auch Professor Hartmann zum Festbankett auf der Schanz eilt. Von oben und aus schwebender Kopfstandlage betrachtet, hängen von einem grünen Tellihimmel Tausende von schneeweißen Champignons ins Bodenlose, hängt, einem Lüster gleich, ein Rednerpult ins Bodenlose, stechen Fahnen ins Bodenlose. Der Festredner, Doktor Nievergelt, legt in einer siebenminütigen Vorrede dar, weshalb die Würze in der Kürze liege. Ich bin leider meiner verteufelten Lage wegen nicht fähig, diese Weisheit an Sie weiterzugeben. Abgesehen davon, dass hier oben auf den Kletterstangen jede Rede zu lang wäre, ist auch jede seitenverkehrt. Ich kann nur einen Satz behalten: Als ich noch ein kleiner Knabe war und die Mutter am Tag nach dem Jugendfest fragte: Mutter, wie oft muss ich noch schlafen bis zum nächsten Jugendfest? Ich werde es dem Redner nie vergelten können, dass er diese Tage nun tatsächlich aufzählt und damit allen Erstklässlern den Schlaf schmackhafter macht als die Morgenfeier in der Telli. Im Mittelteil seiner Rede weist Doktor Nievergelt darauf hin, dass unser Jugendfest ein traditionsreiches Fest sei und dass man, obwohl man mit der Zeit gehen wolle, nicht zu viel daran herumdoktern dürfe. Der Schuss von der Kanzel bleibt aus, und wenn Doktor Nievergelt nun noch mehr als sieben Mal schlafen muss, sause ich, alle Freuden der Budenstadt in einer Fahrt vorwegnehmend, in den Sand und verliere wortwörtlich meinen Kopf. Doch wie durch ein Wunder fällt der Redner aus dem Text, tut so, als sei das Schlusswort schon gesprochen und erntet verspäteten Applaus. Die Champignonzucht singt: Großer Gott wir lo-oben dich, und wenn ich einmal aus vollem Herzen mitgesungen habe, dann hier oben auf der Reckstange, obwohl ich dem Schöpfer einen unwürdigen Hintern entgegenhalten muss. Kaum ist Hartmann von der Stelle gewichen, recke ich mich mit den letzten Kräften zurück aufs Gerüst und lasse mich an der senkrechten Stange einem Feuerwehrmann gleich fallen. Die Stange glüht auf, unzählige Blasen erblicken das Licht der Welt und stimmen einen feierlichen Kletterstangengesang an. Ehrfürchtig betrachte ich jene Stelle, wo ich bei einem Haar den Kopf in den Sand gesteckt hätte, zeichne einen kleinen Totenkopf, um das Übel für alle Zeiten zu bannen. Und als ob nichts geschehen wäre, nimmt das Fest seinen Fortgang. Es zeigt

LOKALBERICHT

sich, dass die Bezeichnung »Jugendfest« nicht ganz stimmt, denn die Hauptperson, die Jugend, weiß zwischen Umzug und Schülerzobig am Nachmittag nicht so recht, wohin sie gehört. Die geschmückten Mädchen und Buben können es einfach nicht fassen, dass auf die Eröffnungsrakete in der Telli nun kein Schlussbukett folgen soll, dass alles sang- und klanglos versandet, dass man wie an jedem andern Tag nach Hause geht und dort womöglich nach dem improvisierten Mittagessen noch abtrocknen muss. Sie machen also frühzeitig Bekanntschaft mit der sogenannten Frustration und mit dem mittelalterlichen Geist von Aarau. So ist es denn traurig anzusehen, wenn die gesamte Stadtjugend wie ein bunter Strauß zerpflückt und in die Vasen vom Scheibenschachen bis hinauf ins Zelgli gesteckt wird. Manches kleine Äuglein wird da feucht, denn ein so langer Festunterbruch wird allzu leicht mit dem Ende verwechselt. Da muss ich die Jugend warnen, sich von dieser Taktik nicht unterkriegen zu lassen, denn sie ist typisch aarauisch und folglich typisch militärisch. Zuerst pressieren, dass man aus dem Bett und an den Umzug kommt, dann stundenlang warten, um wieder zu pressieren, wenn die Wurst abgegeben wird.

Von der Vorschrift zur weißen Festuniform zu schweigen, ebenfalls, vorläufig noch, zu schweigen von den Manövern der Kadetten im Schachen, die den Festmittelpunkt, Sie haben recht gehört: Mittelpunkt ausmachen. Während also die Kleinen abtreten, um nachher nur noch auf Kinderbühnen und in Kinderkarussells aufzutreten, strömt die Schar der Erwachsenen zurück über die Aschenbahnen in die Stadt, verschiedenen Zielen zu. Die Studentenverbindungen formieren sich, etwas ungeordneter als am Umzug, und singen sich mit ersten Anzeichen von Heiserkeit dem Bier entgegen, das an der Jugendfestkneip von hölzernen in zukünftige Fässer fließen wird. Im Schlepptau der lange Zug von alten Herren. Sie tragen das Couleur auf der Glatze, bekränzen sich mit alter Burschenherrlichkeit und werden für ein Stündchen: Weißt du noch, als wir anno dazumal ... Eigentlich sollte die Marschformation umgekehrt werden. Die gesetzten Herren müssten ihre Bäuche voraustragen, während die jungen Burschen ihnen nachmarschierten, mit fliegenden Fahnen hinein ins Philisterleben. Die Seminaristinnen haben einen geschlagenen halben Tag Zeit, sich noch hübscher zu machen. Wer also die Haare nochmals waschen will oder den Farah-Diba-Look, letzter Intuition folgend, in einen Kennedy-Look verwandeln muss, dem werden keine Hindernisse in den Weg gelegt, sofern die Familie das Badezimmer freigibt. Nicht der größte, aber der auserlesenste Strom bewegt sich Richtung Schanz zum Jugendfestbankett. Professoren, Staatsbeamte, Regierungsräte, Stadträte, Einwohnerräte, Bezirksschullehrer und Primarlehrer, Ehrengäste, Spitzen des Militärs versichern sich unter den Ahornbäumen gegenseitig, dass sie zur Crème von Aarau gehören. Da man früher die Staatsbeamten noch zum Establishment gezählt hätte, wenn es das Establishment schon gegeben hätte, wird sich mancher wenigstens einmal im Jahr als Persönlichkeit fühlen.

Das Freiluftbankett lässt alle Standesunterschiede vergessen. Trotzdem sind die Tische gattungsgemäß beschriftet, denn auch in der höheren Zoologie soll Ordnung herrschen. Nach einem ungeschriebenen Gesetz nimmt man der Reihe nach Platz. Die anonyme Macht der Staatsbeamten bevölkert zuerst die untersten Tische, dann trudeln allmählich die bärtigen und bartlosen Primarlehrer ein. Dann bleibt der Platz längere Zeit halb leer, weil beim schmalen Eingang jeder jedem den Vortritt lassen will. Schließlich siegen die Bezirksschullehrer über die Gerichtsschreiber und dürfen bitte nach Ihnen kommen. Nach ihnen ist eine große Zäsur angemessen. Die Kantonsschulprofessoren verdoppeln den zu geringen Lohnunterschied wenigstens zeitlich und kommen immer so viel zu spät, dass sie um ihren reservierten Platz kämpfen müssen, was auch wieder unter ihrer Würde liegt. Ganz zuletzt klettern die Regierungsräte und Divisionäre über die Bänke und mengen sich heroisch mittenmang. Kaum hat der Justizdirektor seine langen Beine zwischen denen des Polizeichefs verschränkt, kaum haben sich die verschiedenen Sektoren gegenseitig geschnitten, platzt ein Platzkonzert los, knallen die ersten Ehrenweinpfropfen, beginnt, was nicht zu verhindern ist: Jubel, Trubel, Heiterkeit. Auf allen Gesichtern steht sie geschrieben, die sich langsam, langsam röten. Am Jugendfest ist die Stadt die Großzügigkeit selbst. Der Ehrenwein fließt. Man vergisst Papiertischtuch und Wegwerfgeschirr, man vergisst die hölzerne Bank und mit ihr den Holzboden der Kultur, das ganze mittelalterliche Elend von Alt-Aarau wird im Ehrenwein ersäuft von rund 2000 Geladenen und im Leben Zukurzgekommenen. Ein Wort gibt das andere, Witzlein jagt Witzlein, man ist guter Dinge, manchen sticht der Hafer, hüben und drüben, diesseits und jenseits der Grenze lässt man sich gerne aufkäschern. Tout Aarau ist unter sich. Das Wörtlein Man wird groß geschrieben. Unter den Tischen stehen große Zuber, in die der Gram und die Langeweile abfließen können. Mit diesem erkalteten Sud wird nach dem Fest der Platz gereinigt. Rosarote Sonnenschirme gehen auf und geben zartbesaiteten Gattinnen Schatten, wo die Ahornbäume versagen. Die Serviertöchter tragen schwitzend schwere Schlachtplatten auf. In Ermangelung des Bestecks greift man frisch, fromm, froh und frei mit den Händen zu, wäscht die Hände in Sauerkohl und gibt sich Mühe, dass unserm lieben Nachbar nichts mehr übrig bleibt. Während eine Hälfte des Tisches vergnügt drauflos schmatzt, schaut die andere Hälfte entgeistert bald auf die leeren, bald auf die vollen Teller und hält sich an den langsam knapper werdenden Ehrenwein. Was tut's, dass die nächste Platte wieder nur bis zur Mitte kommt, dass sich die bereits Gespeisten zum zweiten Mal den Magen vollschlagen und den zu spät gekommenen Professoren ein Schnippchen rülpsen. Die Professoren reiben sich asketisch die langhaarigen Hände und blicken voll müder Entsagung nach den Serviertöchtern. Die Serviertöchter haben diese Blicksprache, weil sie nie eine Mittelschule besuchten, nicht gelernt, sie kennen nur ein Gesetz: vorne anfangen und weitergeben. Vorne aber sitzen die heißhungrigen Laienrichter und lassen ihre rosigen Schädel über immer neu gehäuften Tellern genießerisch aufgehen. Die erste Bohnenschüssel gelangt bis zum Rektor. Akademische Würde verwandelt sich in tödlichen Ernst. Wenn's ums Fressen geht, dann Doktortitel hin oder her. Der Stenographieprofessor geht als Winkelried voran und fischt dem Friedensrichter mutig eine Wurstscheibe vom friedlichen Teller. Noch ehe dieser seiner Verdutztheit Herr geworden ist, machen es ihm andere nach und die Schlacht mit Blut- und Leberwürsten beginnt. Unterdessen sind die progressiven Künstler an der Pophalde erwacht und lassen sich von einem mächtigen Durst daran erinnern, dass da ein Dings-bums-Trallala im Gange ist. Sie robben sich aus verschmierten Leintüchern und versprechen ihren langbeinigen Geliebten, sich an der Stadt dafür zu rächen, dass sie ein Fest feiere ohne sie. Für einmal wird kein Flugblatt, sondern ein tüchtiger Gag geplant, ein Schuss, wie das in ihrer Festsprache heißt. Den üblen Brüdern den Ehrenwein abzapfen. Die haben ihre Rechnung ohne Wirt gemacht, die. Ein Bömbchen unter die Schanz legen. Den sauberen Gesellen die Krawatte abschneiden. Haben doch keine Ahnung von Saufen, die. Der schwarzbärtige Pruzze und Halbgott Dudelsack nimmt den Auftrag in Empfang. Frisch, Gesellen, seid zur Hand! Mit einer Handvoll Flachmaler lässt er den brütenden Schachen hinter sich und erklimmt die Schanz. Während Dudelsack von Tisch zu Tisch torkelt, sich am Bart zupfen lässt und eine buntscheckige Krawatte als Spielzeug originalitätssüchtigen Damen in den Busen baumeln lässt, leisten die Ehrenweinharasse geringen Widerstand. Klirrend geben sie das Stangeneis preis und wandern hinunter in den Schachen, wo die Clique der Gesellschaft einstweilen genug geschadet zu haben glaubt und ihr eigenes Fest im Garten der Schachenwirtschaft neben der Boccia-Bahn aufzieht. Ein ganz toller Schuss!

Alle haben nun ihr Fest. In den Kneiplokalen schäumt das Bier, rechnen Fuxmajoren mit Bierminuten, werden Bankiers als bierehrlich oder -unehrlich erklärt und lassen sich diesen Schabernack gefallen, weil Schabernack zum Jungsein gehört. Im Schachen zechen die Popbrüder und werden ihrer Definition gerecht: sie schmarotzen von der Gesellschaft. Auf der Schanz werden Reden geschwungen, jeder wird von jedem begrüßt und besonders willkommen geheißen, das schöne Wetter wird beschworen, das ja anhält, was will man noch mehr. Die Seminaristinnen denken an den Kriegsschmuck, die Kinder ans Karussell und an die Wurst, die Kadetten an die bevorstehenden Manöver. Nur die Stadt, die Hauptfigur meines zweiten Romanteils, zeigt um diese Mittagsstunde ihr wahres Gesicht: sie lässt den Kopf wie immer hängen, und mit dem Kopf ihre Fahnenpracht. Wer um diese Zeit durch die Bahnhofstraße schlendert, sieht zwar Fahnen, aber keine stolzen Fähnriche. Die Stadt ist in ihren alten, brütenden, traumlosen, bleischweren Altersschlaf zurückgefallen. Sie blinzelt mit ein paar halbtiefen Jalousien, plätschert mit ein paar müden Brunnen, aber das notdürftig zusammengeschneiderte Festkleid ist tüchtig zerknittert. Viele sagen: Die Stadt ruht sich aus für den Ansturm am Abend. Doch welchen Sturm meinen sie? Das ausbleibende Feuerwerk? Das Tanzvergnügen, das sich auf der Schanz statt in allen Gassen abspielt? Nein, nein. Die Stadt ist eine halblahme Tante, die am Silvester zu lange aufgeblieben ist. Die Stadt ist nichtig wie eh und je, sie nichtet in einemfort. Da das Fest an den Rand verlagert wurde, klafft in der Mitte ein großes Loch. Nur ein paar unermüdliche Fahrlehrer benutzen die Verkehrsarmut und hetzen ihre Schülerinnen in Einbahnstraßen. Und mitten in diesem Vakuum steht ein hohler Zahn: der Stockturm. Es war einmal eine hohle Stadt, die hatte einen hohlen Zahn, genannt Stockturm. In diesem hohlen Zahn befand sich eine kleine Lasterhöhle, ein Pissoir und eine Stehscheiße. In dieser Scheiße befand sich eine Tür, auf der Schwule geistreich für ihre Extremitäten warben und auf der zwischen Liebeserklärungen an die Göttin der Sexualität eine einzige sehr knappe Liebeserklärung an das Leben eingekritzelt war: Scheiße. Steigen wir an einem brütenden Julimittag hinab in diese uringelb verputzte Toilette, übersehen wir spinatgrünen Kot und verspritzte Tropfen von Menstruationsblut, um hinter verschlossener Tür ein bisschen Graphologie zu treiben. Die Schrift des einen Wortes »Scheiße« ist ungelenk narbig und mit viel motorischer, womöglich überschüssiger Energie eingetieft. Rückwärtskippend verrät sie Pessimismus, die fehlende Unterlänge vertritt ein unter die Gürtellinie gerutschtes s. Dieses s hilft uns auf die Spur, kommt es doch graphologisch einer Fehlleistung gleich. Was wurde da verdrängt? Ein Mann, der das s nicht richtig aussprechen konnte, siedelte es unter der Linie, das heißt im Unbewussten an, nicht ahnend, dass er damit freizügig Auskunft gab über unangetastete Sexualenergien. Dieser Mann dürfte ein Jugendlicher gewesen sein, denn die Schrift lässt auf jüngst verebbte Kämpfe gegen die Schönschreiberegeln schließen. Ein leicht verletzbares und tiefes Gemüt paart sich mit einem ungeregelten Geschlechtsleben. Höhere, fast absolute Ziele verstecken sich in den Oberlängen. Ein bombastisches Anfangs-S deutet auf fanatischen Ehrgeiz, wie ihn nur eine Altersstufe kennt und nur eine Schicht. Es muss sich um einen Gymnasiasten handeln. Ein Gymnasiast schreibt in einer anrüchigen Toilette im Keller des Stockturms »Scheiße« an die Tür. Wann, wo? In welcher Verzweiflung suchte der ernste junge Mann mit einem Lispel-s dieses homoerotische Verlies auf, das sozusagen das unterdrückte Triebleben räumlich symbolisiert? War er lebensmüde? Wollte er sich, vom *genius loci* getrieben, vom Leben, das in dieser Stadt zudem noch unter seinem Wert gelebt wurde, verabschieden? Beinahe. Wenn Sie näher hinblicken würden, entdeckten Sie noch jahrealte Reste von Erbrochenem. Nun, wer erbrechen kann, hat auch das Gift des Selbstmordgedankens von sich gegeben, das ist eine alte Regel. Einem potentiellen Selbstmörder drücke man den Finger auf die Zunge! So hat die Ros' erbrochen, noch ehe sie vom Wind gebrochen, heißt, glaub ich, ein altes Sprichwort. Was aber ist in dieser Stadt zum Erbrechen scheußlich für einen Gymnasiasten? Vieles, allzu vieles. Einen Kneipen-Kater kann er nicht gehabt haben, sonst hätte er das Wort mit Erbrochenem geschrieben. Wir gehen aber sicher nicht fehl, wenn wir sagen: Auf der Schwelle zwischen jugendlicher Pubertät und erwachsener Stagnation wird ein empfindsames Gemüt dann zum Brechen gereizt, wenn der Schwellencharakter im Fest potenziert an es herantritt mit vitalen Forderungen, die es, kraft seiner Verletzlichkeit, zu leisten nicht imstande ist. Ja, so ist es. Unter jedem Fest schlummert ein früheres Fest, Erinnerung wird Gegenwart und Gegenwart Vergangenheit. Jugendfest verschachtelt sich in Jugendfest, hinter jeder Rose leuchten Dutzende von vergangenen und künftigen Rosen auf, jedes Mädchenlachen ist zugleich Kinderlachen und Frauenlachen. Das Kind im Manne spielt, wenn der Jüngling seinen Besen küsst, bereits mit dem Kind in der Frau. Alles ist relativ, weshalb wir immer wieder neu zur Lüge ansetzen müssen.

Es war einmal eine hohle Stadt, die hatte einen hohlen Zahn und ein jährliches Fest, und in diesem hohlen Zahn befand sich eine Höhle, festlich geschmückt mit Erbrochenem, und in dieser Höhle kauerte ein Gymnasiast – nennen wir ihn der Einfachheit halber Günter Frischknecht – am Boden, der seinem Lebensüberdruss mit dem Wort »Scheiße« näheren Ausdruck verlieh.

Es war einmal ein Leben, das sich schlicht ein einziges Fest nannte, und in diesem Fest gab es viele kleine Feste, dazu erfunden, den Kater des großen Festes zu verbummeln, und das größte unter diesen kleinen Festen war das Aarauer Jugendfest, und die ineinander verschachtelten Würfel der bereits erlebten Jugendfeste nehmen wir so weit auseinander und türmen sie aufeinander, rote, grüne, gelbe, blaue, bis ein mittelgroßer, rabenschwarzer Würfel zum Vorschein kommt, der ein vergangenes Jugendfest meint, von dem es gleich heißen wird: Es war einmal ein pechschwarzes Jugendfest für die Jugend, die sich der Einfachheit halber in einem Pärchen personifiziert, das das Schicksal nicht zusammenbringen will, weil es mit Günter Frischknecht und mit Isabelle von Arx anderes vorhat. Die Rollen sind ungerecht verteilt: Günter Frischknecht muss vor Weltschmerz erbrechen, um dem Schicksal nicht eigenmächtig ins Handwerk zu pfuschen, während Isabelle von Arx die strahlende Schönheit des Lebens selbst verkörpern darf und die ungekrönte Königin des Tages ist. Später gleicht sich das dann aus: Isabelle von Arx muss Zwillinge abtreiben, und Günter Frischknecht darf mit seiner Dissertation akademischem Nachwuchs entgegenhoffen.

Es war einmal ein sprichwörtlich schwarzer Tag, dem wir gern das historische Präsens gönnen würden, doch der Grammatik-Duden schreibt uns das präsentische Imperfekt vor. Eine abgeschlossene Handlung vortäuschen, die nie und nimmer abgeschlossen sein wird. An diesem Tag feierte der als mittelmäßig begabt geltende Gymnasiast Günter Frischknecht, mit dem ich mich der Einfachheit halber identifizieren werde, seinen achtzehnten Geburtstag, steckte also mitten im Schlamassel der Pubertät und hatte mit Pickeln zu kämpfen, glaubte, dass Gott nach jedem Onanieren ein Strichlein mache und war hellhörig für das Absolute in der Kunst. Als ihn die Artilleristen mit 22 Böllerschüssen zu hoch einschätzten, wollte er noch nicht glauben, dass sein achtzehnter Geburtstag der letzte sein könnte, denn seine Gedanken schlichen um Isabelle von Arx, in die er bis über die Ohren verliebt war. Da Liebe bekanntlich blind macht, übersah er die Zeichen, die einen rabenschwarzen Tag verkündeten: das trockene Brot in der Pension am Kunsthausweg und die Schlechtwetterfahne auf dem Turm der Stadtkirche. Der Stockturm schwieg düster, sofern ein Turm mit einer Fahne reden und fahnenlos schweigen kann, er bereitete sich auf die Statistenrolle vor, die seine Toilette an diesem Tag noch zu spielen hatte, und lernte den einen Satz auswendig: Nimm dir das Leben, damit Isabelle dir wenigstens an deiner Beerdigung nachweint, nimm dir das Leben. Solche Sätze waren dem Aarauer Stockturm geläufig, da sein Danziger Vetter ihm auf Turmkongressen jeweils von den Folterungen im Mittelalter erzählte. Es war also einmal ein Jugendfest mit einem Schlechtwetterprogramm, das für Günter Frischknecht und Isabelle von Arx folgendermaßen in Szene ging:

Es war einmal und wird immer wieder sein: ein Aarauer Jugendfest, das aus drei weit auseinander liegenden Eckzähnen bestand: dem Umzug, dem Bankett und dem nächtlichen Tanz, und dazwischen jene Lücken aufwies, die jedem geborenen Zahnarzt den Bohrer in die Hand drücken. Die Wurzelbehandlung einer Lücke, welches Paradox!

Isabelle von Arx. Für wen muss ich sie beschreiben? Wer hat ihr nie Gedichte geschrieben? Wer hat sie nie in heißen Träumen besessen, die sprichwörtliche Blondine, die allen den Kopf verdreht? Stellen Sie sich bitte vor oder rufen Sie aus Ihrem eigenen Leben in Erinnerung: ein blondes, blauäugiges, leichtfüßiges, gazellenhaftes, wespenhaft tailliertes, spitzbrüstiges, aus gutem Hause stammendes, Violine spielendes und an der Mathematik verzweifelndes Mädchen, mittelgroß, schlank, langes fülliges Blondhaar, das immer frisch gebürstet ist, ein Mädchen, das im Sommer einen zu engen Bikini trägt und im Herbst mit einem offenen Pelzkragenmantel durch Alleen stöckelt, das in den Schulhauskorridoren Duftmarken teurer Parfums hinterlässt und den Spickzettel unter dem doppelt gewirkten Strumpfansatz versteckt, ein Mädchen, vor dessen Zimmer die Studentenverbindungen sich gegenseitig niedersingen und in die Erdbeerrabatten peitschen, ein Mädchen, das von Lehrern und versoffenen Prokuristen Heiratsanträge bekommt und sie alle ablehnt, weil Papa will, dass es zuerst das Abitur macht, ein Mädchen, das die Physikproben mit Augenaufschlägen besteht und dank einem formvollendeten Busen auf eine genügende Note kommt, ein Mädchen, das in einer schwachen Stunde vom Geigenlehrer auf den Knien gebeten wird, einmal nur im Büstenhalter zu spielen, und diese Bitte nicht erhören kann, weil es keinen anhat, ein Mädchen, das im Skilager und auf Schulreisen regelmäßig heiser wird, weil alle mit ihm sprechen wollen, und selbst mit vorübergehendem Stimmbruch noch betörend wirkt, kurz: das Mädchen Ihrer Träume. Geben wir Isabelle von Arx einen muskulösen Freund, der Präsident einer Studentenverbindung ist, einen klassischen römischen Schädel hat und am Schülerabend den Cäsar spielt. Trotz Bier und Geschlechtsverkehr leistet er Überdurchschnittliches im Sport, wirft den Diskus weit über den Telliring hinaus in die Schrebergärten. Er hat einen älteren Bruder, der ihm die zum Erfolg notwendigen Lebensstationen vormacht: Offizier bei der Infanterie und Studium der Jurisprudenz. Er nennt Isabelle von Arx sein eigen. Er hält sie eng umschlungen an den Couleurfesten, er führt sie auf dem Pausenplatz spazieren, er küsst sie im Kino, er lockt sie hinunter in die Telli und in den Schachen, um den Diskus vor ihren bewundernden Blicken im Himmelsblau zu versenken, er lädt sie zu Zeltferien ein und sitzt im grünen Plüschsofa ihrer Villa beim porzellandünn servierten Café, er steht in den Augen eines tüchtigen Zahnarztes als Nachfolger da, er, er, er, und nicht ich. Wenn Sie sich Isabelle von Arx in den starken Armen ihres Beschützers hinreichend vorgestellt haben, dann versuchen Sie bitte auch zu begreifen, dass ein Günter Frischknecht mit folgenden Eigenschaften sich in den Kopf gesetzt hat, dieses Mädchen, und sei es über seine Leiche, zu besitzen: schmalbrüstig, pickelreich, Brillenträger, plattfüßig. Im Turnen immer an letzter Stelle und deshalb ein Drückeberger. Groß, schlacksig, aufgeschossen, Warzen auf dem Scheitel und am Hals. Liest Hesse, spielt Klavier, malt Aquarelle und wird bei Orientierungsläufen immer in den Büschen versteckt, damit ihn die Gruppe vor dem Ziel vorausschicken kann. Hat Übung im Selbstmord, weil er sich bei Hüttenkämpfen regelmäßig das Leben in Form eines roten Bindfadens vom Oberarm reißt, um im Jenseits beim Ententeich im *Glasperlenspiel* weiterlesen zu können. Gilt als Sonderling. Interessiert sich einen Deut für Politik, liest aus Prinzip keine Zeitungen, liebäugelt dafür mit der Anthroposophie. Träumt freudgerecht und vermisst nächtliche Pollutionen, weil er zu häufig onaniert. Schämt sich dafür. Würde errötend auf die Hände starren, wenn wir ihn fragen würden, ob er wisse, dass man vom Onanieren Haare auf dem Handrücken bekomme. Er ist die Unselbstsicherheit selbst, spielt auf Spaziergängen in Gedanken virtuosenhaft Chopin und verirrt sich im Gehölz. Im Großen und Ganzen möchte er Künstler werden, weiß aber nicht recht wo und wie. Die Muse hat ihm ein Rendezvous versprochen, das sie nicht einhält. Seine Sorgen kulminieren wöchentlich im Umkleideraum der Balänenturnhalle. Aus verständlichen Gründen verzichtet er auf die Duscherei und trägt die Schmach missratener Speerwürfe bis Samstag auf der Haut. Nur beim Fußball ist er zu gebrauchen, er kann Rechtsflanken auf Maß servieren, wenn der Ball nicht zu hart gepumpt ist. Für die Klasse hat er Ortega y Gasset entdeckt und erreicht, dass seine Werke in der Schülerbibliothek figurieren. Er zieht sich die Neigung des Philosophieprofessors zu und wird in den Augen aller, die was Rechtes lernen wollen, suspekt. Er schreibt den besten Maturaufsatz zum Thema »Die Chiffrensprache in den modernen Künsten« und trägt in der Rubrik »Was gedenken Sie nach der Matura zu studieren?« die vielversprechende Kombination »Philosophie und Kunstgeschichte« ein. Er besucht Hermann Hesse in Montagnola und darf fünf Minuten in der Bibliothek vergeblich auf den unpässlichen Dichter warten, der ihm durch seine Gattin ein jasskartengroßes Tessiner-Aquarell überreichen lässt, um ungestört weiterschreiben zu können. Er lässt sich trotzdem nicht von geistigen Zielen abbringen, lernt aber nach der Matur zuerst Panzer fahren. Dieser mit sich selbst entzweite, halb gescheiterte, in brotlosen Dingen halb erfolgreiche Günter Frischknecht, dessen Name viel frischer tönt als sein Teint aussieht, hat es sich in schlaflosen Nächten in den von absoluten Größen und Werten geschwollenen Kopf gesetzt, Isabelle von Arx um jeden Preis, und gelte es das Leben, zur Teilnahme an seiner verworrenen Existenz zu zwingen. Eine Konstellation, die nach Selbstmord riechen muss. Wenn er nun noch gewusst hätte, dass Isabelle von Arx ihren Bullen im geheimsten Taschentuchwinkel ihrer Seele satt hat und von einem süßen, hilflosen und bemutterbaren Künstler träumt, mit dem sie zwar nicht ausgehen, aber in sich gehen könnte, dann hätte er an der Paradoxie des Lebens vollends verzweifeln müssen. So aber erntet er süßen Weltschmerz, der ein bisschen nach dem Leder- und Kreidemief von Turnhallen riecht, und verbrennt sich die Nachtfalterflügel am grellen Licht ihrer Schönheit, und begegnet seiner Isabelle relativ häufig im Tagebuch, das sich rasch zu einem dicken schwarzen Heft ausweitet und immerhin die Frage offen lässt, ob er am Ende nicht Schriftstellerblut in den Adern habe. Die Antwort können wir ihm nicht abnehmen, die Frage wird ihn weiter quälen, während der Rekrutenschule und den ersten zehn Semestern seines Germanistikstudiums. Erst in den zweiten zehn Semestern wird sich diese Existenzfrage zur rhetorischen Frage aufhellen, die als ebenso rhetorische Antwort diesen Pseudoroman gefunden hat, an dem Sie seit geraumer Zeit teilnehmen. Um aber die Frage in ihrer früheren Dringlichkeit vor Ihren Augen aufzurollen, möchten wir, streng dem Prinzip von Verschachtelung und Entschachtelung folgend, ein paar Seiten aus dem besagten schwarzen Heft einfügen. Nur so werden Sie sich in der pickligen Haut des achtzehnjährigen Günter Frischknecht authentisch unwohl fühlen können. Lächeln Sie bitte nicht über den hilflosen Stil, über die erzwungene Stierkämpferprosa eines Gymnasiasten. Halten Sie zum Vergleich Ihre Tagebücher daneben, um Ihrer Definition des geneigten Lesers gerecht zu werden. Und denken Sie daran, dass Herzblut die schlechteste Tinte ist für einen Autor, auch für den Tagebuchskribenten. Die Seiten beziehen sich auf den Jugendfestmorgen, von dem es hieß: Es war einmal ... Um aber das Elend dieses Jugendfestmorgens begreiflicher zu machen, schicken wir noch ein paar Seiten voraus, auf denen der arme G. F. in harmlosen Phantasien um seine Königin wirbt, und wiederholen das Verslein: Es war einmal ein hohler Roman, in diesem Roman befand sich ein Mittelteil, im Zentrum dieses Mittelteils die Schilderung eines Festes, im Fest eine Lücke, in der Lücke die Schilderung eines früheren Festes, und in dieser Schilderung war wieder ein hohler Roman eingelegt, der sprichwörtliche Liebesroman eines von unerfüllbaren Wünschen ausgehöhlten Gymnasiasten.

In den Sommerferien, als ich zu meinen Eltern aufs Land gefahren war, merkte ich zum ersten Mal, dass ich ohne sie nicht leben konnte. An einem Nachmittag ging ich zurück in die Stadt, nur um sie zu sehen. Es war ein einfältiger Entschluss, und ich wusste zum Voraus, wie niedergeschlagen ich nachher sein würde. Aber dann flackerte wieder Hoffnung auf, ich zog los, blind, einfältig, fast zwölf Kilometer weit, nur weil ich mir einbildete, sie sehen zu müssen an einem heißen Augustnachmittag. In meiner Vorstellung tauchte das Bild ihrer Villa auf, die graue Fassade hinter alten Bäumen, ich sah die schmalen, aristokratischen Fenster, schwarze Rechtecke mit weißen Spitzenvorhängen, dahinter die toten Räume voll teurer Möbel. Ich sah mich die schattige Gartentreppe hinaufgehen bis vor die braun gebeizte Haustür, ich hörte das Klingelzeichen durchs leere Haus springen, vielleicht den Hund, der anschlug, das sinnlose Bellen im leeren Flur; ich starrte durch das rautenförmige Guckfenster ins Innere des Hauses, um die Flurtür sich bewegen zu sehen, und zugleich horchte ich, ob nicht ihr leichter, hüpfender Schritt auf dem Treppenabsatz zu hören sei, was mir wie Feuer in den Hals, in den Kopf gestiegen wäre, das plötzliche Wissen: sie ist allein zu Hause, und die Aufregung, was ich nun sagen sollte als Unbekannter, dabei wusste ich es bereits, es war niemand da, keine Maus regte sich, nur der Hund tobte und jaulte, dass es bis ins obere Stockwerk widerhallte, ich sah mich von der Tür zurücktreten, getroffen von einem Faustschlag, und ich wurde eifersüchtig auf ihre Schwester oder ihre Freundin, mit der sie war. Diese Vorstellung kämpfte mit der Täuschung, mit meinem Wunschbild. Sie saß lesend im Garten, das Buch lag vielleicht zugeklappt im Gras, und sie träumte vor sich hin, sprang auf, wie sie mich durchs Gartentor kommen hörte, und kam mir entgegen. Die Verandatür stand offen, jemand übte Chopin, oder es war niemand sonst zu Hause, oder ihre Mutter kam herausgelaufen, die blonde, schlanke Vierzigerin, und würde etwas Freundliches zu mir sagen. Ich hätte wissen sollen, damals, dass es eine Fata Morgana war, dass ich mich vielleicht kaum in die Nähe ihres Hauses wagen würde. Ich hätte mich vor einer Wunde an diesem heißen Nachmittag schützen sollen und ging trotzdem, weil sie wie ein Magnet alle vernünftigen Gedanken aus dem Kopf zog. Ich war völlig außer mir und kreiste nur um sie, die nicht einmal meinen Namen kannte. Ein paar unbedeutende Worte mit ihr hätten den Nachmittag ausgefüllt, mein ausgehöhltes Dasein bis zum Bersten voll gemacht. Ich zog los, weil ich gar nicht die Wahl hatte, etwas zu tun, das sie ausschloss. Auf dem Weg dachte ich mir allerhand Gespräche aus, ich redete mit ihr über Kunst, über Klee und den Jazz, und sie fand es in meiner Einbildung toll, dass ein Kunstjünger für sie schwärmte.

Blind und rasch zog ich durch die Felder, taub für die Geräusche des Nachmittags. In der Stirn hämmerte es. Kaum spürte ich den stechenden Strahl der Sonne. Ich ging durch fremde Wälder, ohne den ranzigen Geruch vorjährigen Laubs wahrzunehmen, ich strauchelte über Wurzeln, fand instinktiv einen Pfad durch niedriges Knieholz und Gestrüpp. Immer hatte ich das Bild ihres Gartens vor Augen, und die Angst, sie könnte jeden Augenblick das Haus verlassen, eine Einkaufstasche am Arm, sie könnte die Straße hinabgehen, die dunkle Allee entlang und sich ins Menschengewimmel der Stadt mischen, diese Angst trieb mich an, sodass ich außer Atem kam und mir der Hemdkragen am Hals klebte. Einmal kam ich durch ein Bauerndorf. Ich hörte das Tuckern ausfahrender Traktoren, Dunggeruch drang aus den dumpfen Ställen, es roch nach frisch gemähtem Gras, und auf einem Platz plätscherte ein Brunnen. Ein Trupp Kindersoldaten stürmte an mir vorbei, bewaffnet mit Steinschleuder und Pfeilbogen. Der Anführer trug eine Pickelhaube, und das Rudel Schiffchenmützen aus Zeitungspapier. Aber ich hatte das Gesicht gegen die Stadt gerichtet und die Sonne im Rücken, und das Geräusch eines Düsenjägers verlor sich am Himmel.

In der Stadt ging ich durch einige Straßen, mied aber ihr Quartier, weil mir alles so fremd war, plötzlich. Die Leute blickten mich an wie einen Eindringling. Ich bildete mir ein, sie müssten alle merken, weshalb ich da war, und mir stumm zunicken. Stattdessen war in jedem Gesicht ein winkliges, schiefes Lachen versteckt. Ich fühlte mich ertappt, und jeder, der mir begegnete, war stärker als ich. Da ich ihr so nahe war, hatte ich plötzlich Angst, ich könnte ihr unvorbereitet begegnen. Als ich eine ihrer Freundinnen vor einem Fotogeschäft stehen sah, zuckte ich zusammen und drückte mich in eine Seitengasse. Erst später, nach ziellosem Umherschlendern, kehrte ich zu jenem Schaufenster zurück, um in den Reihen der nummerierten Fotos, die am Jugendfest geknipst worden waren, sie zu suchen. Die Bilder glichen sich wie ein Ei dem andern. Man blickte in eine Straße, die von Zuschauern dicht gesäumt war. Hinter den Köpfen die Fassaden der Häuser mit flaggengeschmückten Balkons, auf den Balkons Familien, die sich übers Geländer vorbeugten. Die Straße, in deren Mitte das Tramgeleise gleißte, war mit kurz geköpften Blumen übersät, und der Festumzug schritt in drei Kolonnen aus dem Bild. Ehrengäste, Stadträte in Frack und Zylinder, trommelnde und Gewehr tragende Kadetten, Unterschulklassen mit weiß herausgeputzten Knaben und Mädchen, die Blumenkörbchen trugen, im vordersten Glied die Lehrerin. Sie beugte sich zu einem Schützling hinab und lächelte halb gebückt in die Kamera. Und dann die Scharen halbwüchsiger Mädchen, alle in weißen, modisch geschnittenen Kleidern. Als ich sie entdeckte, zuvorderst auf einem Bild, stieg mir die Röte ins Gesicht. Ich blickte um mich, ging ein paar Schritte weg, um so unauffällig wie möglich wieder zu dem Bild zurückzukehren, das etwa auf Brusthöhe hing, und aus dem heraus sie mich strahlend anlächelte, als hätte sie mich soeben in der Menge der Zuschauer entdeckt. Dann schien mir wieder, sie lache an mir vorbei, durch mich hindurch, und alles Schöne an ihr sei meinem Wesen feindlich, das lange blonde Haar, die langen Arme, die locker um die Hüften schlenkerten, und sogar das Armband, das über das schmale Handgelenk auf den Handrücken gerutscht war.

Ich schlenderte weiter, war aber bald ermüdet von den Abgasen der Autos, den Ausdünstungen des Asphalts, von den schweißigen Gesichtern, die an mir vorüberwankten. Allein die Angst, sie unvermittelt anzutreffen, und die Angst, sie zu verpassen, dieses Gemisch von zwei entgegengesetzten Ängsten hielt mich auf den Beinen, trieb mich umher. Es war sinnlos, einfältig, dumm. Manchmal blickte ich den Autos nach, und wenn ein Wagen von der Farbe und Marke, wie ihn ihr Vater fuhr, vorüberglitt, glaubte ich jedes Mal, sie neben dem Steuer gesehen zu haben. Vor einem Bücherladen, in dessen kleinen Schaufenstern Neuerscheinungen ausgestellt waren, wartete ich eine Viertelstunde, weil ich mir einbildete, sie müsse im nächsten Augenblick aus dem Laden treten oder die schattige Allee heraufkommen, wehend ihr blondes Haar im hellgrünen Laubtunnel der Platanen, ich befürchtete, sie beim Weggehen zu verpassen, und blieb wie angewurzelt stehen.

Endlich setzte ich mich in ein Café in der Innenstadt, an einer engen Gasse gegenüber dem Einkaufszentrum, und beobachtete das Treiben der Passanten. Ein Gewitter schien in der Luft zu liegen. Böig fuhr der Wind in die Kleider. Wenn eine blonde Haarfahne vorüberwehte, zuckte ich zusammen. Aber es war nie Isabelle. Die Stadt war ausgestorben ohne Isabelle, obwohl die Menschen in dichten Trauben vor den Türen des Selbstbedienungsladens hingen. Die Sirene des Krankenwagens oder der Feuerwehr hupte in einer entfernten Straße. Und ich begann, während ich vor meinem Coca-Cola saß und die Passanten wie im Film an mir vorüberzogen, Geschichten zu erzählen, in denen ich Isabelle begegnete. Ich saß im Café, der Himmel wurde immer schwärzer, und ich verband mir den Puls mit Geschichten. In diesen Geschichten ergänzte ich mein Leben zu dem, was es hätte sein sollen, ich fügte ihm die fehlenden Stücke bei, und am Ende wusste ich nicht mehr, welches die gelebten und welches die erfundenen Teile waren. Mich packte der Schwindel einer Romanfigur, die eines Tages aus dem Roman entlassen wird und ins wirkliche Leben eintreten sollte. Sobald ich mich zurücklehnte und für ein paar Sekunden die Augen schloss, entleerte sich der Kalender, stürzte das Zeitgerüst zusammen, wurden die härtesten Gegenstände zu Gummi. Ich betrat weißes Papier, und schon war sie da. Isabelle. Ich stehe vor der Bücherei und drehe den Ständer mit den Taschenbüchern. Der Abendverkehr ist losgegangen, ein anschwellendes Brummen fällt in die Ohren, ich werde öfters von eiligen Passanten im Rücken gestreift. Ich greife ein Buch heraus und will eben darin blättern, wie ich Isabelle sehe im spiegelnden Schaufensterglas, den weiten, fliegenden Rock eines Mädchens, das offenbar sehr flink an unerlaubter Stelle die Fahrbahn überquert und auf mich zusteuert, denn nun deckt sich mein Spiegelbild mit dem ihren. Ich drehe mich um. Es ist unverkennbar sie mit dem langen Haar, das mir nicht so lang erscheint, wie wenn ich sie von weitem sehe, und zum ersten Mal fallen mir ein paar winzige Sommersprossen auf in ihrem gebräunten Gesicht, auf dem Nasenrücken und unter den mandelförmig geschnittenen Augen.

»Da schau her«, sage ich, »Königin Isabelle in der Provinzstadt!«

»Tschüs«, sagt sie lachend, »was machst denn du hier in den Ferien?«

»Oh«, sage ich, »ich wollte mir eine Ausstellung ansehen. Nun ist sie geschlossen, und ich bin etwas herumgeschlendert.«

»Ich habe ein paar Bilder gesehen von dir, in der Vitrine vor dem Zeichnungssaal. Sie haben mir prima gefallen. Ich möchte dir mal eines abkaufen. Lässt du mit dir reden?«

Sie lacht mich an, und ihre Augen werden ganz schmal. Mit der Hand streicht sie das Haar hinters Ohr zurück, sodass eine Wange frei wird und der weiße Halsansatz. Ich fühle mich verwirrt, aber stark, die Sätze kommen von selber aus mir heraus, in der richtigen Dosierung von Werbung und Ironie. Etwas ist zwischen uns, das trägt wie Wasser. Die Sätze schwimmen darauf, leicht, und schwimmen doch nicht davon. Ich erkläre mit einer wegwerfenden Handbewegung, dass ich ihr das Bild schenke, und frage sie dann in jenem einzig erfolgreichen Ton, der mehr Befehl als Frage ist und das Einverständnis schon vorwegnimmt:

»Kommst du etwas trinken?«

»Ich habe eine bessere Idee«, sagt Isabelle. »Wenn du Zeit hast, begleitest du mich nach Hause, und wir kochen uns Kaffee. Die Eltern sind nämlich in den Ferien, meine Schwester steckt in einem Zeltlager, und mir ist schrecklich langweilig allein zu Hause. Willst du?«

So schlendern wir durch die Stadt, langsam, als hätten wir den ganzen Nachmittag vor uns. Wir biegen in die Allee ein. Ich rieche den Stadtbach. Sie spricht vom Tennisspielen. Ich höre kaum zu, denn es ist jetzt unwichtig, wer was sagt. Die Sätze sind selber miteinander beschäftigt, und das Glück, dass ich Isabelle begleite, füllt die ganze Stadt aus. Blaue Busse kommen uns summend entgegen oder überholen uns. Wenn ich zur Seite blicke, sehe ich nur ihr Haar und wie sie tänzerisch neben mir hergeht. Ich möchte hundertmal diesen Weg hin- und zurückgehen. Es ist einer jener Träume, in denen man krampfhaft versucht, nicht aufzuwachen. Sie spricht viel, sprudelt einfach los, ich komme nur mit Ja und Nein dazwischen. Sie redet von der Mode, von Zimmereinrichtungen, von Schulreisen und Skilagern, von älteren Brüdern, denen man kochen muss und die reklamieren, und all diese Sätze füllen nur die Gerümpelkammer eines Glaspalastes, der im weißen Licht vor uns liegt.

Wir betreten das Haus von der Gartenseite her. Die Veranda ist mit Glyzinen umrankt. Isabelle geht sogleich in die Küche und hantiert mit Geschirr. Durch die offene Tür ruft sie mir zu, ich solle mich umsehen. Vom Flur her dringt ein kühler Steinfliesengeruch ins dunkle Wohnzimmer, das schlecht ausgelüftet ist. Gefangene Hitze nistet in den Möbeln. Gummibäume und Topfkakteen stehen herum, in einer Ecke leuchtet giftig grün der Kasten des Aquariums. Kleine Blasen steigen unter die Glasdecke. Zwischen den Algenschnüren tauchen graue Fische auf, nervös schnellen sie vor, lassen die Leiber auslaufen und zucken blitzartig in anderer Richtung davon. Aus der Küche ist das silbrige Klirren von Löffeln, Tässchen und Untertellern zu hören. Später trinken wir den Kaffee am niedrigen Rauchtisch. Wir sitzen uns in den schweren, grünen Plüschsesseln gegenüber und nippen an den Tässchen. Wir sprechen über Klee. Todkalte Farben, sage ich wiederholt, blau unterlaufene Grüns. Isabelle zeigt sich naiv, aber interessiert. Zur Auflockerung holt sie ein paar Fotos herbei, die ihr Cousin, ein Kunstgewerbler, von ihr gemacht hat. Isabelle lehnt in engen Blue-Jeans und genieteter Bluse an einen Stapel Gussröhren; das Haar, das fast weiß erscheint im Bild, weht ihr ins Gesicht. Oder sie tätschelt auf einer Pferdewiese in den Freibergen einem Füllen den Hals. Ihre Knöchel sind zu sehen unter den aufgekrempten Hosenbeinen, die Füße stecken in zierlichen Goldsandalen. Ich stelle Fragen zu den Bildern, und sie erzählt mir von ihrem Cousin, den ich mir als schwarzhaarigen, smarten Jungen vorstelle. Nach einer Weile fragt sie schelmisch:

»Willst du mein Zimmer sehen?«

Ich nicke. So steigen wir ins erste Stockwerk hinauf. Sie öffnet die Tür, und wir treten in ein kleines Zimmer, sauber und nett eingerichtet, ohne viel Romantik. Dänische Möbel: ein niedriges Bett mit blaurot kariertem Überwurf, ein heller Tisch, zwei unbequeme Stühle, ein schwarz gebeizter Schaukelstuhl, ein paar Bücher auf dem Brett, Ackermann fällt mir auf, *Flug mit Elisabeth*, etwas Hesse und Dostojewski, dann ein teurer Wecker in rotledernem Klappfutteral, und eine Fenstertür führt hinaus auf einen Balkon über dem Garten. Ich lobe die Aussicht. Auf dem Tisch sind Schulhefte aufgeschlagen, auf einer Doppelseite eine angefangene geometrische Konstruktion. Hellblaue Briefumschläge liegen daneben. Über der Stuhllehne hängen Strümpfe und ein weißer Büstenhalter. An der Wand entdecke ich einen Platz für mein Bild, das ich ihr schenken werde. Das Zimmer ist hell besonnt, fast wie ein Krankenzimmer, so hell, dass es von Isabelles blondem Haar kaum merklich verdunkelt wird. Sie ordnet Blumen um in einer Vase und wartet darauf, dass ich etwas sage.

Ich bremse die Geschichte ab und beginne eine neue, und noch einmal sehe ich Isabelle vor mir, die umschwärmte Königin, im schneeweißen Kleid.

Es war am Jugendfest. Am Morgen regnete es in Strömen. Die Kanonenschüsse, die den Festtag ankünden sollten, gingen unter im Donner des frühen Gewitters. Der Umzug wurde nicht durchgeführt, man versammelte sich in der Stadtkirche, um die paar wichtigsten Ansprachen zu hören. Natürlich war das Schiff überfüllt mit lärmenden Schulklassen, Delegationen der Behörden, Couleurstudenten und Schwärmen von Seminaristinnen. Die halbe, in einen Raum gepferchte Stadtjugend lärmte, als stünde ein Zirkusbesuch bevor. Die Redner, die sich auf der Kanzel ablösten, hatten Mühe, mit ihren pathetischen Worten dem Tag den Stempel eines Festtages aufzudrücken. Mir war elend, denn alle Festlichkeit galt mir nichts ohne sie, und sie hatte ihren Freund, kannte nicht einmal meinen Namen. Ich war für sie ein Gesicht wie jedes andere auch. In die Kirche war ich nur gekommen, um sie zu sehen. Von Festfreude keine Spur. Ich stand im Seitenschiff, zwischen Klassenkameraden in triefenden Regenmänteln, konnte keinen Fuß rühren und suchte die Gruppen der weiß gekleideten Schülerinnen ab. Vor uns drängte sich, verspätet, die Kadettenblasmusik ein. Wir hatten plötzlich einen grünen Menschengürtel vor den Gesichtern und einen Wald blitzender Instrumente, was den Durchblick zur Chorapsis, wo ich einige ihrer engsten Freundinnen erspäht hatte, fast unmöglich machte. Da ich viel zu groß gewachsen war, behielt ich noch etwas Übersicht. Ich buchstabierte mich von Gesicht zu Gesicht, bis ich endlich ihres fand, als eben die Kadetten zu einem ohrenbetäubenden Choral ansetzten. Nun verlor ich die Beherrschung, die weichen Choralklänge lösten mich zu einem Chaos auf. Ihre sinnliche Schönheit traf mich mit voller Wucht, sie blendete mich wie ein funkelndes Diadem, und mir wurde hundselend. Wie ein Engel stand sie im milchigen Halbdüster der Chorkapelle. Das wässerige, durch die Glasfenster gedämpfte Licht brachte ihr blondes Haar, das weich und voll um die eingesteckte Rose an der Schläfe und den Hals fiel, zu einem mattsilbernen Glänzen. Draußen rauschte der Regen, und es roch umwerfend stark nach feuchten Kleidern und Blumen, wie bei einem Begräbnis. Mir wurde übel. Kalter Schweiß brach aus den Poren, das Herz schien sich zu verflüssigen und den Hals hoch zu drängen. Die Leute vor mir nahmen scharf begrenzte, dunkle Konturen an, der Instrumentenwald verfinsterte sich, Kanzel und Steinpfeiler des Gewölbes gerieten ins Wanken, mein Blickfeld begann sich von den Rändern her violett zu verdunkeln. Jemand nahm mich am Arm und zog mich durch den Widerstand von menschlichen Leibern. Über mir toste ein Meer von Musik und hellstimmigem, peitschendem Gesang, aus dem ich nicht mehr aufzutauchen vermochte. Draußen erbrach ich über die Mauerbrüstung in den Abgrund. Das Innere stülpte sich in einem würgenden Krampf nach außen. Mir war, als ließe ich mich fallen von einem Turm ins Bodenlose, als wartete ich nur noch auf den zerschmetternden Aufprall. Erst als ich mich ganz ausgespien hatte, spürte ich die Arme meines Begleiters. Immer wieder fragte er, ob mir besser sei. Ich blickte auf in sein verregnetes Gesicht und nickte nur. Es war ein Schüler meiner Klasse. Er meinte, wir müssten ans Trockene; widerwillig ließ ich mich wegführen. Das Wasser troff uns von den Haaren ins Gesicht und lief den Hals hinunter in den Kragen. In der fast leeren Schenkstube einer düsteren Altstadtkneipe hinter dem Stadttor saßen wir uns dann ratlos gegenüber. Ich versuchte es mit einem Rum, ließ aber den Stiefel unberührt stehen. Als es vor den Fenstern weiß und lebendig wurde, weil die entlassenen Schüler in kleinen Gruppen unter bunten Regenschirmen der Stadt zustrebten, juckte ich auf. Ich überhörte die Fragen meines Begleiters, schob von meinem Platz aus die Vorhänge zurück und sah die Angebetete im Arm ihres Freundes, unter seinem Schirm. Sie wandte ihm lachend das Gesicht zu, während er sie sorgsam um die großen Pfützen herumführte.

Als ich schon draußen war, zwischen den Toren, um ihre Spur nicht zu verlieren, spürte ich es noch einmal kommen. Deshalb flüchtete ich auf die öffentliche Toilette im Kellergeschoß des Stadtturms. Ich verriegelte die Tür und ließ die Brühe in die schmutzige Stehwanne klatschen. Dann setzte ich mich auf den verpissten Boden. In den gelben Lachen klebten verbrauchte Präservative, Blutflecken schwammen, Menstruationsblut. Säuerlich-süß stach der Geruch des Erbrochenen aus dem Urin- und Kotgestank hervor. Die Tür war vollgekritzelt mit Schweinereien. Unter dem Turm rauschte der Stadtbach, der angeschwollen war vom Gewitterregen. Und ich wartete, an die kalte Mauer gelehnt, ich brachte nicht die Kraft auf, den Riegel zurückzuschieben. Zeit verging, tote Zeit. Der Bach schwemmte meine letzte Substanz weg. Ich lag auf dem Rücken, ein Käfer.

LOKALBERICHT

Und im hohlen Zahn befand sich ein Briefkasten mit einem Brief, in dem zu lesen stand: Armer Günter Frischknecht! So viel Weltschmerz auf einmal, erträgt das einer überhaupt? Die Stadtkirche war nicht ganz unschuldig. Sie trug die Schlechtwetterfahne, sie gab im Gedränge der unwiderstehlichen Isabelle von Arx den Nimbus engelshafter Reinheit, sie erlaubte Jugendfeststräußen, begräbnisträchtig zu duften, und öffnete das Türchen zum Jenseits, das für den Gymnasiasten Günter Frischknecht, da er so groß gewachsen war, ein bisschen zu klein war. An historischer Stelle, dort, wo der Felskopf, der die Kyburger zur Stadtgründung verlockt haben musste, in die Unterkonstruktion der Stadtkirche und in die Stützmauer vor dem Kirchplatz überging, dort also, wo die Wetterkonferenz mit Schirmen getagt hatte und wo Petrus das Schlechtwetterfähnchen überreicht hatte, dort übergab sich der Gymnasiast, ließ braunroten Frühstücksweltschmerz klatschen auf den Kies eines Kinderspielplatzes, damit entdeckungsfreudige Gören in den Sommerferien im ausgetrockneten Zeug stochern und einander damit bewerfen konnten. Doch nicht genug der Historie. Nachdem Isabelle von Arx in ihren hochabsätzigen Goldsandalen noch einmal mitten durch seine Seele gestöckelt war, am Arm eines Verbindungspräsidenten im Vollwichs, der sie galant um die Pfützen herumführte und damit einen Engel zwang, den Hintern zu schwingen, nachdem die beiden durch die beiden Tore gegangen waren – das Blond dürfte in der Dunkelheit kurz flachsig geworden sein – und einem Apéritif im engsten Familienkreis zustrebten, stürzte Günter Frischknecht aus einer Altstadtkneipe, überrannte beinahe einen Grillrost, der verregnete Bleichwürste schmackhaft machen wollte, und suchte die nächstbeste Toilette auf. Die nächstbeste Toilette war eine historische, im ehemaligen Verlies des Stockturmes, also im Unbewussten der Stadtgeschichte, ließ sie willig alle Schweinigeleien über ihre rostrote Tür ergehen. Wenn Günter Frischknecht ein kleines Kreissegment mit der Aufschrift »Besetzt« unter der Türfalle vorgefunden hätte, dann wäre zwar eine weißgelbe Buhne braunrot verspritzt worden, doch diese Geschichte, die das Leben geschrieben haben soll, hätte keinen aufmerksamen Abschreiber gefunden, denn das Wort »Scheiße« hätte das Dämmerlicht einer ebensolchen nicht erblickt. Da zufällig kein Schwuler die Tür verriegelt hatte, um die neusten Inserate zu entziffern, konnte Günter Frischknecht ungehindert vordringen ins innerste Gemach und dort, nachdem er das Stichwort für seinen zweiten Monolog vom Magen in Empfang genommen hatte, das Stichwort für eine Geschichte in die Tür ritzen, die heute den Titel »Das Fest oder die sogenannte Wirklichkeit« trägt. Genauso kontradiktorisch, wie sich das Stichwort zum Titel verhält, genauso gegensätzlich verhielt sich der Ort, an dem der Gymnasiast wortwörtlich außer sich und letztlich zu sich kam, zum Gegenstand seiner Anbetung. Eine ekelhafte Szenerie hätte er sich nicht geben können, um dem Übel auf den Grund zu gehen, das zur gleichen Zeit Augenaufschläge machte, braune, makellose Beine übereinander schlug und womöglich das Engelshaar bürstete. Die Psychologie würde dazu ganz einfach sagen: Der Weg der Selbstfindung führt über die Anima. Die Anima des Heranwachsenden hat urweibliche, oft hetärenhafte Züge. Während Kinder ihrer Anima in Hexenträumen begegnen, spitzt sich das Verhältnis in der Pubertät polar zu. An die Stelle einer Göttin, die der Jugendliche zunächst verehrt, weil er den Venus-Kult früherer Kulturstufen nachvollziehen muss, tritt allmählich das ideale, gleichaltrige Mädchen. Je komplexer die Psyche, desto typischer und schablonenhafter die Züge der Angebeteten. Der Jugendliche verehrt das Weibliche schlechthin, das möglichst allgemeine und archetypische Züge annimmt. Erst wenn er diese pseudoreligiöse Stufe im Sexualleben überwunden hat, beginnt die mitmenschlich fruchtbare Phase der Individuation, indem er nämlich nicht mehr *die* Frau, sondern eine bestimmte sucht. Zum Konflikt kommt es dann, wenn die Projektion der Anima, das Weibliche schlechthin, mit der Trägerin verwechselt wird, wenn also mit andern Worten der Pubertierende ein Symbol fleischlich besitzen will. Da das Mädchen instinktiv merkt, dass er nicht sie als Person, sondern nur als Projektion psychischer Komplementärfunktionen meint, also sich durch sie hindurchliebt, wird sie ihn abweisen, und dies umso mehr, als sie selber ihren Animus sucht und das Vaterbild im Freund verwirklicht sehen möchte, sich also an die Starken, Lebenstüchtigen, Überlegenen hält. Der Konflikt weitet sich zum Existenzproblem aus, denn der Abgewiesene zweifelt nicht nur an seiner Männlichkeit, sondern ganz allgemein an der Lebenstüchtigkeit. Er glaubt, nur die personifizierte Anima, die er in seinen Träumen oft als Krankenschwester sieht, könne ihm weiterhelfen, und dies stimmt, sieht man von der gefährlichen Personifikation einmal ab, auch wirklich, denn wenn der Kompromiss zwischen Ideal und Wirklichkeit nicht gefunden wird, wenn keine Harmonie zwischen dem überpersönlichen und dem urpersönlichen Ich zustande kommt, muss das Subjekt zugrunde gehen, das heißt, es spaltet sich und erleidet eine Neurose, die sich in schweren Fällen zur Schizophrenie ausweiten kann. Um diesem Schicksal zu entgehen, das der Jugendliche mit der pubertätseigenen Empfindlichkeit vorausahnt, plant er seine Vernichtung. Der Selbstmordgedanke ist ein Ventil, das der Pubertierende braucht. Er wartet mit der Tat, wenn ihm nicht durch unglückliche Umstände Kurzschlusshandlungen abgefordert werden, meistens so lang zu, bis sich ein Waffenstillstand zwischen den gespaltenen Kräften seiner Seele abzeichnet. Die äußeren Symptome, die Pickel, verschwinden nach und nach, eine hart erkämpfte Selbstsicherheit gibt seinem Auftreten den Nimbus eines Helden nach der

Schlacht und macht ihn dementsprechend anziehender für den Partner.

So weit die Psychologie. Obwohl Günter Frischknecht wie jeder Aufgeweckte nach absolvierter Konfirmation Jung und Freud las, um das Gift auszuschwitzen und die Hölle gegen das kollektive Unbewusste einzutauschen, nützte ihm das Wissen um die psychologischen Hintergründe seines Leidens so wenig, wie einem Asthmakranken die Aussicht auf Heilung in psychisch stabileren Lebensphasen nützt. Solange seine Anima einen andern küsste und ihm täglich in der Schule vor der Nase durchstolzierte, konnte graue Theorie nichts ausrichten gegen eine goldblonde Lindenblüte des Lebens. Er blieb also, während es sauer-süßlich nach seiner Innerlichkeit roch, am Boden der Stockturm-Toilette hocken und haderte, dieweil der angeschwollene Stadtbach mächtig rauschte, mit seinem Schicksal. Er verbüßte jene Kerkerstrafe im Turm des Lebens, die keinem erspart bleibt, der diesen Turm keck besteigen und nach dem Absoluten Ausschau halten will. Wie lange er dort unten hockte, wie viel Zeit er für die alles verratende Schrift des einen Wortes »Scheiße« brauchte, dies sei der Phantasie des Lesers überlassen. Doch würde ich Ihnen raten: Lassen Sie den Gymnasiasten in der Sauce seiner Fehlgeburt hocken und steigen Sie mit mir hinauf aus dem Toilettenverlies ans Tageslicht, hinauf aus dem hohlen Zahn auf die Zunge der Wirklichkeit, hinauf von der Ebene des Tagebuchs auf die Ebene »Es war einmal« und noch ein Stockwerk höher auf die Ebene des *hic et nunc*.

Wir gönnen unsere Aufmerksamkeit dem Gymnasiasten erst wieder, wenn er sich aufrafft und hinunter in den Schachen torkelt, um seinen Kater im Treiben der Budenstadt zu vergessen. Inzwischen nimmt das Schönwetterprogramm seinen Fortgang, seinesgleichen geschieht. Das Establishment auf der Schanz und die Opposition in der Schachenbeiz sind sich für einmal einig: der Ehrenwein hat's in sich. Auf der Schanz hat man soeben die Kirschtorte erdauert, von ferne gesichtet, beinahe aufgegeben, dann doch noch ergattert, bis in die Tischmitte weitergereicht, der Größe nach mit dem Stück des Nachbarn verglichen, mit dem Gäbelchen angestochen, Kirsch begrüßt oder vermisst, keilweise zum Mund geführt und verdaut. Zigarren werden herumgeboten, Lippen mit dem Stift nachgezogen, Spieglein gezückt. Die Blechmusik Misericordia kämpft tapfer gegen ihr Schicksal, eine laut schwatzende Menge, an. Nur wer sich erhebt, um am Nachbartisch einen Kollegen zu begrüßen, nimmt kurz den Marschtakt an. Es ist die Zeit des allgemeinen Begrüßens und Erkennens: Ah, Sie sind auch da! Der Wein stimmt versöhnlich. Schranken fallen. Professoren lassen sich von Bezirksschullehrern für Artikel in der Tageszeitung gratulieren und gebrauchen die unumgängliche Floskel: Ich wollte es eigentlich ausführlicher sagen, aber Sie wissen ja, die Platznot in den Zeitungen ... Inserate haben eben den Vorrang. Man begrüßt und wird begrüßt, lässt hochleben und wird hochleben gelassen, manch einer ruft im Scherz: Prosit Neujahr, weil die Aarauer ihr Jahr mit dem Jugendfest beginnen lassen möchten. Die Serviertöchter zerfallen in zwei Gruppen. Diejenigen, die heimlich an den Gläsern genippt haben, teilen die Röte mit dem Festpublikum und lassen fünf kneifende Finger krumm sein, wenn sie die Hüftgürtelgrenze nicht überschreiten. Die andern kämpfen sich mutig zwischen den Bänken durch und schlagen wild um sich, als gelte es, zudringliche Wespen abzuwehren. Die Progressiven haben inzwischen die leeren Weinflaschen auf der Boccia-Bahn aufgestellt und pfeffern die schweren Kugeln mittenmang. Was in Scherben zerspringt, ist die spätkapitalistische, kegelabendländisch ausgehöhlte Bourgeoisie. Ein ganz toller »Schuss«. Der hochsensible bärtige Bacchus, der Dichter Dudelsack, liegt auf dem Rücken unter dem steinernen Tisch, lässt sich von der langbeinigen Gruppengeliebten Astrid Schleißheimer mit nackten Füßen die Hoden kraulen und ejakuliert stoßweise Rilkes *Duineser Elegien* unter den Steinhimmel. Verstanden wird diese Art Zufriedenheit von den Malern allerdings kaum, aber Hauptsache: sie ist originell. Während auf der Schanz immer noch begrüßt wird, verabschiedet man im Garten der Schachenbeiz Flasche um Flasche. Oben fallen trunken gelallte Bonmots, unten Zoten und blasphemische Witze, oben wird verdaut, unten gerülpst. Der Spezialist für windschiefe Quadrate auf veilchenblau gespritzten Polyesterplatten, der Gruppensex-Fanatiker und Orgasmus-Theoretiker Süßholz, schlägt eine Landpartie in Unterhosen bis zum Heiligenkreuz auf der Sattlerhöhe vor, doch Manfred Wiesner erinnert ihn mit einer klirrenden Bolide daran, dass es heute noch Arbeit gibt im Schachen. Wenn die Atom-Fritzen von der Plattform den Kadetten den Krieg beibringen, muss man doch demonstrieren. Alle sind sich grölend und bei so großer Vielfalt der Charaktere erstaunlich rasch einig, dass ein Protestmarsch gegen den Kadettenkrieg, auch »Dings-bum-bum-bum-Trallala« genannt, mindestens so »phänomenal« sei wie eine Landpartie in Unterhosen mit anschließendem Verpinkeln des Kreuzes. Astrid Schleißheimer klatscht in die Hände und gibt jauchzend ihren Segen zum Projekt. Undnunandiearbeit! Astrid gibt den weißen Unterrock her, der transparent genug ist, um eine transparente Schrift zu tragen. Farbe wird herbeigeschafft aus dem Atelier an der Pophalde. Während sich also auf der Schanz leicht bis schwer angeheiterte Spitzen der Regierung, des Militärs und des Kulturlebens darauf freuen, dass ihre Jungen schießen, wie die Alten schossen, während man sich oben jetzt schon bekräftigt, es sei nur ein Plausch, nur ein harmloses Manöverchen, wird unten nach den Regeln der Opposition das Gegenteil ersonnen. Spruch und Widerspruch wie Tag und Nacht, wie Schwarz und Rot. Unsterblicher Hegel, unsterbliche Antithetik! Nur

eines verbindet die Menschheit: der Suff. Im Suff sind sich
alle einig, die kneipenden Studenten, die über sich selbst
hinauswachsenden Primarlehrer und die unermüdlichen
Protestanten. In allen Köpfen kocht entweder Bier oder
Ehrenwein, und der an spätkapitalistischen Hängen unter
einer spätkapitalistischen Sonne gewachsene Ehrenwein
ist es, der die einen klatschen, die andern pfeifen lässt. So
kann, um es gleich vorwegzunehmen, in der Beurteilung
der Kadettenmanöver keine Seite recht haben, so recht sie
vielleicht hätte, wenn sie nicht nur eine Seite wäre. Recht
hat einzig und allein der Ehrenwein. Wer immer von Dia-
lektik spricht, muss Wodka und Whisky vor Augen haben,
Ehrenwein und Schandenwein, Freibier und Bierfreiheit.
Es gibt keine noch so scharfe Opposition ohne die Bejahung
der bürgerlichsten aller Tugenden: sich zu besaufen. Wenn
man so weit gehen und sagen will, dass jede Revolution
ihre eigenen Kinder betrunken macht, mag man so weit
gehen, wir gehen nur bis auf die Schützenmatte im Aar-
auer Schachen, zwischen Kugelfang und Pferderennbahn,
wo alljährlich die Kadetten den Freischaren das Gruseln
beibringen. Zu diesem nachmittäglichen Festhöhepunkt
findet sich jeder Aarauer ein, der selber einmal Kadett
gewesen ist und das Herz noch auf dem rechten Fleck hat.
Auf der Schanz verlässt man das Schlachtfeld des Banketts,
um ein neues, weitaus heißeres Feld aufzusuchen. Die Ser-
viertöchter tun ihr Bestes, denn die Jugend, die inoffizielle
Hauptperson des Jugendfestes, hat Hunger. Tische müssen
abgeräumt und neu gedeckt werden. Der Strom wälzt sich
hinunter in den Schachen. Um die Kadettenmanöver über-
haupt verstehen zu können, schreibt Lokalredaktor Barzel,
muss man zurückblicken auf die Badische Revolution anno
1849. Damals wurde ein Teil der von Bleuker geführten
und auf Schweizer Boden übergetretenen Aufständischen
von der schweizerischen Miliz über Aarau in die Inner-
schweiz in Gefangenschaft geführt. Dieses Ereignis bewog

die Aarauer, am Jugendfest von 1852 erstmals eine Kadettenschar gegen ein »lebhaftes Conterfey des Bleuker'schen Frei- und Raubkorps« antreten zu lassen. Seither besteht eine Freischarenkommission, in der verschiedene Aarauer Stadtvereine vertreten sind: Schützengesellschaft, Damenturnverein, Fußballklub, Artillerieverein und der Kulturkreis Zschokke. Diese Vereine stellen die Freischärler, die den Kadetten programmgemäß zu unterliegen haben. Zu diesem abgekarteten Sieg der Ordnungskräfte über die Opposition findet sich ein festtrunkenes und teilweise ehrenweinbetrunkenes Publikum zeitig auf der Schützenmatte ein. Der Schachen brütet in der Mittagshitze. Das Städtchen als Ausschneidebogen am Horizont. Fernher das Gedudel der Budenstadt. Ab und zu ein hohlhäusiger Schnellzug oder ein rappelnder Güterzug auf dem Damm. In der Badeanstalt hängen Jugendfeströcke in der Garderobe. Der Himmel wäre um diese Zeit preußischblau zu nennen, freilich ein Preußischblau mit viel Weiß gemischt. Die Zeit macht ihren Mittagsschlaf. Der fernwirkende Stockturm trägt eine sinnlos gewordene Schönwetterprogrammfahne, nimmt aber im Halbschlaf an den Manövern teil. Die Stadtkirche wendet sich degoutiert ab und freut sich zum Trotz an ihrer inneren Renovation. Das Zelglischulhaus oberhalb der Schanz lässt den Mädchen- und den Knabenflügel hängen. Die Altstadtarchitektur fällt in mittelalterlichen Dämmerschlaf. Punkt drei Uhr ertönen die ersten Gewehrsalven vom Hungerberg. Dort, wo am frühen Morgen die Artilleristen den Tag eingeschossen haben, also beim Alpenzeiger, haben sich am frühen Nachmittag die Kadetten besammelt, um vorläufig noch supponierte Freischaren den Hang hinunter ans linke Aareufer zu drängen. Die Schüsse bringen Bewegung in das Publikum. Die Divisionäre beschirmen die Augen und tun so, als sähen sie bereits, was sich abzeichnet. Dabei sieht man noch gar nichts. Wer den Präsidenten der Jugendfestkommission beobachtet, kann feststellen, dass er befriedigt auf die Uhr blickt, und über das gerötete Gesicht von Lokalredaktor Barzel huscht unverblühter Knabenstolz. Manches Fräulein liebäugelt mit der nahen Badeanstalt, während ihre Begleiter bereits die Lage erörtern. Da und dort sieht man auch ein hämisches Grinsen, hört Worte wie »Schabernack«, »Missbrauch der Jungen«. Sonnenschirme gehen auf und zu, und unwirsche Bewegungen Richtung Hals und Beine lassen vermuten, dass die einzigen echten Freischaren des Tages, die Mücken, bereits am Werk sind, die einzigen auch, die den Mut zum Blutvergießen haben. Mücken vom Teint der Gattin abklatschend, die Lage erörternd und imaginäre Feldstecher ansetzend, bereitet sich männiglich für den großen Endkampf vor. Auf dem Kugelfang an praller Sonne hocken dicht bei dicht die Ehrengäste, mittenmang der Stadtammann Geratewohl, und am Rande des Schlachtfeldes spielen Pfadfinderinnen Rotkreuzerlis. Dieweil setzen die mutigen Kadetten unter kundiger Leitung des Pontoniervereins über die Aare und melden stolz: Eine Schwadron berittener Matrosen abgesoffen. Heureka! Hufdonnern erfüllt den Schachen. Eine Staubwolke hinter dem Lindenring, in dem die Regimentsspiele üben, verrät flüchtige Freischaren. Das Donnern schwellt an, aus der Wolke lassen sich gestreckte Pferdeleiber buchstabieren. Nicht die Rennbahn meinen sie, sondern die Schützenmatte. Honolulu schreiend, nähern sich die Indianer, rasen in gestrecktem Galopp unter Applaus in die Arena. Und hinter ihnen rasseln die Kanonen herbei. Die alten 12-cm-Feldhaubitzen, Jahrgang 1914, werden vor der Burg aus Pappe aufgefahren, die den ehemaligen Stammsitz der Kyburger darstellen soll und als letztes Reduit der Freischaren gilt. Grüne Kosaken mit rotlederner Gesichtshaut und blitzenden Eiweißaugen stöpseln das Pulver, zünden die Lunte und eröffnen die Verteidigung mit ohrenbetäubendem Knallen, das sowohl die Kanonen als auch die Zuschauer zurückweichen lässt. Wer Plätze für die Musikfestwochen in Luzern reserviert hat, hält sich die Ohren zu. Andere staunen säuglingshaft in den Pulverdampf, und wieder andere versuchen zwischen den Krachern, die Lage weiter zu erörtern. Das Piff-paff der Kadetten ist lauter geworden. Nach und nach reiten sämtliche Freischarentrupps ein, die Tiroler Spitzbuben und die Lützow'schen Jäger, Kradschützen, Kürassiere und berittene Landsknechte in blau-rot gestreiften Pluderhosen, feistbauchige Rothäute und Reste der Bourbaki-Armee, ulanische Trompeter und Musketiere, ein Manipel römischer Legionäre und eine Rotte heruntergekommener Korvettenkapitäne, kaltblütige Harakiri-Kandidaten und vertrottelte Reisläufer der päpstlichen Garde; Marodeure, Raubgesindel, Partisanen und Terroristen; ein Sturmtrupp Fremdenlegionäre und eine Delegation des Schweizerischen Unteroffiziersvereins, kurz: wer je mit Zinnsoldaten gespielt hat, wer in der blütenhaftesten Jünglingszeit von versenkten Bruttoregistertonnen, verheerten Fluren und gesprengten Brückenköpfen geträumt hat, wer im Geschichtsunterricht, statt zu schlafen, Winterfeldzüge mitgemacht und Drahtverhaue zerschnitten hat, wer in der Rekrutenschule Handgranaten geworfen und nicht verworfen hat, wer im Schützenverein die Fünferfahne der Madonna gleichsetzt und wer Tag für Tag mit der Hoffnung erwacht, die Generalmobilmachung werde eingeläutet, alle, die den Krieg durch Affekte, welcher Art auch immer, unterstützen, befinden sich heute unter den Zuschauern oder den Freischaren. Krieg war schon immer nur deshalb möglich, weil es Zuschauer gab. Und die armen Kadetten, welche lieber ihren Schulschätzen auf die Schanz zum Tanz für Jugendliche nachlaufen möchten, müssen siegen, machen also frühzeitig Bekanntschaft mit der Kriegsmoral, dass Gewinnen ein Muss ist. Sie halten ihre Gewehre vorschriftsgemäß schräg in die Luft und stoßen, *ponte facto,* in geschlossener Phalanx *contra adversarios* vor. Sie schicken *legatos ad eos,* um im Akkusativ mit Infinitiv zu melden, dass sie auf dem Vormarsch seien und in einer Viertelstunde zu siegen hätten. Aber die Freischarenführer entgegnen, *sese ad submittendum parati non esse* und noch *multum Pulver habere.* Immerhin wird jetzt zum Zeichen, dass die Kapitulation nicht mehr fern, die Burg in Brand gesteckt. Durch den blutigen Opferrauch, der sich an biblische Vorbilder hält und tief über den Schachenboden qualmt, sprengen mit gespenstischer Berserkerwut auf violetten Gesichtern die Romanfiguren Karl Mays, die Mörsermündungen blitzen, dass es eine Freude ist, Knallfrösche platzen und Luftheuler fahren unter Röcke, wo sie nicht hingehören. Schwerter schwingende Husaren legen Zirkusnummern ein und sitzen fliegenden Pferdes auf, einäugige Piraten erwecken die Erinnerungen an die gute alte Zeit des Sechstagekrieges, als Mosche Dajan es wieder einmal allen zeigte. Während die Kasematte lichterloh brennt und die Standarten geschwungen werden, während die Kanonade akustisch gegen Gewehrsalven ankämpft und verbeulte Hifthörner grimmige Laute von sich geben, während Pickelhauben, Tschakos und Federschmuck kunterbunt durcheinanderwirbeln und männiglich nur noch auf die Hauptattacke der Feldgrünen wartet, deren Major soeben die Anweisungen des Kadetteninstruktors entgegennimmt, taucht ein transparentbewehrtes Grüppchen hinter dem Kugelfang auf und weitet die Nasenlöcher von Lokalredaktor Barzel zu offenen Nüstern: Stoff bahnt sich an für die Lokalseite, ein Kontroverslein. Die Aarauer lassen sich ihr Jugendfest kurz vor dem Höhepunkt nicht verderben und negieren die Antileute, die an den langen Haaren von weitem schon identifizierbar sind. Doch unsere flotten Protestanten haben mehr vor, als nur oppositionelle Zierde an einem Volksfest zu sein. Sie durchbrechen die Abschrankung und wollen sich frohgemut zu den Ihrigen gesellen, zu den Freischärlern. Auf dem ehemals weißen, noch mit Spitzen auf seine frühere Funktion hinweisenden Unterrock von Astrid Schleißheimer, die dem Trupp als Widerstandsgöttin vorangeht, tropft in blutroter Schrift der Euphemismus: »Hier beginnt der Krieg«. So ist es, basta. Wie im Militär sagt das Transparent: Keine Diskussion! Bereits hier sei vorwegnehmend festgehalten, dass die neu hinzugestoßenen Freischärler inhaltlich recht, formal aber dermaßen penetrant unrecht haben, dass sich Recht und Unrecht die Waage halten und das vielberufene Zünglein auf Komik zeigt. Wechseln Sie bitte mit mir schnell den Schauplatz und stellen Sie sich einen vollbesetzten Konzertsaal vor. Lebende Diademe und ausgestopfte Fräcke warten seriös tuschelnd auf Herbert von Karajan und seinen Taktstock, von dessen Spitze die *Fünfte Symphonie* Beethovens neu auferstehen soll. Karajan lässt die Diskrepanz zwischen Dichtung und Wahrheit, also zwischen Programmheft und Konzertbeginn zunehmen, weil in der Künstlergarderobe ein Hemdkragen nicht so will, wie er will. Nun marschiert eine Guggenmusik auf und intoniert einen windschiefen St. Louis Blues, damit sagen wollend: Hier beginnt der Lärm! Wären Sie empfänglich für diese Art von Aufklärung? Ein anderes Beispiel. Stellen Sie sich ein mörderisches Kopfweh vor, eines, das ihre Seele in eine gigantische Föhnlandschaft verwandelt. Vor ihnen steht ein Glas Wasser, und in das Glas sinkt eine weiße, langersehnte Tablette. In dem Augenblick, da sich die Tablette aufzulösen beginnt, läutet es an ihrer Tür, ein Mann vom Gewässerschutzamt hält ihnen die Pistole vor den Kopf, um den es im gegenwärtigen Zustand allerdings nicht schade wäre, und ruft aus: Hier beginnt die Gewässerverschmutzung. Recht zu haben am falschen Ort zur falschen Zeit und in falscher Form, macht immer wieder Eindruck. Nun haben aber die Mao-Partisanen mächtiges Glück, denn die Freischärler vergessen ihre historische Herkunft vom Bleuker'schen Freikorps, verspielen die Chance der repressiven Toleranz, machen aus dem angeblichen Spiel bitteren Ernst und scheuchen unter Applaus mit aufbäumenden Hengsten den hier beginnenden Krieg kurzerhand auf den Robinsonspielplatz der Infanterie, ins Gelände der Hindernisbahn. Mit fliegenden Transparenten gehen die mutigen Protestanten unter, ja, die Transparente werden ihnen nach der Reiterattacke entrissen und in die Flammen geworfen. Der schlimmste Traum eines geistigen Widerstandskämpfers wird Wahrheit, denn ein Demonstrant ohne Transparent ist wie ein Kaiser in den Unterhosen. Sie haben dennoch gut lachen, denn der taktische Fehler der Freischaren hat ihnen zu einem forfait-ähnlichen Sieg verholfen. Sie sind zu Märtyrern gestempelt, sie können für sich buchen, dass die Gesellschaft angeblich ihr wahres Gesicht gezeigt und auf eine spielerische Herausforderung mit blutigem Ernst geantwortet hat.

Blutig. Das Wort wird vor allem von denen verwendet, die im Kadettenunterricht ein Präludium der Kriegserziehung sehen wollen. Der blutige Ernst steht denn auch auf den bleichen Gesichtern geschrieben, die die Freischaren bis vor die brennende Burg zurückdrängen und den General zur stolzen Kapitulation zwingen. Es ist schwer auszumachen, was in diesem Augenblick in den Köpfen der vierzehnjährigen Knirpse vorgeht. Sie haben Freude am Pfeffern, Freude am Erobern, mehr nicht. Dass allerdings dieser Trieb nicht auszurotten ist, ist schon schlimm genug. Noch schlimmer ist, dass die Jugend von beiden Seiten missbraucht wird, wenigstens in der Argumentation. Die Progressiven machen sie zu Strohpuppen der Manipulation, und die Militärfanatiker sehen im Kadettenunterricht eine Art Konfirmationsstunde für ihre Religion. Man kann es sich heute nicht mehr leisten, unpolitisch jung zu sein und schon gar nicht, sich mit Schießpulver auszutoben. Dass das Feuerwerk am ersten August noch nicht als indirekte

Unterstützung des Vietnamkrieges ausgelegt wird, liegt einzig an der Untauglichkeit unserer Feuerwerksindustrie. Wie dem auch sei, die Freischaren kapitulieren und geben den brütend heißen Nachmittag für harmlosere Spiele frei. Die Heere werden verpflegt aus der Feldküche der Pfadfinderinnen, auf dem Kugelfang ziehen die Herren den Damen das Taschentuch unter dem Damast weg, und die Sonnenschirme setzen sich in Bewegung. Gruppenweise verlässt man das Schlachtfeld. Der Inhalt der Gespräche dürfte nicht schwer zu erraten sein. Sind Sie eigentlich für oder gegen den Vietnamkrieg, Herr Professor, ich möchte aus berufenem Munde einmal eine klare Antwort hören. Während sich der Stockturm den dreigeschoßigen Bauch hält vor Lachen ob so viel kriegerischem Dilettantismus, gibt der Geschichtslehrer und Privatdozent für neuere Kolonialgeschichte mit professoraler Klarheit von sich, dass das Engagement in Kambodscha den Amis zwar militärische Vorteile, aber viel schwerwiegendere psychologische Nachteile einbringe, denn der Vietcong habe den Krieg in Kambodscha wohl begonnen, doch ohne ihn zu erklären, während die Amerikaner immer noch so naiv seien, die Kriegserklärung mit weißen Handschuhen auf dem Silbertablett aller Welt zu überreichen, damit ja kein Zweifel darüber bestehe, wer die alleinige Schuld an der Eskalation trage. Die Amerikaner sind einfach noch nicht reif genug für den Krieg, sie haben noch zu wenig Kulturstufen hinter sich. Wenn sie Homer gelesen hätten, wüssten sie genau, dass man einen solchen Krieg nur mit dem Trojanischen Pferd gewinnt. Redaktor Barzel bereitet sich innerlich für den Zeitungskrieg vor, den er kurz nach dem Jugendfest mit der Schlagzeile eröffnet: Die letzte Schlacht ist noch lange nicht geschlagen. Seine Darstellung des Zwischenfalls ist der Wiedergabe würdig. Er schreibt unter anderem:

LOKALBERICHT

Nicht nur die Kadetten und die Freischaren hatten sich
auf die Manöver vorbereitet, auch einige Jünglinge von
Aarau, die zu diesem Zweck daheim Farbe und Pinsel aus
der Schublade gekramt und Transparente gemalt hatten.
Dermaßen ausgerüstet, marschierten die kühnen Recken
aufs Schlachtfeld, wie richtige kleine Richard Löwenherzchen. Aber oha, kaum hatten sie sich aufgestellt, dem verblüfften Publikum mannhaft die Stirne bietend, nahte
schon der bö Fei (militärische Abkürzung für böser Feind).
Weniger mutige Männer hätten bereits jetzt zum Rückzug
geblasen, aber unsere kleinen Aarauer Siegfriede blieben
beharrlich stehen und blickten der Gefahr flammenden
Auges entgegen. Schließlich wollten sie auch etwas davon
haben, wenn sie schon ihre Freizeit der Ausheckung und
Vorbereitung dieser phantastisch witzigen Aktion geopfert hatten. Allerdings hatten sie die Rechnung ohne die
Freischaren gemacht. Diese setzten nämlich unter dem
Beifall des Publikums zu einer Reiterattacke an, entrissen den Tapferen die Transparente, die sie den Flammen
zum Fraß übergaben. Diesem kräftigen Argument konnten
sich die Jünglinge nun doch nicht verschließen, und sie
traten den Rückzug an, bezeichnenderweise in den Gemüsegarten. Ob dort bereits Kabis vorhanden war, ist nicht
bekannt. Nun, die Braven haben ihr Ziel trotzdem erreicht:
sie kommen in die Zeitung. Es ist auch bewundernswert,
dass sie einen so sonnigen Nachmittag geopfert haben, um
ein bisschen zu demonstrieren; andere Jünglinge im gleichen Alter hätten die Badeanstalt vorgezogen. Dass die
oben beschriebene Aktion völlig sinnlos war, zeigte auch
der gewaltige Publikumsaufmarsch am Manöver. Noch nie
herrschte auf der Schützenmatte ein derartiges Gewimmel. Von weiterum waren die Leute herbeigeströmt, um
sich an der Aarauer »Fasnacht« zu ergötzen. Der Vergleich
mit der Fasnacht ist gar nicht so abwegig, denn wie sie
ist das Aarauer Freischarenmanöver ein Ventil, das jeder

Mensch von Zeit zu Zeit braucht. Selbst der etablierteste Aarauer möchte einmal aus seiner Haut schlüpfen, um dem Kind im Manne das Wort zu geben. Diese Manöver haben nichts mit Militär oder todernstem Kriegsspiel zu tun, sie sind ein reiner Plausch, und wer keine echte, bubenhafte Freude an einem Schießeisen mehr aufbringen kann, dem fehlt es im Oberstübchen.

Bravo, Redaktor Barzel! Ihr blumiger Stil und die Erfindung eines Kabisbeetes mitten im unfruchtbaren Schachen wird es manchem leicht machen, auf die andere Seite zu wechseln. So muss man mit den schweizerischen Freiheiten umgehen, wenn man um jeden Preis die Brandstifter mythologisieren will. Es ist auch sehr geschickt, immer von Jünglingen zu sprechen, da die Demonstranten im Durchschnitt erst fünfundzwanzig und also noch lange nicht mündig sind. Wenn Sie zufällig einen Bronzeabguss Wilhelm Tells auf dem Buffet haben, werden Sie erschreckt feststellen, dass der progressivste Schweizer wenigstens im schweizerischen Volksmund lange Haare hatte und in der hohlen Gasse, wenn die Darstellungen nicht trügen, von links abdrückte. Eine solche Beschreibung ist schlimmer als alles Schießpulver sämtlicher Freischarenmanöver seit dem Auftauchen des Bleuker'schen Raubkorps zusammen, denn sie explodiert in Köpfen, die allenfalls noch zu einer kühlen Betrachtung der Situation fähig gewesen wären. So lässt sich ein Student der Soziologie, also ein künftiger Drahtzieher im Marionettentheater der Gesellschaft, zu folgender Entgegnung hinreißen:

Was haben denn die armen Teufel verbrochen? Sie haben lange Haare. Na und? Hatte Jesus nicht auch? Sie sind dagegen, dass Menschen Menschen töten, sie sind dagegen, dass mit Napalm und Vergasungen die Hölle auf Erden wahr gemacht wird. Diese Opposition ist aber bei uns strikte untersagt, denn die Rüstungsindustrie macht bei allem Elend doch ein sehr rentables Geschäft. Ein paar Idealisten haben seriös über den Weltfrieden nachgedacht und ihrer Meinung auf Transparenten Ausdruck gegeben. Doch schon werden sie als Kommunisten verschrien. Gangstermäßig verkleidete Füdlibürger reiten hoch zu Ross eine Attacke gegen unschuldige Demonstranten, wobei einer von einem Hufschlag verletzt worden ist. So weit ist es also in unserer sauberen Schweiz gekommen, in der am ersten August landauf, landab von der Freiheit geschwafelt wird.

Auch dieser »junge Mann« hätte recht, wenn er wüsste und es mitklingen ließe, dass das »seriöse Nachdenken über den Weltfrieden« unter dem Einfluss des geklauten Ehrenweins beinahe zu einer Landpartie in Unterhosen geführt hätte und dass der Unterrock von Astrid Schleißheimer, bevor er einer seriösen Meinung zur übersichtlichen Darstellung verhalf, häufig und verschiedener Sperma-Flecken wegen gewaschen werden musste. Hier beginnt tatsächlich der Krieg, in der Zeitung, der gefährliche Krieg der Meinungsmanipulation. Da wir nicht mehr zur Darstellung, sondern nur noch zur Interpretation fähig sind, vergewaltigen wir hüben und drüben tagtäglich die Ereignisse, machen aus einer Birne einen Apfel und verkaufen den Saft als Traubensaft. Wenn ein paar hergelaufene Brüder der Polizei mal eins auswischen wollen, kämpft in den Augen der einen die Jugend für die Freiheit und besiegt in den Augen der andern die heilige Ordnung das Chaos. Hier, wo wir die Nuancen verwischen, absichtlich vergessen, Details vor andern über Gebühr hervorheben, ein Wort zu scharf wählen, wo wir für das Gegenteil eine milde Umschreibung finden, hier beginnt der Krieg, der kalte Krieg, der mit dem Kältetod des freien Denkens endet. Der Krieg der Schlagwörter, der Euphemismen und Übertreibungen, der Verballhornungen und Schönfärbereien. Das Wort ist eine Waffe, die Sprache eine Macht. Ein Kadett, der seiner Freude am Schießpulver unterliegt, ist ein armer Teufel. Ein Erwachsener, sofern er sich von Sätzen blenden lässt, ist rettungslos verloren, weil wir nichts Besseres auf der Welt haben als unsere Sprache. Und wer wehrt sich gegen die Aufrüstung in der Sprache, wer verbietet die Ausfuhr von blinder Munition? Dass die Menschheit ohne Krieg nicht leben kann, ist traurig, dass sie aber über dieses Phänomen nicht anders als in Schlachtrufen nachdenken kann, macht sie zum Gespött ihrer selbst. Der Krieg der Vietnamkriegsgegner gegen die Vietnamkriegsbefürworter ist mindestens so schlimm wie der Krieg selbst, denn er offenbart die Ohnmacht unserer Gehirnzellen, er beweist, dass es keine Information, sondern nur Interpretation gibt, keine Tatsachen, sondern nur Meinungen. Wie wissen nicht einmal mit tödlicher Sicherheit, ob dieser Krieg überhaupt stattfindet. So hilflos sind wir gegenüber der Wirklichkeit. Wenn einer dafür ist, weiß ich genau, dass er ein Mörder ist, ein Mörder an den Argumenten, die dagegen sprechen und umgekehrt. Ist er halb dafür, halb dagegen, dann hört man ihn nicht mehr, weil unsere Sprache nur noch Schwarz und Weiß kennt. Und wenn er gar keine Meinung hat, was allenfalls noch das Beste wäre, wird ihm früher oder später eine aufoktroyiert. Ein weißes Taschentuch bekommt so oder so Flecken, und sei es auch nur vom Waschen. Der Krieg beginnt in der Sprache. Also auch hier.

Es war einmal ein hohler Zahn, genannt Stockturm, der sich an einem strahlenden Jugendfestnachmittag, während vom Schachen herauf Schlachtgetöse an seine stocktauben Ohren drang, in brütendem Halbschlaf seine Geschichte durch den Kopf gehen ließ, weil er eine historische Rolle zu spielen hatte. Da die Altstadthäuser um diese Zeit nichts zu tun hatten, ließen sie sich vom alten Sagen-Peter, wie er unter ihnen genannt wurde, willig in eine mittelalterliche Biographie verstricken. Ich, Arbogast Rupprecht Pankratius Stockturm, muss der Sage nach mit der Stadtgründung zusammenhängen und reichte ursprünglich nicht höher als die heutigen Buckelquader. Von Beruf bin ich ein

Wahrzeichen oder Symbol. Dank dem glücklichen Verhältnis des unteren zum oberen, zurückspringenden Teil und zum spitzen Zeltdach mit aufgesetztem Glockentürmchen eignet mir trotz aller Wehrhaftigkeit etwas Schlankes und Hochgemutes. Von der Straße bis zur Spitze messe ich gut und gerne sechzig Meter. Die Mauerdicke unten beträgt vier Meter. Zehn Stockwerke zwangen den Turmwächter, der bis 1876 seinen Dienst versah, neunmal zu verschnaufen, bis er seine schmucke Wohnung erreichte. In der Kugel unter der Wetterfahne findet ihr, sofern euch das interessiert, Tageszeitungen vom 11. Oktober 1935, Fotos eurer vielgerühmten Giebelfassaden, Briefmarken, Münzen und alte Dokumente, darunter ein versiegelter Brief des Inhalts: Es war einmal ein hohler Zahn, liebe, dumme Altstadthäuser. Ihr träumt jahrhundertelang davon, ein Turm zu sein, dabei ist eine Turmexistenz wahrlich kein Schleck. Wehrturm, Wachturm, Wahrzeichen und Gefängnis in einem zu sein, ist ein undankbares Geschäft. Das Symbol der Stadt der schönen Giebel, meine Lieben, ist ein Gefängnis. Kritzeleien an den Wänden zeugen von meinem früheren Innenleben. Ein Ungemach erlaubte den Gefangenen weder zu kauern, noch aufrecht zu stehen, noch ausgestreckt zu liegen. In dieser Haltung, die sich zur Strafe auf die Aarauer übertragen hat, durften die Gefangenen darüber nachdenken, weshalb sie hier waren. Ihre Gedanken waren entsprechend weder krumm noch gerade, weder hoch noch niedrig. Das Wahrzeichen dieser Stadt ist ein Ungemach. Meine bossierten und randgeschlagenen Quader, meine kunstvollen Schartenfenster, die von Meister Hans Leu gemalte Sonnenuhr und letztlich das engelsreine Carillon, alles Lug und Trug, rustikale Schönfärberei. Euer Turm ist eine zehnstöckige, mittels einer Schneckentreppe erreichbare Lüge. Im Herzen dieser Stadt liegt das Ungemach. Die Aarauer haben es zu einer Toilette umgebaut. Ob ich von den schmachtenden Gefangenen im Ungemach oder von den Schwulen in der Toilette erzähle, ist einerlei. Beide Sorten teilten und teilen mir ihre Nöte in Form wilder Kritzeleien mit. Ich bin inwendig tätowiert mit dem ganzen Elend dieser Stadt, und wer Augen hat, zu lesen, der lese. Als anstelle der heutigen Toilette noch das Ungemach bestand, diente es vor allem dazu, Freidenkern und Ketzern die geistige Turnerei am Trapez auszutreiben. Wer einen revolutionären Gedanken hatte und ihn verwirklichen wollte, der schmachtete so lange in dieser verqueren Lage, bis er seine Fingernägel stumpf gekritzelt und seinen Freigeist geknebelt hatte. Ich erinnere an den ersten Aarauer Revolutionär, den Ritter Keilbert. Er wagte es, im Turm Rore den Grafen von Kyburg vorzuschlagen, sie sollten die eben gegründete Stadt nicht Aarau nennen, sondern Hertenstein. Au an der Aare deute auf fruchtbares Wiesland. Eine Stadt auf einem Felskopf könne aber nie und nimmer Fruchtbarkeit für sich in Anspruch nehmen. So hart wie der Felskopf seien später die Köpfe der Ratsherren. Und wer wisse, ob dieser Felskopf nicht ein gigantischer Findling, die Stadt infolgedessen nicht ein Findelkind sei. Alle fruchtbaren Städte, führte er weiter aus, lägen unmittelbar an Flüssen. Aarau aber verzichte auf diese schöpferische Nähe und baue auf Stein statt auf Wasser. Es sei buchstäblich eine danebengeratene Stadt. Aus dieser Wehrhaftigkeit, prophezeite Ritter Keilbert kühn, werde man später das Recht herleiten, mitten in die Stadt eine Infanteriekaserne zu pflanzen und sie zu einer militärischen Hochburg zu machen, während eine Stadt am Wasser die Minnesänger und später die großen Stromdichter anlocken würde. Urururenkel werden es noch erleben, schloss er heiser, dass in dieser Stadt mehr geschossen als gesungen wird. Das fruchtbarste Wiesland, die Au, wird für Schützenstände missbraucht werden, die künftigen Aarauer werden Schützenkönige, aber keine Dichter und Philosophen stellen. Ein geistiges Vakuum wird diese Stadt zu einem hohlen

Zahn machen, den kein Zahnarzt der Welt unschädlich machen kann. Für dieses mutige Orakel büßte der brave Ritter Keilbert an die siebenzig Jahr im Ungemach meines zweiten Kellergeschoßes, und er hatte drei Generationen lang Zeit, an einem Wort zu feilen, das man damals noch nicht gekannt hat, das aber heute mit »Scheiße« zu übersetzen wäre. Die Aarauer wussten nicht, dass sie ihm in unserem Jahrhundert mit dem Pissoir und der Stehscheiße ein zwar verspätetes, aber immer noch hochsymbolisches Denkmal setzten. Bei Wasser und Brot lernte er das karge Klima kennen, das er vom Felskopf her hatte ableiten wollen, das Klima des Ungemachs, und sein ununterbrochen gemeißelter und geschriener Fluch vererbte sich auf alle späteren Generationen. Kein Aarauer, der nicht so oder so im Ungemach schmachtet, dessen aufrechter Gang nicht tief gebeugt wird. Im Übrigen hatte ich während sieben Jahrhunderten nicht viel zu tun, denn man fand es nur selten nötig, die erbärmliche Stadt Aarau zu erobern. Außer den Renovationen musste ich keine Schmach über mich ergehen lassen. Immerhin sei meinem Mentor, dem Lokalhistoriker und Redaktor Barzel zuliebe, gestanden, dass wir, die Stadt und ich, im trockenen Sommer 1653 ein paar bange Tage erlitten. Die Bauern murrten wieder einmal, weil unsere Herren, die Berner, abgewertet hatten, und drohten mit einem Dreschflegelaufstand. Weil Aarau damals noch kein Stadtzentrum, keine Infanteriekaserne hatte, beschlossen die Herrschenden, den Unterdrückten eine Besatzung vor die Nase zu setzen, und wählten dazu eine strategisch höchst wichtige Nase: den Aarauer Felskopf. Die Bauern rochen Lunte und läuteten mit ihren Kuhglocken Sturm, bevor das Häuflein Basler und Elsässer noch den ersten Fuß auf die Aarebrücke gesetzt hatte. Ringsum auf den Höhen loderten die Wachtfeuer, und mein armer Turmwart musste ununterbrochen ins Hörnchen blasen. Die Proletarier aller Gaue hatten sich wieder einmal vereinigt, um den Aufstand zu proben. Der permanent tagende Rat der Stadt Aarau blickte hilfesuchend nach oben, das heißt zu mir herauf. Wenn das Korn in jenem Sommer nicht so schön gestanden wäre, was wiederum nur ich sehen konnte, hätte Aarau ein unfreiwilliges Schützenfest erlebt. Doch nach getaner Feldarbeit wurden wir trotzdem regelrecht belagert, der Stadtbach wurde uns abgestellt, rings in den Stoppelfeldern wimmelte es von kriegerischen Bauern. Schon sahen wir sie das Schlachtgebet verrichten, als ich meinen drei Vornamen gerecht zu werden versprach und mit verwandtschaftlichen Beziehungen auftrumpfte. Mein kleiner Bruder unten an der Stadtmauer, der Pulverturm, der zum heutigen Jugendfest einen neuen Helm erhalten hat – Redaktor Barzel hat dieses Ereignis in seinem Aufsatz »Helm auf!« gewürdigt –, erhielt in dieser historischen Stunde von mir den unmissverständlichen Befehl: Helm ab! Der Pulverturm dachte zuerst, er habe nicht recht gehört, denn die Stadtwache war eben daran, das Pulver sackweise in den Wehrgang hinaufzutragen. Helm ab, rief ich ihm zu, verstehst du denn nicht? So unlogisch dieser Befehl kurz vor dem Ansturm der Bauern klingen mochte, so folgerichtig war er in der Turmlogik. Ich nahm ein paar Sonnenstrahlen, die sich gerade an der Sonnenuhr vergreifen wollten, bündelte sie und warf sie durch das hängende Monokel des Pulvermeisters derart intensiv werbend auf einen Papierwisch, dass nicht nur das Monokel, sondern auch der Pulvermeister mit seinen Mannen ihrer Funktion enthoben wurden und der obere Teil des Turms mit einem Mordskrach in die verblüffte Luft flog. Die Bauern, solches hörend, schoben den Knall den Mörsern der Elsässer in die Schuhe und machten sich buchstäblich aus dem Staub. Doch die Rauchwolke vernebelte die umliegenden Fluren dergestalt, dass sie in ihre eigenen Sensen und Sicheln liefen und, da sie den Feind auf den Fersen glaubten, ein blutiges Gemetzel gegen die Artgenossen entfesselten. Der Pulverturm und ich, wir ließen den Rauch nicht eher abziehen, bis sich die Bauern mit Stumpf und Stiel ausgerottet hatten und die Landschaft rund um Aarau ein rotes Leichenfeld war. So verlief der Bauernaufstand von 1653 im Bauernblut, und noch tagelang floss der Stadtbach blutrot über unsere Mühlräder.

Aber, lieber Onkel Stockturm, klagten nach dieser Mär die schönen Giebel, warum erzählst du uns am Jugendfest solche Schauergeschichten? Der Blutbann auf unsern Fahnen wird ja bleich vor Ohnmacht. Der Stockturm wackelte gutmütig mit dem spitzen Zeltdach und antwortete: Damit ihr begreift, weshalb es am Jugendfest bei uns knallen muss. Weil sich die Alt-Aarauer sehnsüchtig an die gute alte Zeit erinnern, als man noch richtig töten durfte. So richtig Aug um Auge, Zahn um Zahn, und den Totentanz nicht als Wunschtraum an meine Wand malen musste. Damals ging Freund Hein noch mit der Sense um, heute meldet er sich nur noch ab und zu im politischen Teil der Tageszeitung. Solche Weisheit von sich gegeben habend, sank der Stockturm wieder zurück in seinen dösigen Dämmerschlaf und gab mit seiner Schönwetterfahne dem Fest ein lässiges Zeichen: Seinesgleichen geschehe weiter.

Die Stadtkirche, die natürlich nicht zugehört hat, was sie von den Pfarrherren gelernt hat, die zwei Mäuler und ein halbes Ohr haben, zeigt auf vier Uhr. Pulverdampf und weißer Staub liegen über dem Schachen. Ab und zu verkündet ein Schnellzug auf dem Damm, dass das Leben auch ohne die Aarauer weiterrolle. In der Badeanstalt immer noch Hochbetrieb. Vor den Altstadtkulissen funkeln die Autos in der gleißenden Sonne, und auf dem Festplatz, wo üblicherweise der Zirkus gastiert, rummelt die Budenstadt. Die Sonne brennt erbarmungslos auf die Zeltdächer. Schon von weitem hört man das Sirren, Klingeln und Tuten, vorerst ein in sich kreisender Lärm, aus dem sich ab und zu eine aufheulende Sirene und Schlagerfetzen herauslösen.

Beim Näherkommen zersetzt sich der Lärm in seine Bestandteile, und das weiße Gewimmel nimmt Beine, Arme, Köpfe an. Tausende von Jugendfestkindern tummeln sich zwischen den Buden, greifen dem Alligator der Illusion in den plachenbespannten Rachen. Das Geschrei der Kinder, welches das Geschrei aller Pausenplätze der Stadt ist, setzt sich durch gegen die überdrehten Lautsprecher, aus denen metallische Frauenstimmen zur neuen Fahrt aufrufen. Die Musik der verschiedenen Buden verzahnt sich, und aus dem tosenden Durcheinander hört man hin und wieder eine bekannte Melodie heraus. Grelle, stampfende Drehorgelklänge und wummernde Beatrhythmen, süßer Schlager-Likör und pölkende Wiener Walzer. Dazwischen, darunter oder darüber die Geräusche der Bahnen, das Rasseln und Rattern der Achterbahn-Loren, das Zischen der hochgepressten Flugzeuge, das Sausen der Himalaya-Schlitten, das Holpern der Putschautos, der harte Anschlag der Lukasglocke. Schwer hängt der Geruch gebrannter Mandeln in der Luft. Obwohl es noch hell ist, jagen Lichtreflexe in feistem Rosarot, Honiggelb und Eukalyptusgrün die Kartonwände hoch. Auf den Zinnen der burgähnlichen Geisterbahn führen Ungeheuer ruckende Bewegungen aus. Ein Gorilla mit kohleglühenden Augen schwingt das Henkersbeil, und eine Vogelspinne lässt sich an ihrem Faden auf und ab. Am Nachmittag gehört die Budenstadt nur den Kindern. Sie sitzen dicht gedrängt in den Holzkutschen, tauchen schreiend in die Geisterbahn ein und kommen bleich oder gerötet, mit zerzausten Haaren auf der andern Seite wieder heraus. Manchmal hockt der Gorilla auf einem der Wägelchen und umarmt mit seiner Pranke die Kinder, die sich vergeblich zu befreien versuchen. Die Kinder bewegen sich hastig von Bude zu Bude, wie im Hexenwald von Baum zu Baum, als hätten sie den gestreuten Steinchenweg verloren. Auf dem steilen Steg der Himalaya-Bahn drängeln sich die weißen Buben und Mädchen so dicht, dass man immer Angst hat, sie werden von der Wagenschlange erfasst. Die glimmerbesetzten Schlitten sausen durch ein Winterparadies, Berg und Tal, auf den Kartons des Tunnels, der die Schlange zur Hälfte verschluckt, ist ein tief verschneites Dorf gemalt. In der Mitte unter dem Zeltdach hängt eine Kugel aus Spiegelchen, die sich dreht und, wenn die Scheinwerfer unter heulenden Sirenen verlöschen, märchenhafte Lichtflocken auf die Plache schüttet, welche das Gestänge der Wagen abdeckt. Gekonnt, mit artistischer Sicherheit springen die Kassiere, die schwarze Blusen und gorgonzolagrüne Halstücher tragen, in voller Fahrt auf oder ab. Sie trippeln seitlich der Schlitten auf dem Bretterrost, nur die sausenden Trittbretter vor Augen, und jucken mit großer Rücklage auf, drehen den Körper sofort einwärts und liegen über dem Schlitten, die Beine wie Ruten gekrümmt. Je höher die Geschwindigkeit, desto flacher liegen sie, schäkern mit kreischenden Mädchen. Oft stehen sie mit dem Rücken gegen den Schlitten, verschränken die Arme und blicken verzückt unter den sausenden Zelthimmel. Das farbige Gewitter der wechselnden Scheinwerfer jagt über ihre Gesichter. Sie müssen in diesem Augenblick das Glück vollkommener Körperbeherrschung verspüren. Mitten in der schlingernden Fahrt springen sie wieder ab, um das eingezogene Geld an der Kasse abzuliefern, die sich an der höchsten Stelle des Holzaufbaus befindet, vor der Tunneleinfahrt. In der Senkung hüpfen sie vom Trittbrett, weit nach hinten gelehnt, und kommen nach ein paar auslaufenden Schritten oben beim Kassahäuschen sicher zum Stehen. Vor allem halbwüchsige Mädchen besetzen die Schlitten, lassen sich von der Fliehkraft an die Außenwand drücken. Ihr Haar weht im Fahrtwind, sie kreischen und kichern, wenn sie von einem der Kassiere besprungen werden. Die Mutigen lehnen sich zurück, ein ähnlicher Schwindel, wie wenn man beim Schaukeln die Augen schließt. Um die alten Karussells drängen sich die ganz Kleinen. Pferdchen sieht man nur noch selten, Pferdchen werden auch eher von romantischen Lehrerinnen geritten als von Kindern. Sie stehen dort, wo die Knabenträume aufmontiert sind, ein knallrotes Feuerwehrauto mit einer ausziehbaren Leiter und goldener Glocke, Motorräder mit verchromten Zylinderchen, ein Helikopter und das blaue Tram, in dessen Führerkabine man auf den Klingelknopf treten kann und das zum Festplatz fährt. Da sitzen sie mit glänzigen Augen auf den kleinen BMWs und können es nicht fassen, dass die kleinen Sättel wirklich federn und dass das Anlasserpedal nachgibt, das kindersüße Glück, am Verkehr der Erwachsenen teilzunehmen, wenn auch dieser Verkehr nur im Kreis herumführt, die Sehnsucht, motorisiert zu sein, um nicht auf dem Bauch durch die endlosen Jahre nach oben kriechen zu müssen. Und mir kommt, wenn ich mich in diese Bauchlage zurückversetze, die erste Geschichte in den Sinn, die mir der Vater erzählt hat, während ich auf seinen Knien herumrutschte. Es war einmal ein hohler Zahn, begann mein Vater, in diesem Zahn war ein Briefkasten und im Briefkasten ein Brief und im Brief stand: Es war einmal.

Es war einmal ein kleiner Knabe, der ging mit seinem Vater auf den Jahrmarkt. Auf dem Markt befand sich ein Karussell mit schneeweißen, rot gesattelten Pferden und schaukelnden Sänften. Der Vater hob den Jungen aufs Pferd und sagte: Versuch, den goldenen Ring zu erwischen. Der Knabe lehnte hinaus, doch er erreichte den Ring nicht. Immer schneller drehte das Karussell, immer schneller flog das Gesicht des Vaters vorbei, und seine schwarzen Haare wehten im Wind. Immer weiter lehnte der Knabe hinaus, und als er den Ring beinahe erwischt hätte, schleuderte es ihn vom Pferd. Er schlug den Kopf an einem großen Sockel an, hatte ein Loch und blutete stark. Da nahm der Vater den Knaben auf den Arm und kaufte ihm als Trost einen blauen Ballon. Er setzte ihn auf das Sesselchen hinten auf dem Fahrrade und fuhr nach Hause. Unterwegs aber begann der Ballon zu rinnen, das Gas strömte aus. Da weinte der Knabe, und der Vater hielt an, um den Ballon wieder aufzublasen. Doch das Gas strömte in seine Lunge. Der Ballon wurde größer und größer, aber der Vater bleicher und bleicher, bis er ohnmächtig vom Fahrrad fiel und den Kopf an einem Randstein anschlug. Der Knabe wollte den Ballon fliegen lassen, weil er glaubte, er könne damit seinen Vater retten, aber der Ballon flog nicht mehr, und der Vater blieb tot am Straßenrand liegen. Diese Geschichte konnte ich nie genug hören, immer sagte ich: Noch einmal, bitte, noch einmal. Und der Vater begann von vorne. Wenn er müde wurde und Einzelheiten vergaß oder ein Detail anders ausschmückte als zuvor, fragte ich: Warum? Warum hat der Knabe den goldenen Ring zuerst in der fünften Runde beinahe erwischt und jetzt in der sechsten Runde? Warum war der Ballon blau und ist jetzt rot? Was stimmt, welches ist die Wirklichkeit? So kam es immer dazu, dass ich am Schluss dem Vater die Geschichte erzählen musste, so, wie sie wirklich im Brief stand, so, wie sie wirklich war. Und der Vater sagte ermüdet, das kommt doch nicht darauf an, ob der Ballon blau oder rot sei, und ich entgegnete hartnäckig: Doch, denn wenn der Ballon schon in der Geschichte einmal blau, einmal rot ist, welche Verwirrung entsteht dann erst außerhalb des Briefkastens! Wenn dann der Vater sagte: Meinetwegen, so ist er halt blau, war ich immer noch nicht zufrieden. Nicht meinetwegen, lieber Vater, sondern todsicher. Entscheide dich für blau oder rot. Blau und rot zugleich vor Wut wollte der Vater den Ballon ganz weglassen, und ich begriff: Auf einen Ballon mehr oder weniger am Jahrmarktstand kommt es nicht drauf an, aber ein weggelassener Ballon in der Geschichte kann das Ganze verderben. Es war meine erste Geschichte. Sie begann mit: Es war einmal ein hohler Zahn. Alle Geschichten beginnen mit einem Schmerz, beginnen damit, dass man zum

Zahnarzt läuft oder selber einen Faden um die Astgabel schlingt oder um die Türfalle knüpft und die Tür vom Wind zuschlagen lässt, dass der Briefkasten sichtbar wird.

Es war einmal ein sauer-süßlicher Weltschmerz, der den Gymnasiasten Günter Frischknecht an seinem achtzehnten Geburtstag, der wie immer mit dem Jugendfest zusammenfiel, im Toilettenungemach des Stockturmes am hohlen Zahn verzweifeln ließ. Die Tochter des besten Zahnarztes der Stadt, Isabelle von Arx, hätte ihn mit einer Spritze betäuben können, die der Volksmund, der selber häufig zum Zahnarzt gehen muss, Liebe auf den ersten Blick heißt. Da diese Spritze ausblieb, trat Isabelle von Arx in Geschichten und noch häufiger in Träumen auf, meistens in der Gestalt einer Dentisten-Gehilfin im engen, hochgeschlossenen weißen Mantel. Sie hängte ihm den Speichelsauger an die Unterlippe und füllte Wasser nach zum Spülen. Jedermann weiß, dass Zähne in Träumen Symbole für die innerste Substanz des Menschen sind, dass Zahnträume mit der Lebenserhaltung zu tun haben, weil sich unsere Vorfahren mit dem Gebiss durch die Welt schlugen. Ausfallende Zähne deuten auf Degeneration, Karamellen im Mund auf Ausdrucksschwierigkeiten. Weder Isabelle von Arx noch die Psychologie holten Günter Frischknecht an jenem verregneten Jugendfestmorgen vor zehn Jahren aus der Stockturmtoilette, er selber musste sich befreien, indem er sich in den Taumel der Illusionen stürzte. Wir schlagen ihm folgendes Programm vor: Ein zerknirschter Spaziergang der wasserreichen Aare entlang, Selbstmordgedanken, wie sich das gehört nach einem solchen Fiasko. Meditation auf einer nassen Bank, Ansätze zu ersten Gedichten. Hinüber auf die Insel, wo die Papageien ihn verspotten. Selbsterkenntnis ratenweise, im Großen und Ganzen auf den Nenner zu bringen: Ich bin nichts wert, folglich ist die Welt auch nichts wert. Selbstverachtung, die in Weltverachtung mündet. Das Leben einmal mehr als schlecht inszeniertes Drama ohne Regisseur. Zunehmende Aufhellung am Himmel, damit der Tanz abends im Freien stattfinden kann. Gelegentliche Halluzinationen, Isabelle von Arx tauche als Nixe aus dem Wasser auf und ziehe ihn an ihren glitschigen Schuppenleib. Eine Tüte Magenbrot als erste Botschaft an den ausgepumpten Magen. Das Magenbrot bleibt, das Leben geht also weiter. Ein paar Stiefelchen Schnaps in der Schachenkneipe, die fast menschenleer ist. Ein Abschiedsbrief an Isabelle von Arx, der kaum geschrieben, zerknüllt und dem Feuer im Aschenbecher übergeben wird. Mit dem Einnachten betrunkenes Abtreiben in die Budenstadt mit dem geheimen Wunsch, einem leichtsinnigen Mädchen in die Arme und ins Bett zu laufen. Bevor wir aber Günter Frischknecht, den Gymnasiasten, in die Budenstadt treiben und einen weiteren Umschlag im Briefkasten öffnen, der wiederum eine Geschichte enthält, eine Groteske aus dem Tagebuch des Gequälten, werfen wir noch kurz einen Blick auf das vielfältige Festgeschehen in der Gegenwart.

Nach Redaktor Barzel – er ist der Maßstab aller Dinge – ist es recht schwierig, an einem Jugendfestnachmittag die Übersicht über das bunte Treiben nicht zu verlieren. Ein Fest muss übersichtlich sein, sonst fühlt man sich nicht mehr mittenmang. Auf der unteren Schanz führen die Erstklässler ihre Singspiele auf und klatschen in die teils niedlichen, teils patschigen Händchen. Die Lehrerinnen geben sich Mühe, die zuschauenden Eltern vom höheren und musischen Sinn ihres Berufs zu überzeugen. Im Schachen geben sich die Kadetten nach erfolgreichen Manövern harmloseren Spielen hin. Jägerbälle klatschen von krummen Rücken ab, Handbälle finden nach endlosem Hin und Her die Maschen, Seile lassen bald da eine Gruppe ins Gras purzeln, bald dort eine ebensolche in dasselbige beißen. Mädchen versuchen, Sportlichkeit mit Anmut zu paaren, und werfen Körbe, das Prinzip einer sinnvollen Mannschaftsaufstellung auf dem Feld demjenigen der Freundschaft unterordnend. Die Kadettenmusik spielt zu den Tänzen der Sekundarschülerinnen unter dem Motto »Von der Wolga bis zum Mississippi« auf. Und auf der oberen Schanz, wo das Bankett über die Bretter gegangen war, drängen sich sämtliche Schüler der Stadt Aarau klassenweise um die berühmte Jugendfestwurst, die nichts mehr mit Charcuterie gemeinsam hat, sondern bereits eine entlöhnende Vorform des Banketts darstellt. Lohn wofür? Dass man den Staat ein volles Jahr lang ertragen hat. Von den Kneipen wanken die Kolorierten nach Hause, um bis am späten Abend ihren Rausch auszuschlafen und um ihren Besen mehr als nur ein Bierleichengesicht präsentieren zu können. Die sogenannten Erwachsenen schlagen die Zeit je nach Lust, Laune und Begabung tot. Mancher Familienvater krempt die Hemdsärmel hoch und greift mit sonntäglicher Gelassenheit nach den Jasskarten, manche Hausfrau, die zwar sonst nie Karten spielt, lässt sich, weil's Jugendfest ist, zu einem Spielchen verführen. Weißwein wechselt vom Keller in die Niere. Die Seminaristinnen, sofern sie nicht schon hübsch genug sind, belegen immer noch die Badezimmer und proben den Schmuck ihrer Mütter. Ein einsamer Kantischüler spielt Mundharmonika auf dem Sims seines Mansardenfensters. Redaktor Barzel schreibt an seinem Artikel »Die letzte Schlacht ist noch lange nicht geschlagen«, die Freischaren schminken sich ab, das Jugendfestdetachement der Verkehrsdirigenten hat Schichtwechsel, die Professoren korrigieren, teils noch im Frack, die letzten Aufsatzhefte und lassen sich zu milden Noten verlocken, männiglich bemüht sich, die Fallmaschen eines Festes aufzufangen. In der Gartenwirtschaft der Schachenbeiz herrscht Hochbetrieb. Unter den Linden wird gesungen und geschunkelt, Hunderte von Bratwürsten verlassen den Grill noch im Pubertätsalter, also bleich und picklig. Bier und rote Gesichter, fluchende Serviertöchter. Nur im Hinterhof des Ateliers an der Pophalde tut sich Außergewöhnliches. Die Jünglinge haben sich von ihrem Schrecken erholt und haben sich erstaunlich rasch mit der neuen Rolle des Märtyrers abgefunden. Die Wirkung des Ehrenweins lässt allmählich nach, die Gehirnzellen erholen sich und füllen sich mit Ideen an, die sich alsbald zur Idee des Tages vereinigen. Süßholz, Rachenbalz, Dudelsack und Horner, nicht zu vergessen Astrid Schleißheimer und ein Anhang von entgleisten Kantonsschülern, die sich an der Sonne des Zynismus von den Strapazen der Konsumgesellschaft erholen, lagern in Bade- oder Unterhosen um einen Zuber abgestandenen Wassers und beraten, wie man dem Dingsbums-Trallala beikommen könnte. Sie sind unserer Gesellschaft doch so weit verpflichtet, dass sie ihren Spaß am Jugendfest haben wollen, wenn auch in Anti-Form. Ein ganz toller Schuss wird erfunden. Wir basteln. Sprechblasen steigen von den Mündern auf. Die Gesellschaft bastelt am Fest, sagen wir: am Krieg. Sagen wir: Krieg und Jugendfest identisch. Hier nicht nur Beginn des Krieges, hier: totaler Krieg. Festverweigerer sind Kriegsdienstverweigerer. Wie macht man sich mitten im Kanonendonner hörbar? Mit einem Schuss. Wir basteln. Wie leben in der Hochblüte der Bastelkultur. Mami, Papi, Bubi, alle haben ihren Bastelkasten. Wir halten der prostituierten Gesellschaft ihren eigenen Schwanz entgegen. Das ist es. Schwanz gegen Schwanz. Wir feuern eine Ejakulation ab. Ein Warnsignal der Potenz an die Impotenz. Lasset uns beten, das Einmaleins des Feuerwerks. Wir nehmen ein Bündel Raketen und bauen damit einen Schwanz. Wir verlegen Schwanzzündschnüre. Ein Schwanzgitter wird mit Schwanzzeitungen überzogen, eine Schwanzfarbe wird gemischt, ein süffiges Rot. Ja, rot muss der Schwanz sein, rot von den Manipulationen, denen wir ausgesetzt sind. Wir sind uns unserer Symbolik bewusst. Alle sagen es im Chor dem Dichter Dudelsack nach: Wir sind uns unserer Symbolik bewusst.

Und weiter leiert der Vorbeter seine wächserne Litanei. Der Schwanz wird mit Pinseln bemalt, zwei Meter hoch ragt er geil aus dem Hof. Wir strecken aus dem Vorhof unserer Werkstatt den Festbrüdern einen Schwanz entgegen, Richtung Schanz. Schwanz gegen Schanz. In den Hoden staut sich die Potenz. Alle schreien es im Chor: In den Hoden staut sich die Potenz, hurra! Um die Seminaristinnen zu schonen, stülpen wir dem Schwanz ein Präservativ aus Seidenpapier über, einen Gefechtspariser. Der Schwanz steht ohn' Unterlass. Er steht und steht und steht. Wem steht er? Er steht der Stadt. Ein Schwanz als Wahrzeichen der Stadt der schönen Giebel. Wir sind nur die Vollstrecker, die Masturbateure. Wir reizen ihn mit Zündschnüren. Wir wichsen ihm einen ab. Astrid ruft begeistert dazwischen: Ich nehm' ihn in den Mund und putze mir die Zähne damit. Die andern wiederholen: Sie nimmt ihn in den Mund und putzt sich die Zähne damit. Aber keine Zahnpasta quillt heraus. Er krepiert funkensprühend und sterneschleudernd Richtung Schanz, der Schwanz. Er durchstößt das Präservativ und spritzt den verhurten Schoß der Konsumgesellschaft voll. Er befruchtet faule Eierstöcke, und das Resultat wird sein: ein abgetriebenes Kind, die Revolution. Alle im Chor: Und das Resultat wird sein: ein abgetriebenes Kind, die Revolution. Wir vögeln die Stadt, hurra, wir vögeln die Stadt.

Solches planen die braven Jünglinge, die seriös über den Weltfrieden nachgedacht haben. Sie bauen sich ihr eigenes Fest, das ist ihr gutes Recht. Und so wird die Stadt am Jugendfest doch noch zu ihrem Feuerwerk kommen. Dass Aarau nie ein Feuerwerk hat, mag am Pulverturm liegen, dessen Knall den heutigen Generationen noch schwach in den Ohren liegt. Während auf den Festplätzen seinesgleichen geschieht, macht die Pophalde keine Ausnahme, nur geschieht es dort englisch: *it happens*. Der goldene Schuss. Man hätte auch ein Auto verbrennen können. Der Schuss wird die Aarauer noch einmal kurz aus dem Festschlaf reißen, wenn der Tanz auf der Schanz vom Schwanz unterbrochen wird. Doch sonst passiert nichts mehr, das Fest klingt einfach aus, verläuft sozusagen im Asphalt, denn das Tanzbein ermüdet rasch auf dem asphaltierten Schulhausplatz vor dem Zelgli-Kasten. So wenig geschieht, dass wir fast gezwungen sind, uns wieder der Vergangenheit und in ihr dem Gymnasiasten Günter Frischknecht zuzuwenden.

Heute vor zehn Jahren suchte ein weltschmerzgeplagter Verehrer von Isabelle von Arx Betäubung in der Budenstadt. Er stieg hinab ins Reich der Illusionen und erlebte, da er symbolisch begabt war, Hochsymbolisches. Er entdeckte in einer kleinen Zauberbude und nicht etwa im Spiegelsaal, dass die sogenannte Wirklichkeit eine Täuschung ist, eine bürgerliche Einbildung. Niemand kann besser schildern, was sich zutrug, als er selber. Im schwarzen Heft mit der Aufschrift »Tagebuch« findet sich eine kleine Episode, *Die Illusion* genannt. Wir rücken sie ein, wiederum mit der Randbemerkung: Bitte, kein Vorwurf, so könne man heute nicht mehr schreiben. Der dies notierte, war ein schwergeprüfter Gymnasiast am Rande seiner selbst, der beinahe zum endgültigen Verstummen geneigt hätte. Es ist ein Stück Gymnasiastenprosa inmitten von Germanistenprosa oder: ein fremder Mosaikstein in einem Mosaik fremder Steine. Es dürfte abends gegen halb zehn gewesen sein, als Günter Frischknecht nach eigenen Worten Folgendes erlebte:

LOKALBERICHT

Die Illusion

Gegen Abend klärte sich der Himmel auf, die schweren Wolkenfetzen trieben ab. Der Tanz fand im Freien statt, und der Rummelplatz wurde zum brodelnden Menschenkessel. Die Stadt erwachte aus dem düsteren Gewitterschlaf. Über den Straßen hing plötzlich ein Fahnenwald. Die festliche Menge wälzte sich in Knäueln durch die Gassen. Beleuchtete Altstadthäuser traten wie Kulissenwände aus dem Dunkel hervor. Es wurde gesungen, gegrölt. Bierflaschen sprangen auf mit einem japsenden Knall. In der gereinigten Luft hing der Geruch von Bratwürsten. Falter taumelten um die Scheinwerfer vor der Stadtkirche. Vom Rummelplatz quoll heiser überdrehte Beatmusik herauf, und von den Tanzplätzen beim Schulhaus wurden weiche Saxophonklänge in die Straßen hinausgetragen. Paare zogen eng umschlungen durch die Stadt, die Mädchen schneeweiß angezogen, mit Kornblumen im Haar, die Burschen in Schwarz, mit den weinroten, grünen oder hellblauen Kepis der Schülerverbindungen. Die Gartenwirtschaften waren überfüllt. Und überall die Grillstände. Verkohlte oder leichenblasse Würste, die in fettiges Papier gewickelt und mit einem Stück Brot teuer verkauft wurden. Zum Mitfesten fehlte mir die Lust. Ich war um die Tanzbühne herumgelungert und hatte Isabelle vom Rande aus tanzen gesehen, ohne dass ich sie gesucht hätte zwischen den Paaren. Sie war noch unwiderstehlicher gewesen als am Morgen in ihrem türkisblauen, umschleierten Abendkleid, das ihre Figur und den brünetten Teint zur vollen Geltung brachte. Die Lippen hatte sie blassrosa geschminkt. Unter dem frisch gebürsteten Haar glitzerte der Ohrenschmuck. Wohl hatte mich dieser Anblick noch hart getroffen, hatte mich ihre fürstliche Schönheit mehr denn je betäubt. Aber ich war ihr doch gewachsen. Ich hatte eine Grenze des Schmerzes erfahren, die nicht mehr überschritten werden konnte. Für ein Glas Bier setzte ich mich an einen der langen Holztische unter den Platanen, doch hielt ich es nicht lange aus in dem Treiben, das mich anekelte.

Bierkrüge wurden geschwenkt, Bierlachen stanken wie bei einer Kneipe. Schwitzende, mürrische Serviertöchter wackelten zwischen den Tischen hindurch. Unter ihren Armen zeichneten sich ganze Erdteile von Schweißflecken ab. Überall wurde gesungen, gegrölt und gezecht. Ein Künstler mit schwarzem Schnauz, der sich eine bunt gescheckte Krawatte umgebunden hatte, führte wilde Kapriolen auf. Es war ein Oktoberfest mitten im Sommer, schunkelnde Bankreihen, aufgedunsene, rote Münder, tränenselige Augen, Frauen, eingekeilt zwischen Sängergruppen, kreischend vor Vergnügen. Ich flüchtete auf den Rummelplatz, angeekelt vom Bier- und Schweißgeruch. Schon von weit oben hörte man den sirrenden, klingelnden Lärm, aus dem ab und zu Fetzen von Musik und das Aufheulen von Sirenen laut wurden, oder das harte Rollen von Achterbahnwagen, um gleich wieder unterzutauchen im chaotischen Getöse. Eine metallische Frauenstimme sprach unverständliche Ermahnungen ins Mikrophon. Beim Näherkommen löste sich der Lärm in seine Bestandteile auf, aus dem Schlagergemisch der einzelnen Stände wurden Melodien erkennbar. Die Lautsprecher waren überall zu stark aufgedreht. Dazwischen ein stumpfes Rasseln und Rattern, das Pressluftgeräusch von hochzischenden Flugzeugen, der harte Klingelton der Lukasglocke, dumpfe Hammerschläge, das Knistern der Stromabnehmer auf der Autobahn, aufheulende und abschwellende Sirenen, das Knallen in den Schießbuden wie das Platzen von Glasbirnen, Drehorgelgeleier von den Kinderkarussells. Und darunter oder darüber das grelle Stimmengewirr der Menschenmassen, die sich vor den Buden zu Knäueln stauten, heiseres Lachen, Gejohle und Gekicher, ein Gebrodel von Männer- und Frauen- und Kinderstimmen, übertönt von den metallischen Stimmen der Ansager und Kassiere, die zur neuen Fahrt aufforderten, Schreie aus der Geisterbahn, schwankend zwischen Panik und Vergnügen. Ich ließ mich treiben. Ich wollte untertauchen in diesem Durcheinander von schalen Vergnügungen und Illusionen. Ich sog den Duft gebratener Mandeln ein, der sich mit dem Geruch geschweißter Metalle von der Autobahn her mischte, mit dem verstaubten Ramsch- und Plüschgeruch in den Schießbuden, mit Schminke, Puder, Schweiß und feuchtem Grasgeruch, mit süßlichen, verwelkten Parfums. Ich kostete den hohlen Zauber bis ins Letzte aus, ließ mich blenden von Scheinwerfern, die über die rasende Wagenschlange der Himalaya-Bahn gewitterten, von den mit Spiegelsplittern besetzten Säulen, von all dem Flitter, Tand, Trompetengold und Klimborium, vom geilen Lachen in den Gesichtern der Frauen. Kein Gruseln war mir grausig genug. Ich kostete den Taucherschock auf der Achterbahn, wenn ich hoch oben plötzlich in ein Schienental stürzte und die beleuchteten Türme der Stadt, die noch eben wie Zuckerstöcke in der Nacht gestanden waren, umkippten und versanken; ich raste, an die Außenwand eines Schlittens gepresst, über die Wellen der Himalaya, in den Kartontunnel, ins Tal, in den Tunnel und wieder ins Tal; ich ließ mich von Affen streicheln in den Höhlen der Geisterbahn, Gummispinnen schnellten vor, wächserne Gespenstermasken leuchteten auf; ich holte mir Beulen und Quetschungen auf der Autobahn; ich trieb mit Hammerschlägen das Metallstück unter die Lukasglocke und verschenkte die Papierrose einer Frau im Rollstuhl; ich warf mit Bällen nach Konservendosen und hatte keine Ruhe, bis der ganze Büchsenberg hinter den Laden kollerte. Ich betäubte mich, knetete mich hinein in den verhassten Menschenknäuel. Die drahtigen Gitarrenrhythmen rupften an den Nerven, die Schussfahrten wirkten wie Drogen. Ich sah Hände, schwielige Hände, die unter Röcke griffen und sich in Schenkel krallten, tanzende Brüste unter weißen Blusen, küssende Mäuler, die schleimig verschmolzen wie Schnecken in der Begattung. Doch der Rausch machte mich immer nüchterner.

    Endlich geriet ich vor eine Bude, die ich bisher übersehen hatte. Eine syntosile, gut geschmierte, fast intim tönende Stimme lockte eine Traube von Zuhörern an. Es war ein Sprechton, der kleben blieb. Ich hatte mich langsam in diese Richtung geschoben, ohne es zu merken. Nun stand ich da, eingekeilt zwischen Neugierigen, und hörte wider Willen hin. Es war eine schwarze Stoffbude, ein Wandertheater, zwischen Achterbahn und Schiffsschaukel festgepflöckt, das seine paar Dutzend Leute schluckte pro Vorstellung. Auf der Vorbühne, neben dem Kassahäuschen, stand ein rundlicher Herr im blauen Frack. Er hatte ein weißes Taschentuch ums Mikrophon gewickelt und sprach eindringlich, mit cellophanheiserer Stimme.

»Meine Damen und Herren, Sie sehen, die Vorstellung ist gerade aus, unser Publikum verlässt das Theater. Bitte, fragen Sie zu Ihrer und unserer Reklame, was die Leute in Pellegrinis Theater gesehen und – er-lebt haben.«

Ich betrachtete die Frontseite des Theaters. Kartonwände, Seile, Plachen, schwarz. Auf beiden Seiten der Vorbühne klebten abschreckende Bilder, in grellen, glasigen Farben gemalt. Eine Schar Fledermäuse vor einem verseuchten Mond, ein Skelett in eine Pelerine gehüllt. Eine füllige Frau, die zwischen den Beinen entblößt war, wurde von einem Kreissägeblatt zerschnitten. Das Fleisch leuchtete kaltgrün und honiggelb, die Lippen stockrot. Der Budenbesitzer, der Juwelenexperte oder Verkäufer teurer Damenparfums hätte sein können, redete weiter mit seiner aufdringlichen Stimme. Die einmal aufgelegte Platte in seinem Brustkasten unter dem blauen Frack lief ohne einen einzigen Sprung ab.

»Sie sehen, unser Publikum verlässt immer noch das Theater. Aber bitte, kommen Sie näher, *signore e signori, avanti, prego, non mancare questa sensazione, pericolo non c'è*, es geschieht Ihnen nichts, bitte, treten Sie näher. Das Publikum verlässt immer noch das Theater. Unterdessen, meine Damen und Herren, stelle ich Ihnen unsern Hexenmeister Marino vor. Marino, der Zauberkünstler aller Weltbühnen, gastiert zum ersten Mal hier in der Schweiz.«

Er warf dem Zauberer seinen Namen zu wie einen Ball.

»Ma-rino! – Danke. In unserem Zwanzigminutenlangennonstoppprogramm wird Ihnen als Erstes Marino ein paar unerklärliche Tricks vorführen.«

Er bat Marino in den Vordergrund, indem er die Hand nach ihm ausstreckte, wie man Geschäftspartner zum Mittagstisch einlädt. Der Meister war schwarz gekleidet. Seine Bewegungen waren steif, als trüge er ein Korsett. Das Gesicht war schmal und knochig, wie gepresst, die Augen standen vor über den Backenknochen, Lippen und Kinn fielen unter der Nase zurück. Ein Kreidegesicht. Jemand vor mir flüsterte, er sei Hypnotiseur.

»Ja, meine Damen und Herren, Marino wird Ihnen – aber bitte, treten Sie doch näher, wir fressen niemanden auf –, wird Ihnen zuerst ein Probestücklein vorführen, bevor Sie zur Kasse gehen. Marino zeigt Ihnen das chinesische Ringspiel.«

Marino hatte aus dem Hintergrund ein Bündel Ringe geholt, tellergroße Reifen aus dünnem Nickelrohr. In der Rechten zeigte er sie dem Publikum.

»Meine Damen und Herren«, fuhr der Budenbesitzer fort – Marino sagte kein Wort –, »Sie sehen: acht chinesische Ringe. Einen, zwei, drei, vier«, Marino ließ die Ringe in die linke Hand fallen, »fünf, sechs sieben und einer sind acht. Passen Sie gut auf! Die Ringe sind absolut dicht und haben keine Öffnung. Sie glauben es nicht? Bitte, jeder Ring wird von Ihnen persönlich kontrolliert.«

Er gab einen Ring durchs Publikum, der durch die Hände wanderte und vor den Gesichtern gedreht wurde. Eine Dame in einer Nerzjacke fand nichts Besonderes. Der Ring funkelte violett im Scheinwerferlicht der Himalaya. »Bitte Platz nehmen zur neuen Fahrt!« Wieder überspülte mich der tosende Lärm, Orgelfetzen, Glockengebimmel von der Schiffchenschaukel, das Rattern und Stampfen der Achterbahnwagen, drahtige Beatrhythmen, metallische Lautsprecherstimmen, das Gejohle und Gekreische, Lachen von Frauen, das sich plötzlich umstülpte in einen Schrei, aufjaulende Sirenen. Ich suppte haltlos herum in dieser Lärmbrühe wie ein Korken.

Schon war ein zweiter Ring in Umlauf. Auch diesen prüfte die Dame im blonden Nerz, gab ihn belustigt weiter. Man tuschelte. Die Ringe wanderten hintereinanderher durch die Hände.

»Meine Damen und Herren, hier ein Ring retour aus dem Publikum, kontrolliert, verschlossen.«

Der Budenbesitzer gab den Ring Marino. Dieser hielt ihn eine Armlänge von sich wie der Löwendompteur den brennenden Reifen.

»Zweiter Ring retour vom Publikum!«

Marino hielt die Ringe dicht nebeneinander. Die Zuschauer glaubten noch an nichts. Sie lächelten oder entfernten Speisereste aus den Zähnen.

»Nun, meine Damen und Herren, passen Sie gut auf. Die Ringe sind verschlossen. Von Ihnen kontrolliert. Mit einem Schlag gegen den ersten Ring ...«

Er blickte, selber gespannt, auf Marino, wir blickten auf die Hand.

»... hat Marino die beiden Ringe ineinander. Sie werden sich fragen, meine Damen und Herren, wie hat er das gemacht, wie war das möglich. Eine Kette von zwei Ringen mit einem Schlag. Aber nicht genug. Ein weiterer Ring wird von Ihnen kontrolliert.«

Unter den Zuschauern wurden Vermutungen laut. Die Ringe hätten einen Verschluss. Man habe gesehen, wie er mit dem kleinen Finger. Die hübsche Dame im Nerz schmollte skeptisch.

»Ein weiterer Ring retour vom Publikum. Aufgepasst, meine Damen und Herren, aus drei Ringen macht Marino nun ...«

Ich schaute zur Frau hinüber, die hinter der Kasse saß. Sie hatte schwarzes Haar, einen olivbraunen Teint, knallrot geschminkte Lippen und trug ein rotes Samtkleid. Um die Schultern hing ein Überwurf aus billiger Gelbseide. Sie lächelte, gütig, spöttisch, unverwandt wie eine Maske, blickte starr an den beiden Magiern vorbei ins Publikum. Sie fixierte alle, ohne einen Einzigen anzublicken. Eigentlich blickte sie durch die Menge hindurch in die Budenstadt, durch die Zeltwände und Kartonwände hindurch in die Nacht, durch die Nacht hindurch auf den Boden einer riesigen Schale, die sie leergetrunken hatte. Ihr Blick war ein Versprechen, das nie eingelöst wurde.

»Und dies, meine Damen und Herren, ist das sogenannte magische Quadrat. Wie macht er das, wie ist das möglich?«

Vier ineinander geflochtene Ringe bedeckten die Brust Marinos, der unterwürfig vor die Füße blickte.

»Mit einem Schlag gegen den obersten Ring«, Marino hielt das Gebilde ans Licht, »entsteht – hoppla! eine Schaukel. In der Fachsprache heißt das eine chinesische Schaukel.«

Ich sagte mir, die Ringe seien keine Ringe, sondern Spangen. Und Spangen haben ihre Öffnung. Einmal müssen sie auseinanderschnappen. Magnetisch vielleicht.

»Ja, meine Damen und Herren, wie kann er das, wie ist das möglich? Aber dieses Spiel ist nur ein winziger Teil aus unserem Programm. Selbstverständlich können wir hier draußen nicht mehr zeigen. Marino wird einen von Ihnen zum Gackern bringen, jawohl, gackern wie ein Huhn, und Eier legen tut er erst noch. Aber nun, meine Damen und Herren, zur Sensation des Abends. Ich, Angelo Pellegrini, zeige Ihnen erstmals auf offener Bühne den gefährlichsten Trick auf dem Gebiete der Illusion: das Zersägen einer lebendigen Frau. Sie glauben es nicht, Sie können es nicht glauben. Mit einem Fräsenblatt aus Stahl, zweiundsiebzig Zentimeter Durchmesser, durchdringe ich den Körper dieser Frau«, er wandte sich elegant zur Kasse, wo die Frau im roten Samtkleid ihr gefrorenes Lächeln zur Schau trug, »zweiundsiebzig Zentimeter im Durchmesser und ganz aus Stahl. Es gibt immer wieder Leute unten im Publikum, die sagen, das Fräsenblatt sei aus Gummi. Bitte, überzeugen Sie sich selbst, hier in Pellegrinis einzigartigem Illusionstheater. Ganz aus Stahl, ich garantiere es Ihnen mit meiner Person. Andere Leute behaupten, dass die Frau mit einem Tuch zugedeckt werde, sodass man den Einschnitt nicht sehen könne. Aber das ist nicht wahr. Genau so, wie Sie die Frau hier außen sehen auf hell erleuchteter Bühne, genau so, ohne Schutz und ohne Abdeckung wird sie gefesselt an ihren Armen und ihren Beinen. Steif und starr liegt sie vor Ihnen. Und jetzt: das Fräsenblatt aus Stahl mit zweitausend Touren pro Minute zersägt ihren Körper durch und durch. Aber noch nicht genug. Sie können mit eigenen Augen sehen und erleben, wie das Fräsenblatt vorne eindringt, langsam das Fleisch ihres Körpers durchschneidet und hinten wieder herauskommt. Zehnmal wird das Blatt durchgeschwenkt, als wie wenn nix vorhanden wäre. Und jetzt, meine Damen und Herren, wenn Sie zwanzig Minuten lang etwas er-leben wollen, das Sie noch nie gesehen haben, zwanzig Minuten Staunen, zwanzig Minuten Spannung, dann bitteschön, kommen Sie zur Kasse, sofort ist Anfang, sofort ist Beginn.«

Die Leute drängten sich zur Kasse. In ihren Pupillen drehten sich kleine Fräsenblätter, zahnten ins Augenweiß. Ich ließ mich treiben und wurde mit zur Kasse geschoben. Zersägtes Fleisch, warum nicht.

»Jawohl, meine Damen und Herren«, die syntosile Stimme war nun dicht neben uns, »ohne Schutz und ohne Abdeckung. Deshalb sind heute Abend nur Erwachsene zugelassen. Nur Erwachsene. Bitte, schließen Sie an, sofort ist Anfang, sofort ist Beginn.«

Die Frau an der Kasse, das Opfer, riss orange Billetts mit einem olivgrünen Schrägstreifen von der Rolle. Unter dem Tischchen, das eher einem Stehpult glich, hatte sie die Geldbüchse liegen. Sie stieß mir eine Marke in die Hand. Ich erwischte einen knappen, gemeißelten Blick. Er sagte: Auch du wirst es erleben. Machst dir zwar Illusionen, denn zu sehen gibt's wenig. Natürlich, den Einschnitt. Aber du bist noch jung. In deinem Alter will man was anderes. Und der Blick sagte zugleich: Bezahlt ist bezahlt, Geschäft bleibt Geschäft.

Man trat zwei Stufen hinunter ins Zelt, in eine zum Ersticken kleine Dunkelkammer mit hell erleuchteter Bühne. Auf zertretenem Gras fanden sich zwei Bankreihen, die fast alle besetzt waren. In der vordersten Reihe drängten sich die Neugierigen Arsch an Arsch. Ihre Hinterteile quollen über das schmale Sitzbrett. Und immer mehr Leute drängten nach. Ein unrasierter Herr mit flechsigen Lippen, eine Dame, deren Fältchen unter der Puderschicht wie eine moderne Radierung aussahen, ein rundlicher Mann mit schwarzem Schnurrbart und petrolblauem Regenmantel, eine Gruppe von Motorradhelden in speckglänzenden Lederjacken, die Dame im blonden Nerz in mehrfacher Begleitung, sichtlich angeheitert. Die Bude würde vollgepfropft werden, bis sich die Plachen bauchig wölbten. Ich saß zwischen atmende Leiber gezwängt und kam mir vor wie ein Geschwür in einem riesigen Magen. Draußen die Stimme des Riesen, der uns verschluckt hatte. Einmal ist dieser Eintritt endgültig, dachte ich, und wir werden die Neugierde bezahlen müssen. Es ist nicht wahr, das Publikum verlässt nie das Theater. Es tritt aus dem kleinen Theater ins große Theater, aus der kleinen in die große Manege. Welches ist der größte Trick auf dem Gebiete der Illusion, wer kann ihn zeigen? Wer reißt den hohlen Zahn aus, in dem der Zettel mit der Geschichte über den hohlen Zahn verborgen ist? Es war einmal ein alter Mann, der hatte einen hohlen Zahn. In diesem Zahn befand sich ein Kästchen, im Kästchen ein Zettel, worauf geschrieben stand: Es war einmal ein alter Mann. Wo hörte die Illusion auf, Illusion zu sein?

Plötzlich wurde es so still, dass man nur noch den Lärm der Budenstadt hörte. Pellegrini schränzte den Eingangsvorhang zu. Drehorgelgeleier, das stampfende Rollen der Achterbahnwagen, die Glocke an der Schiffchenschaukel, das Zischen der hochgepressten Flugzeuge, die heulenden Sirenen in der Geisterbahn, geplatzte Birnen in der Schießbude, metallische Lautsprecherstimmen, Aufforderungen zur neuen Fahrt, Gekröse von Schlagern, Beat, Hammondorgeljazz, zähe Karamellakkorde. Der Herr im petrolblauen Regenmantel neben mir hatte einen Hund bei sich, der am Boden herumschnupperte und unterwürfig hechelte. Vor mir saß ein junger, hoch aufgeschossener Mann, vielleicht ein Lehrling, mit scharfem Essegeruch in den Kleidern. Die zu Ende gerauchten Zigaretten zertrat er mit einer Vierteldrehung unter dem Absatz. Zwischen seinen Schuhen häuften sich die weißen Kippen.

Marino hatte ohne Applaus die offene Bühne betreten, die von schamlos hellblauen Vorhängen abgegrenzt war. Er zeigte ein paar altbekannte Tricks, denen niemand Aufmerksamkeit schenkte, weil sie bloß Vorspiel waren. Er fächerte bunte Tücher aus einer angeblich leeren Tüte, zerschnitt eine Schnur, ohne sie zu zerschneiden. Natürlich wiederholte er das Ringspiel, Achterkette, magisches Quadrat, chinesische Schaukel. Der Lehrling vor mir mit den Pickeln im Gesicht stellte sich als Henne zur Verfügung. Er gackerte auf Befehl Marinos und ließ sich ein Ei unter dem Hintern hervorzaubern, das in einen Strumpf kollerte. Mit den Armen machte er flatternde Bewegungen. Dies war das Prunkstück in Marinos magerem Repertoire. Dann schwenkte er ein blechernes Dezilitermaß über den Köpfen der Zuschauer, nachdem er in den Mittelgang gesprungen war, und bat um eine kleine Gabe. Natürlich sei niemand verpflichtet, etwas zu geben, aber es mache sich doch besser, wenn jeder etwas gebe. Durch die Zuschauer schreitend, musterte er jeden mit kaltem Wechslerblick. Einige blickten zur Plachendecke, beschäftigten sich mit einem unsichtbaren Zählrahmen. Andere suchten das Taschentuch am Boden. Die Pelzdame kramte in ihrem gehäkelten Portemonnaie. Noch während Marino den Becher schüttelte, um durch den Münzenklang die Geldbeutel zu reizen, betrat Pellegrini die Bühne und zog alle Blicke auf sich. Im blauen Frack durchmaß er die Bühne mit sicheren, kurzen Schritten. Keine Bewegung war überflüssig. Er drehte sich vorsichtig wie der Dekorateur im Schaufenster. Mit vor die Brust gehaltenen, zu einem Keil geformten Händen wandte er sich ans Publikum, die Augenbrauen hochziehend:

»Meine Damen und Herren, ich führe Sie jetzt in das Reich der Illusion. Was eine Illusion ist, brauche ich Ihnen nicht zu sagen. Nur eins: Wenn Sie glauben, jetzt macht er etwas Entscheidendes – und das ist bei allen guten Illusionskünstlern so –, dann ist es bereits geschehen. Darauf beruht, ich möchte fast sagen: die Wissenschaft der Zauberei. Passen Sie gut auf. Sehen Sie mit Ihren eigenen Augen und er-leben Sie. Es ist klar, dass ich nicht jeden Abend zwanzig Frauen umbringen kann, sonst säße ich längst im Zuchthaus. Aber, meine Damen und Herren, trotzdem werden Sie sehen, wie das Fräsenblatt aus Stahl mit zweiundsiebzig Zentimetern Durchmesser und zweitausend Touren in der Minute ihren Körper anfrisst und durchschneidet. Durch und durch. Seien Sie sich bewusst, ich zeige Ihnen den gefährlichsten Trick auf dem Gebiete«, und nun kostete er das Wort aus, indem er ihm ein sauersüßes Lächeln vorausschickte, »der Ill-usion: das Zersägen einer lebendigen Frau, vollkommen gefesselt, ohne Schutz und ohne Abdeckung. Deshalb sind keine Kinder unter Ihnen. Wie das gemacht wird, meine Damen und Herren, darf ich Ihnen leider nicht verraten, das überlasse ich jedem Einzelnen seiner Phantasie.«

Nach dieser Sprechplatte, die jedesmal ohne Sprung ablief, wurde es ernst. Mit der Gewandtheit eines Gladiators trat Pellegrini, immer noch dem Publikum zugekehrt, einen Schritt hinter sich und riss weit ausholend den hellblauen Vorhang zurück. Nun gab es keine Geheimnisse mehr. Pellegrini hatte den onkelhaften Budenbesitzer mit dem Chirurgen vertauscht. Unter abgeschrägten Plachen wurde das Stahlrohrgerüst sichtbar, mannshoch, zeltbeinig. Pellegrini schürgte das Gestell in die Bühnenmitte. Zwei Zeltstützen trugen auf Bauchhöhe ein Bett mit einem schwarzen Saum rundherum und eine Firststange, die offenbar als drehbare Welle konstruiert war, denn daran schwang der Motor mit dem eingebauten Fräsenblatt hin und her. Am einen Ende winkelte sich die Welle in einen Hebel ab. Das Bett erinnerte an einen zu tief hängenden Traghimmel. Lautlos schnitt das Fräsenblatt Luft. Kaum zwei Handbreit drehte es sich über der Liegestatt.

»Und da liegt sie runter«, schrie Pellegrini, ja, er schrie, klopfte mit flacher Hand auf den Schragen. »Ohne Schutz«, er klopfte die ganze Fläche ab, dass es stob, »und ohne Abdeckung.«

Unter den Deckenscheinwerfern sammelte sich der Staub zu Prismen.

»Keine Geheimfederung, kein Schiebebrett, keine Lücke.«

Nochmals rüttelte er am Gestell, dass die Fransen des schwarzen Saumes zitterten.

»Und hier liegt sie drauf, meine Damen und Herren, die mutigste Frau, die Sie je auf einer Bühne sahen. *La voilà*, das ist sie, Silva Zodiac, direkt aus Paris!«

Pellegrini verbeugte sich, als sie auf die Bühne stolzierte und sich verneigte. Der faltenlose Überwurf war über dem Schlüsselbein zugeknöpft. Sie trug noch immer ihr maskenhaftes Lächeln, das alle Bretterböden der Welt durchdrang. Pellegrini nahm ihr geschmeidig den Überwurf ab. Er tat das, als enthüllte er eine Statue weiblichen Mutes.

»Sie ist es, meine Damen und Herren, der allein Applaus gebührt. Ohne Schutz ist sie meiner Kunst ausgeliefert oder meinem Versagen. Silva ist eine Artistin. Sie hat die Stahlnerven einer Artistin. Und trotzdem überwindet sie vor jeder Vorstellung das berühmte Lampenfieber. Was ist Lampenfieber, meine verehrten Zuschauer? Es ist die Angst, vor dem grellen Licht der Öffentlichkeit zu versagen. Mut allein genügt nicht. Ohne blindes, rückhaltloses Vertrauen klappt es nicht. Stellen Sie sich vor: Sie liegen auf dem Operationstisch. Aber, was mache ich da lange Worte. Die Vorstellung beginnt.«

Pellegrini arretierte den Hebel an der Schrägstütze. Der Motor hing seitlich über dem Schragen, das Fräsenblatt in ungefährlicher Distanz. Die Frau stieg ein, sachte mit dem Kopf unter der Firststange durch, während Pellegrini seine Hände trocken rieb. Das Genick kam unter die eine, die Füße unter die andere Zeltstütze zu liegen. Nur an den Fußgelenken gab das rote, lange Samtkleid Fleisch frei. Der Bauch atmete ruhig. So lag sie straff im Kreuz, den Blick an die Firststange geheftet.

»Zur Sicherheit, meine Damen und Herren, nicht um ihr Angst zu machen, wird Silva jetzt gefesselt an ihren Armen und Beinen.«

Pellegrini streckte ihr die Arme. Die Hände kamen in zwei Schlaufen. Über den Fußgelenken zog er den Riemen straff, bis die Knöchel kreidig auf mattgewetztem Metall lagen. Das rote Kleid wölbte sich stärker. Der Bauch atmete.

»Nun liegt sie steif und starr vor Ihnen. Keine Möglichkeit zum Ausweichen.«

Pellegrini klopfte neben ihren Knien auf das Brett. Es tönte dumpf wie ein Fleischerbrett. Der Bauch atmete.

»Geben Sie Acht, meine Damen und Herren!«

Er griff über dem Bett an das Fräsenblatt.

»Immer wieder gibt es Leute unten im Publikum, die behaupten, das Blatt sei aus Gummi. Das ist nicht wahr. Überzeugen Sie sich selber.«

Mit der Steckkurbel pinkte er an die Scheibe.

»Bitte, was ist das in Ihren Ohren?«

Er pinkte dreimal kurz nacheinander und ließ den Ton ausklingen.

»Stahl, Stahl, Stahl!

Und das, meine Damen und Herren?«

Er riffelte mit der Kurbel über die Zahnung.

»Ist das Gummi? – Zähne aus hartem Stahl!«

Nochmals drehte er das Rad an, riffelte es mit der Kurbel zum Stillstehen.

»Aber noch ist der Augenblick nicht gekommen. Damit Sie, verehrtes Publikum, sich nachher von der Schneidkraft dieser Zähne überzeugen können, wird ein dünnes Sperrholzblatt um ihren Leib gespannt.«

Pellegrini bog das Blatt zu einem Brückenbogen. Zwei Drehungen aus dem Handgelenk genügten, um es beidseitig festzuschrauben. Silvas Kopf lag ruhig, das Haar floss in schwarzen Wellen über die Bettkante. Der Bauch atmete, der Busen hob und senkte sich. Die Handgelenke ruhten in den Schlaufen, die Fußknöchel waren kreidig. Nachdem Pellegrini sein Opfer noch einmal umschritten hatte, hielt er einen Augenblick inne. Wenn es einen Gott der Illusionskünstler gab, betete er

vielleicht zu ihm. Er fixierte eine Ecke der kleinen Bühne, ließ
eine Spinne ihren Abseilfaden verlieren. Dann knipste er den
Motor an. Der wummerte erst leise, lief aber schnell auf Touren. Auf dem Fräsenblatt reflektierten die Scheinwerfer, kreisende Lichtringe. Der Zahnkranz schnitt Luft. Es war zum
Übelwerden wie bei einer Herzoperation im Kino: das Surren
des Projektionsapparates, das Pochen des Herzmuskels auf der
Leinwand, Nickelinstrumente, die auf der Glasplatte klirrten.
Farbkreise vor den Augen, purpurn, violett, weiß, schwindelweiß, eine lila Säure im Hals. Und nun senkte Pellegrini langsam den Hebel, führte das kreisende Blatt ans Holz heran. Der
Zahnkranz ritzte sich ein, es begann brenzlig zu riechen. Tiefer
drückte er die Scheibe, dumpfer heulte der Motor. Ein schwarzer Einschnitt, von Sägemehl gepudert, klaffte im Holz. Der
Bauch atmete nicht mehr. Pellegrini schwitzte. Er führte die
Fräse aus dem Schnitt zurück und drückte sie tiefer hinein, immer tiefer. Ihre Augen glotzten starr unter die Zeltstütze. Der
Motor heulte gedrosselt. Vom Zuschauen kriegte ich stumpfe
Zähne und einen mehligen Hals. Aber noch ging es tiefer. Ihr
Kreuz war ganz hohl. Leicht stützte sie sich aufs linke Schulterblatt wie bei einer Spritze. Dann hatte sich das Fräsenblatt
durchgefressen, der Motor summte höher.

»Noch einmal!« beschwörte Pellegrini das Publikum. Er fuhr
jetzt von hinten rein in den Schnitt und brachte das Blatt ohne
Widerstand durch.

»Zehnmal durch und durch«, schrie Pellegrini, »als wie
wenn nix vorhanden wäre. Wie das gemacht wird«, dreimal,
»kann ich Ihnen leider«, fünfmal, er pumpte schwitzend wie
an einem Sodbrunnen, sechsmal, »nicht verraten, das überlasse ich«, achtmal, »jedem Einzelnen seiner«, zehnmal, durch
und durch, »Phantasie.«

Pellegrini schwitzte. Er knipste den Motor aus, brachte ihn
in Ausfallstellung und arretierte den Hebel. Silva bewegte den
Kopf, lächelte. Applaus, ehrlich gemeinter Applaus. Pellegrini
ging schwungvoll um das Gerüst herum, verbeugte sich und fä-

chelte sich den Applaus zu. Dann hob er den Zeigfinger, spitzte den Mund, ließ aber den Applaus verebben.

»Ja, meine Damen und Herren, wie das gemacht wird, das überlasse ich jedem Einzelnen seiner Phantasie. Viele unter Ihnen denken jetzt, die Vorstellung sei zu Ende. Doch nein, die Vorstellung beginnt erst. Damit Sie nicht glauben, Silva und ich führten einen eingespielten Trick vor, wird nun einer aus dem Publikum auf die Bühne kommen und unter die Fräse liegen. Einer von Ihnen. Nicht ein verkleidetes Mitglied unserer Truppe, nein, nein, so plump wie im Zirkus geht es bei uns nicht zu, ein mutiger Mann oder«, er modellierte ihre Formen schnalzend in die Luft, »eine mutige junge Dame. Sie oder er wird an Ihrer Stelle oben auf der Bühne er-leben, was es heißt, von einer Fräse durchschnitten und doch nicht durchschnitten zu werden. Der Schweiß wird Ihnen aus den Poren dringen, doch ich garantiere Ihnen: So wie Sie auf die Bühne gekommen sind, mit einem Kopf, zwei Armen und zwei Beinen, so werden Sie die Bühne wieder verlassen, die Bretter der Illusion, die die Welt bedeuten.«

Mit einem Sprung war er im Mittelgang, plötzlich unter uns, und schritt langsam die Bankreihen ab. Es war mäuschenstill, sodass man wieder das Dudeln, Klingeln und Rasseln der Budenstadt hören konnte. Alle blickten sich um, und alle Blicke trafen letztlich mich, durch ein Brennglas auf meine Haut geworfen, denn Pellegrini hatte mich entdeckt, hatte mich gezwungen, ihm ausweichend in die Augen zu schauen, und setzte ein sauersüßes Lächeln auf. Wie ein Lehrer, der seinen Schüler beim Mogeln ertappt hat, kam er auf mich zu, langsam, seines Opfers sicher. Dicht vor mir blieb er stehen, ich roch sein umwerfendes Parfum und starrte auf das bleiche Gras, als fände sich dort ein Loch. Und ich hörte seine flüsternde Stimme: Ohne Schutz und ohne Abdeckung, zweiundsiebzig Zentimeter und Zähne aus Stahl, Stahl. Pellegrini legte mir sanft die Hand auf die Schulter: Sie! Sie meine ich. Und ich folgte ihm wie in Trance auf die hell erleuchtete Bühne.

Sie war viel kleiner, als sie von unten her gewirkt hatte. Ich suchte das Publikum, doch die Scheinwerfer blendeten mich, und ein schwarzes Loch gähnte mir entgegen. Während Pellegrini noch einmal seine Platte abspielen ließ, stand ich hinter dem Gerüst und blickte auf die Frau im roten Samtkleid, die immer noch auf dem Schragen lag und ihr maskenhaftes Lächeln trug, das mich durchbohrte. Eine Hand hatte sie ausgeschlauft. Diese gelbe, langfingrige und fein schwarz behaarte Hand glitt nun seitlich dem schwarzen Saum entlang und nestelte am roten Kleid. Pellegrini fuchtelte mit seinen schmuddligen Händen, was er dem Publikum sagte, zum x-ten Male wiederholte, kam wie auswendig gelernt aus meiner Brust. Der junge, mutige Mann werde nun anstelle von Silva auf das Brett liegen und in völliger Finsternis, das Fräsenblatt sei mit Leuchtpunkten ausgestattet, durchsägt werden. Beim Wort »Finsternis« hörte ich ein Aufmurren aus dem Publikum. Oder war das nur Einbildung? Hatte das Publikum schon längst das Theater verlassen? War die Bude schwarz und leer? Ich folgte der Hand von Silva, die wie ein langbeiniges Tier über ihren Bauch wanderte und dort, wo das Sperrholzblatt angebracht war, sachte, sodass nur ich es sehen konnte, den roten Kleidersaum hob. Zwischen den Vorhängen stand kreidig im schwarzen Frack der Zauberer Marino und hatte eine Hand am Lichtschalter. Silva zog den seitlich geschlitzten Rock hoch, ich sah ihre Beine, sah, dass sie schwarze, mit Silberglimmer durchsetzte Strümpfe trug. Diese Beine schlüpften aus den Fußschlaufen, bewegten sich und rieben sich mahlend aneinander. Die Strumpfansätze wurden sichtbar, das gelbe Fleisch der Oberschenkel und der schwarze Hüftgürtel. Komm, flüsterten die Beine, komm, komm, komm! Sie flüsterten es im Nylonton. Ich trat einen Schritt vor, da glitt der Rock noch höher, und ihr buschiges Geschlecht wurde sichtbar. Ich starrte auf die Öffnung, aus der ich kam, auf dieses schwarze Haardreieck, das zwischen den Beinen auf und nieder wogte. Die Beine waren nun bereits unter dem Rock hervorgeglitten und baumelten halb über den Rand des

Schragens. Und da sah ich mit offen starrendem Mund, dass ihr Körper wirklich entzweigesägt war, über dem Hüftgürtel, denn der Unterleib löste sich vom Bauch, stand auf und kam in dem Augenblick, als Marino den Lichtschalter herunterriss, auf mich zu. Zwei schwarze Beine in goldlackierten Sandalen. Wie im Traum stand ich plötzlich ohne Hosen im Finstern da. Die Beine kamen auf mich zu. Ich sah die Glimmerpunkte leuchten. Sie schmiegten sich eng an meinen Körper. Ich spürte das kitzelnde Schamhaar, und der warme Schoß sog mein Glied ein und hinauf bis zur Schnittstelle, die Beine zogen mich hinunter auf den Schragen, wo der Oberkörper der Frau mit ausgebreiteten Armen lag. Ich war festgenagelt in ihrem Unterleib, und nun hörte ich das Wummern des Motors, den Pellegrini angeknipst hatte. Er heulte rasch auf Touren, die fluoreszierenden Punkte ergaben rasende Kreise. Ich drückte mich ganz flach auf den entzweigesägten Bauch der Frau, die mich immer tiefer einsog. Mein Glied wuchs in ihrem Schoß, wurde zu einem Nagel, der die beiden Körperhälften verband, wuchs hinauf in ihre Brust, die mit Stahlwolle ausgestopft war. Und dann kam die Fräse näher, drang scharf brennend ein in meine Hüften, fraß sich gierig durch und zersägte das Glied in einem letzten, aufbäumenden Schmerz, der das Rückenmark hochjagte. Dann war völlige Finsternis.

LOKALBERICHT

Es war einmal ein Gymnasiast Günter Frischknecht, der an seinem 18. Geburtstag oder an seinem 18. Jugendfest nicht mehr an seine Jugend glauben wollte und nur knapp der eigenen Vernichtung entrann. Isabelle von Arx, die Angebetete, kümmerte sich wie alle Götter und Göttinnen nicht um das Leiden ihres Fans, sondern tanzte in strahlender Schönheit in den Morgen hinein, während Günter Frischknecht in einem kleinen, schäbigen Illusionstheater das Zersägen einer lebendigen Frau ohne Schutz und ohne Abdeckung mit kritischen Augen verfolgte. Es war ihm natürlich klar, dass die Frau ihren Hintern durch ein Falltürchen streckte, was man nicht sehen konnte, weil ein schwarzer Saum rund um den Schragen lief; dass das Sperrholzblatt nicht nur rundbogig war, sondern auch noch eine Verstrebung besaß, welche das über dem Bauch aufgebauschte Kleid hinunterdrückte und so einen Hohlraum erzeugte, durch welchen die Fräse ungehindert fahren konnte. Die Illusion war also durchschaubar. Das Publikum reagierte dementsprechend. Ein paar Knirpse auf der hintersten Bank riefen, als die Säge eindrang: Machen wir ein Kaiserschnittchen, Mami? Was aber kam auf dem Boden der Illusion zum Vorschein, oder: welches war nun die Wirklichkeit, das Sichtbare oder die gedankliche Konstruktion? Man konnte auf die Bühne gehen und den Saum hochreißen, dann lag das Geheimnis offen, sichtbar da. Aber verdrängte dieser Einblick das vorher Gesehene, den von Pellegrini vorgetäuschten Widerstand des Fleisches? Der Gymnasiast war nach den Misserfolgen bei Isabelle von Arx frustriert genug, um an diesem Widerspruch zwischen Schein und Wirklichkeit Gefallen zu finden. Wenn wir heute sein Weltbild nachzuzeichnen versuchen, dann im Bewusstsein, dass auch diese Skizze nur Illusion bleibt. Es dürfte etwa so ausgesehen haben:

Der Welt der Erscheinungen begegnen wir, nachdem wir sie mit trügerischen Sinnesorganen aufgenommen haben, mit einer Welt der Vorstellungen, der Modelle. Von einem Stuhl zu sagen, er sei rot, ist nur im doppelten und dreifachen Konjunktiv möglich. Wer sagt uns, dass Rot nicht ebenso gut Blau sein könnte? Das Wort als abstraktes Symbol erzeugt eine Modellvorstellung, die aber jederzeit auch anders eingedrillt werden könnte. Nun, so könnte Günter Frischknecht argumentiert haben, fragt sich, welche Wirklichkeit den höchsten Wirklichkeitsgrad besitzt. Die sogenannte Wirklichkeit täuscht sich selber, indem sie sich als solche ausgibt. Dagegen bekennt sich jede künstlich erzeugte Wirklichkeit zu ihrem illusionären Charakter, ist also, was sie ist, nämlich Illusion. Der einfache Mann von der Straße, der in den Zirkus geht, glaubt, er entfliehe der Wirklichkeit in eine scheinhafte Artistenwelt. Die Zirkuswelt besitzt für ihn den geringeren Wirklichkeitsgrad, weil er sie durchschaut, seine eigene Realität aber nicht. In Tat und Wahrheit ist es umgekehrt. Gerade im Wanderzelt kommt die scheinhafte Wirklichkeit zu sich selbst. Die große Illusion des Menschen besteht folglich darin, dass er immer das Falsche für wirklich hält und das Wirkliche für Schein. Die Kunst, die sich zum Scheinen bekennt, zum Scheinen und Leuchten, ist das einzig Wirkliche auf der Welt der Scheinverleugnung. Illusion kommt von *illudere,* irreführen. Die Kunst führt nicht irre, sie führt zum Schein. Die Wirklichkeit dagegen gibt vor, zu ihr selbst zu führen, während sie bloß Modelle erzeugt. Die Kunst macht den Modellcharakter der Wirklichkeit zum Prinzip. Die Religion, so dachte Günter Frischknecht, lebt vom Bedürfnis des Menschen nach Illusionen. Man glaubt an etwas Unwirkliches, weil die noch unwirklichere Wirklichkeit diesen Glauben verhindert. Der Glaube ist die stärkste Ausdrucksform unserer Seele und unseres Geistes. Die Erkenntnis dagegen eine primitivere Stufe, auf die wir immer wieder zurückfallen. Erkennen ist unehrlicher als Glauben, denn der Glaubende weiß, dass es keine Erkenntnisse gibt, die mehr sind als Illusionen, während er sich im Glauben zur Illusion bekennt. Was heißt schon Lichtgeschwindigkeit? Unter der Voraussetzung, dass unsere Axiome stimmen, im kindlich-naiven Glauben an die Symbole der Mathematik können wir die sogenannte Geschwindigkeit des Lichtes angeben. Doch was haben wir damit erreicht? Eine Erkenntnis über die wahre Natur des Lichts? Eher eine Vergewaltigung des Phänomens Licht durch unsere wissenschaftlichen Denkschablonen. Wer aber sagt: Ich glaube an einen Lichtgott, der sagt über das Licht nicht mehr und nicht weniger, als man darüber aussagen kann. Die Griechen befanden sich auf einer höheren Kulturstufe als wir. Sie hatten den Mut, ihre Illusionen zu verkörpern, während wir sie abstrahieren. Sie waren näher an der Wirklichkeit, weil sie einen größeren Abstand zu ihr einhielten. Etwa so ging die Rechnung des Gymnasiasten Günter Frischknecht auf, und deshalb entschloss er sich, im Tagebuch eine Skizze einzutragen mit dem Titel *Die Illusion*. Sie werden mir zugeben, dass er die Chance dieses Stoffes in gymnasiastenhafter Willkür vergab. Unter dem Schock der Negation durch Isabelle von Arx, also durch das Weibliche schlechthin, wollte er die Geschichte in einer sexuellen Phantasmagorie zuspitzen und sozusagen sagen, dass die Vereinigung mit der Frau ein Akt gegen den eigenen Körper sei, dass Liebe letztlich die Illusion aller Illusionen bedeute, weil der Geschlechtsakt eine Verbindung vortäusche, die das Illusionsbewusstsein, verkörpert durch den Magier Pellegrini mit seiner Fräse, zerschneide. Er hätte weiter gehen und sagen können, dass die Liebe deshalb kein Zustand, sondern ein Berg sei, der immer wieder neu in unermüdlicher Sisyphusarbeit erklommen werden müsse. Hätte er auch nur ein einziges Mal mit einer Frau geschlafen, dann wäre uns diese Geschichte erspart geblieben, dieser zum Dauerzustand erhobene Coitus interruptus. Die Geschichte hätte einen andern Ausgang genommen. Aber welchen?

Ein Schluss ist hier schwer zu finden, weil die Erzählung nach dem Briefkastenprinzip oder dem russischen Puppenspiel gebaut ist. Lieber Günter Frischknecht, ich schlage Ihnen vor, bleiben Sie diesem Prinzip, das Sie im Verslein vom hohlen Zahn angedeutet haben, doch treu, verzichten Sie auf die fräsenhafte Umschreibung eines Orgasmus und kehren Sie dorthin zurück, wo Sie am Anfang waren, zum hohlen Zahn, zum Stockturm, zur Stadt Aarau. Versuchen Sie, den Boden der Illusion zu durchstoßen und wieder Wirklichkeit zu gewinnen, wenn auch illusionsgeschwängerte Wirklichkeit. Wir übernehmen Ihre Tagebuchepisode wortwörtlich bis auf den Schluss. Der junge Gymnasiast mit Pickeln im Gesicht betritt die Bühne, das lassen wir stehen, denn Gymnasiasten träumen immer von Bühnen aller Art. Auch dass der Magier Pellegrini ausgerechnet Dich meint, entspricht der egozentrischen Pubertätspsychologie. Das Wörtlein »Ich« muss groß geschrieben werden. Doch jetzt liegst du nicht selber unter die Fräse, sondern Pellegrini fordert dich auf, das Blatt durch den Schnitt im Sperrholzblatt zu führen. Ein Mann aus dem Publikum, meine Damen und Herren, wird an Ihrer Stelle den Einschnitt kontrollieren. Silva blinzelt dir meinetwegen eindeutig-zweideutig zu, ein bisschen Erotik darf schon sein. Du zeigst dich ungeschickt im Umgang mit der Fräse, Pellegrini muss dir den Motor anknipsen, muss dir zeigen, wie man die Arretierung löst. Du hast noch nie den Bauch einer Frau aufgeschlitzt, bist also auf allerhand gefasst. Deine Hand zittert, im Publikum werden Aufmunterungsrufe laut: Los, fräs ihr die Kleider vom Leib. Der Bauch liegt reglos da, die Falten und Rüschen des abgeschossenen, roten Samtkleides kommen dir in den Weg. Fäden schlingern um den Zahnkranz. Du spürst das Vibrieren des Motors im Handgelenk. Ein pelziger Nachtfalter, der auf seine Art der Illusion, einem Scheinwerfer frönt, kann dich, obwohl du keineswegs Liebhaber von Fal-

tern bist, von deinem Vorhaben nicht abbringen. Du führst
die Fräse ein, denkst vielleicht einen Augenblick, dass du
lieber etwas anderes einführen möchtest. Die Fräse findet
den ihr angemessenen Hohlraum, der Widerstand besteht
aus Luft. Du schneidest unter dem täuschenden Sperrholz-
blatt Luft oder: das Nichts. Du befindest dich dort, wo du
am Anfang warst, nicht gerade im hohlen Zahn, aber im
hohlen Bauch. Ein hohler Frauenbauch. Er muss zu Ent-
deckungsfahrten reizen, schließlich bist du ein angehen-
der Mann und hast Reste von Odysseus-Blut in den Adern.
Du ziehst die Fräse zurück und schraubst, bevor dir Pel-
legrini ins Handwerk pfuschen kann, das Sperrholzblatt
los. Es federt weg. Du hebst Rockfalten, schiebst Säume
zurück, das Licht darf jetzt nicht ausgehen, damit du mit
offenen Augen in den Frauenbauch starren kannst. Und
da liegt es, das Kind, dein Kind, liegt weich eingebettet
in Plüsch, der natürlich die pflaumenmusbraune Farbe
von Innereien hat, da schwimmt es im Fruchtwasser dei-
ner Phantasie: das Modell der Stadt Aarau. Du hebst es
heraus und stellst es unters Scheinwerferlicht, das Pu-
blikum eilt herbei, selbst Pellegrini ist erstaunt über die-
sen noch größeren Trick auf dem Gebiete der Illusion.
Er wird dir gleich einen Vertrag anbieten. In der Stadt ein
Turm, im Turm eine Scheiße, in der Scheiße die Definition
deines gegenwärtigen Lebens und der Ansporn, hinunter
in den Schachen zu gehen, im Schachen eine Budenstadt,
in der Budenstadt ein schwarzes Theater, im Theater eine
Bühne, auf der Bühne eine scheinbar zersägte Frau und im
imaginär aufgeschnittenen Bauch ein Modell dieser Stadt.
Es ist aus Lindenholz geschnitzt und trägt die Aufschrift:
Günter Frischknecht, Modellbau. Du beugst dich über un-
sere kleine Stadt, gehst mit dem Zeigfinger den Weg vom
Regierungsgebäude durch die Vordere Vorstadt bis zum
Holzmarkt und zum Stockturm, lässt ihn den Ziegelrain
hinunterrutschen in den Schachen, wo eine kleine Modell-

budenstadt aufgestellt ist, unter den weißen, zugespitzten
Zylinderchen ein schwarzer Würfel: das Illusionstheater.
Und im Würfel drin ein winziges Modell der Stadt Aarau.
Du hebst diese Stadt aus dem Hohlbauch der Frau, lässt
sie das Licht der Bühne erblicken und schenkst ihr zum
Geburtstag ein ganz kleines Fest. Marino der Zauberer
hält dir den Zylinder hin, du greifst hinein und holst eine
Handvoll Fähnchen hervor, Aarauer-Fähnchen, winziger
Adler unter einem Blutbännchen, Aargauer- und Schweizerfähnchen. Du beflaggst die Stadt mit Papier, steckst die
Nadeln in die zierlichen Holzgiebel, dicht unter den geschnitzten Ründen. Auf dem Stocktürmchen hissest du die
Schönwetterfahne, und der Stadtkirche schenkst du zum
Trost ein grün-weißes Fähnchen. Du streust eine Handvoll
Konfetti über das Modell, greifst nach den Zinnsoldaten,
welche die Kadetten darstellen, und verteilst sie kriegerisch-malerisch im Schachen. Im Stockturm befindet sich
eine Musikdose, das Carillon. Du ziehst sie auf mit dem
Schlüsselchen am Turmhelm, und das Modell klingelt süß
kinderzimmerblau. Ein paar Polizisten aus Hartgummi leiten den Verkehr um. In die Bahnhofstraße stellst du vier
Kolonnen winziger Puppen, die Seminaristinnen, und im
Telliring züchtest du Champignons. Das Ganze wird mit
Sägemehl gewürzt, mit jenem Mehl, das beim Herausfräsen des Modells entstanden ist und das die sprichwörtliche
Langeweile von Alt-Aarau verkörpert, den Widerstand, in
dem bei uns alles Lebendige erstickt. Dann knüpfst du eine
Girlande von winzigen bunten Glühbirnchen von Haus zu
Haus, von Gasse zu Gasse und von Platz zu Platz. Jetzt endlich kann Marino die Scheinwerfer ausschalten, und das
Modell liegt wie eine Eisenbahnanlage im Licht der bunten
Girlanden, rote grüne und blaue Birnchen. Im Hof des alten
Fabrikgebäudes der Reißzeugfirma Kern, wo die progressiven Künstler ihr gemeinsames Atelier haben, steckst du
eine Fünferrakete schräg gegen die Schanz gerichtet ins

LOKALBERICHT

Sägemehl, und der kleine rote Schwanz explodiert, da du
ihm von deiner Zigarette Feuer gibst, mit einem Mords-
krächlein. Modell-Alt-Aarau kommt zu einem Feuerwerk,
das nicht im Programmheft steht. Hier, über dieses nächt-
liche Modell gebeugt, darfst du endlich das Wort gebrau-
chen: Wirklichkeit. Gehe aber vorsichtig damit um wie mit
allen Gerüchten. Teile es zuerst dem kleinen Stockturm
mit, dem großen Sagen-Peter und Fabulierer, damit er die
Stadt im rechten Augenblick über ihre Wirklichkeit infor-
miert. Lindenhölzerne Wirklichkeit. Ein liebes Wort muss
noch eingeritzt werden im Unterbau des Turmes, wo früher
in der Modellgeschichte das Ungemach lag, du weißt schon
welches. Erst dann ist der Baukasten komplett. Und wenn
du jetzt noch den weißen Mantel vom Arm Marinos nimmst,
ihn anziehst und die Hände im Fruchtwasser deiner Phan-
tasie wäschst, dann darfst du zahnärztlichen Stolz empfin-
den, denn die Prothese ist gelungen, der hohle Zahn gezo-
gen, du kannst endlich zum Briefkasten der sogenannten
Wirklichkeit gehen und seinem Spalt zuflüstern: Ich habe
einen Brief für dich. Es war einmal ...

Die Extraktionszange »Es war einmal« wird nun endgültig
im Glasschrank versorgt, wir haben Boden gewonnen und
können uns getrost dem ausklingenden Jugendfest überlas-
sen. Erst abends um halb zehn Uhr belebt sich die Stadt wie-
der, die Pärchen ziehen durch die Gassen und strömen zum
Tanzplatz auf der Schanz. Ich muss Sie nicht mit der Be-
schreibung einer Festnacht in einer Kleinstadt langweilen,
Sie wissen, dass die Bratwürste immer zu früh vom Grill
genommen werden und dass man an einem Fest nie überall
gleichzeitig sein kann, weshalb man immer glaubt, das Fest
spiele sich dort ab, wo man gerade nicht sei. Ein Ereignis
bleibt erwähnenswert. Punkt zweiundzwanzig Uhr glau-
ben die festenden Aarauer, der Pulverturm sei zum zwei-
ten Mal in seiner Geschichte explodiert, denn der Mords-

krach kommt aus der Schachengegend, Ecke Ziegelrain/ Asylstraße. Doch der frisch renovierte Pulverturm dreht sich nach wie vor selbstgefällig im Scheinwerferlicht. Nur wer nach dem Krach noch Ohren für ein hämisches Gelächter hat, weiß, was wir schon längst wissen, dass der gigantische Feuerwerksschwanz, nachdem eine Gruppe progressiver Künstler samt der Gruppengeliebten Astrid Schleißheimer genug lang daran herumgefingert haben, seine Sprengladung funkensprühend Richtung Schanz ejakuliert hat. Die Stadt ist geschwängert worden, sie kann zu tragen beginnen, jenes Kind, das sie nach der Prophezeiung des bärtigen Dichters Dudelsack abtreiben wird: die Revolution. Der ganz tolle Schuss hat das Dings-bums-Trallala für einen Augenblick unterbrochen. Doch die Feuerwehr wird nicht alarmiert, die repressive Toleranz funktioniert, man dreht sich weiter im Dreivierteltakt. Da wir, wie gesagt, nicht auf allen Festplätzen gleichzeitig sein können – nur wenn man nirgendwo ist, ist man überall –, konzentrieren wir uns auf das Geschehen vor dem Kunsthaus. Zwischen Regierungsgebäude, Kantonsbibliothek und Kunsthaus befindet sich ein Platz, der um drei Stufen eingetieft ist und deshalb im Sommer wie ein leeres, knöcheltiefes Bassin wirkt. Dieser Platz ist am Jugendfest, weil Aarau die Hauptstadt eines sogenannten Kulturkantons ist, für die Spitzen des kulturellen Lebens reserviert. Niemand weiß so ganz genau, wie wir zu dem schlechten Ruf eines Kulturkantons gekommen sind, und gerade deshalb richten wir diesem Ruf einen abgesonderten Festplatz ein. Wer spätnachts über den Rathausplatz zum Kunsthaus schlendert, staunt, wie viele Leute bei uns mit Kultur zu tun haben.

III. Teil

Und der Stil hält sich weiterhin versteckt

»Wenn das die Wirklichkeit sein soll«, ruft mir mein
Freund und Kritiker, der Literaturanwalt Felix Neidthammer beim Eintritt in sein Sprechzimmer entgegen, »dann
lügt eben die Wirklichkeit.« Die Assistentin Angelica hat
mich im lachsfarbenen Büstenhalter empfangen. Wenn
ich diese Tracht richtig deute, verheißt sie schonungslose
Offenheit von Seiten des Starkritikers. Mein Vorgänger,
ein Mundartlyriker, wurde in der Berner Tracht verabschiedet. Seit Kafka, schreibt Professor Kleinert vor, wird
das Sprechzimmer des Absoluten von perversen Hütern bewacht. Ich halte mich an diese goldene Regel: Angelica im
mehr stützenden als fassenden Büstenhalter als Vorposten
der modernen Literaturkritik. »Nein, so können Sie heute
nicht mehr schreiben. Gestern vielleicht und morgen wieder, aber heute nicht mehr.« Statt der Frage: Warum nicht?
stopfe ich meine Pfeife. Seit ich mir eine Dunhill-Pfeife
angeschafft habe, hoffe ich immer, aus ihr qualme mir
der gute Stil zu, jenes Wissen um die Regeln der Schreibkunst, das Felix Neidthammer in seinem Schubladen-Boy
von »nicht druckreif« an aufwärts verwaltet. Der Kritiker
geht aber nicht auf die Tabak- und Pfeifen-Metaphorik ein,
sondern sagt schlicht und einfach: »Darf ich Ihnen klaren
Wein einschenken?« Er darf. Ich verdurste schon fast in
Entbehrung seines klaren Stilweines. Dass Angelica mit
zwei schwabbelnden Brüsten den verbindlichen Kaffee serviert, ist ein hübsches Detail, gehört aber vorläufig nicht
zur Sache. »Sehen Sie«, beginnt der Anwalt, »die Wirklichkeit ist manchmal unglaubhaft. Wenn Sie einen Sonnenuntergang tel quel abmalen, wird Ihnen kein Mensch diesen

Kitsch abnehmen, obwohl sich der Himmel genau jene Farben erlaubt, die Sie sich nicht erlauben können. Warum? Weil die Natur unendlich viel Nuancen kennt, die Sie nicht nachmachen können. Deshalb muss man die Wirklichkeit überspielen. Man muss den Leser jene Nuancen vergessen lassen durch andere. Sie können die Wirklichkeit nur abbilden, wenn Sie im Abbild eine neue Realität schaffen, in der sich die Wirklichkeit bildhaft spiegelt. Mit andern Worten: Sie müssen der Natur Nuancen vorspielen, die sie ihrerseits nicht kennt, müssen die Natur zum Kitsch degradieren, indem Sie eine höhere Wirklichkeit schaffen. Das ist Kunst. Sobald wir ein Bild mit der Wirklichkeit vergleichen und es diesem Vergleich nicht mehr standhält, wird es peinlich, überflüssig. Wenn aber die Wirklichkeit vor der Kunst erblasst, dann ist Ihnen der große Wurf gelungen. Zu Ihrem zweiten Teil des Romans: Sie wollen also der Illusion zu Leibe rücken. Gut, eine hübsche Idee, die allerdings Hunderte vor Ihnen auch schon hatten. Aber lassen wir das. Sie ziehen ein Fest auf, verknüpfen es mit Ihrem Geburtstag, wechseln häufig die Erzählebene, flechten fingierte Tagebuchnotizen eines Achtzehnjährigen ein, von dem Sie sich in der Er-Form distanzieren. Diese Notizen handeln wiederum vom Jugendfest, also *vieux jeux* auch hier: Theater auf dem Theater, Fest im Fest. Nun gehen Sie also in der Tagebuchschilderung, die übrigens niemals von einem Achtzehnjährigen stammen kann, das ist ganz unmöglich, dafür schreibt er zu gut, gehen Sie in dieses, wie heißt es schon, in dieses Illusionstheater. Der Gymnasiast muss also sozusagen voraus erleben, was Sie heute wissen. Wir befinden uns auf der zweiten Ebene, nicht wahr? Der Gymnasiast deutet die Illusion auf den Geschlechtsakt um, in seiner Beschreibung. Diese Deutung missfällt ihnen heute, weil Sie zehn Jahre älter sind. Wie reagieren Sie? Sie nehmen die Figur aus der Ebene heraus oder versetzen sich selber hinein. Sie identifizieren sich nun plötzlich in der anbiedernden Du-Form mit dem früheren Ich und bauen den Schluss so um, wie Sie ihn zur Stützung der Illusionstheorie brauchen. Sie behandeln eine Tagebuch-Erzählung, also gespiegelte Vergangenheit, so, als wäre sie nicht Vergangenheit, sondern Gegenwart, nicht Spiegel, sondern Realität. Sie machen, wenn man so sagen darf, einen doppelten Salto mortale vorwärts, und genau an diesem Punkt kommt der Leser nicht mehr mit. So geht das einfach nicht. Ich meine, wir sind uns einiges gewohnt seit dem *nouveau roman,* aber also diese Herumturnerei da zwischen Ebenen und Spiegeln ist völlig unbewältigt. Nicht, dass Sie zu weit gingen, um Gottes Willen, schon im 19. Jahrhundert ist man weiter gegangen als Sie. Nein, Sie gehen Ihren Weg nicht konsequent. Sie bleiben auf halbem Weg stehen. Immer wenn man sich in einer Ebene eingerichtet hat, wird einem der Teppich unter den Füßen weggezogen. Das können Sie in einem Seminar über Strukturprobleme des modernen Romans so machen, aber nicht in der Literatur. Vergessen Sie den Scherz, total umschreiben!« Jede andere Pfeife außer der Dunhill wäre längst ausgegangen. Neidthammer zündet gerade die zweite Stufe:

»Und dann dieses Motiv vom hohlen Zahn. Was soll das eigentlich, was ist eigentlich hohl? Einmal meinen Sie die Stadt, dann den Turm, dann die Bude, dann den Bauch der zersägten Frau, dann wieder den Stoff, den Sie ziehen wollen. Ich meine, ein Symbol ist doch kein Lackmuspapier, bald rot, bald blau. Entweder führen Sie eine saubere Allegorie durch, oder dann verzichten Sie eben auf diesen pseudosymbolischen Schnickschnack. Das ist doch dichterisches Getue, Sie wollen interessant werden. Man muss nicht geheimnisvoll schreiben, wenn man vom Geheimnis künden will. Ein Symbol ist entweder richtig gewählt, dann rutscht es von selber an seinen Platz, oder aber Sie können es mit aller Taschenspielerei nicht zu seiner Bedeutung zwingen. Einfacher werden, junger Mann, viel einfacher. Alle große Kunst besticht durch Einfachheit. Schauen Sie unsere Schweizer Primarlehrerprosa an, da herrscht Ordnung und Übersicht. Kein Satz ist länger als eine Zeile, keine Geschichte länger als ein paar Seiten, keine überanstrengten Adjektive, keine schielenden Seitenblicke auf die Psychologie, kein allegorisches Getue, sondern sauberes Handwerk, ein Tisch, der auf vier Beinen steht und nicht auf fünf oder drei. Das nenne ich Form. Oder nehmen Sie sich ein Beispiel an unserer Mundartlyrik. Ein paar Ausdrücke, dem Volksmund abgelauscht, und schon ist alles gesagt. Die kleine Tochter, die in den Nachttopf brünnelt, da steckt doch die ganze Weltmusik dahinter. Oder ein Geranientopf vor dem Fenster, wie könnten wir unsere schweizerische Kleinstaatphilosophie besser ausdrücken. Oder jenes kleine, wunderbar einfache und vielsagende Gedicht über die Tragik des Krieges und unsere verlogene Religion: Bim, bam, bum; bim, bam, bum pum! Das ist einfache Kunst, edle Einfalt, stille Größe. Und da kommen Sie und ziehen ein kleines Welttheater auf, als wären wir noch mitten im Barock. Erwarten Sie also bitte nicht, dass ich Ihnen dazu den Segen gebe. So kann man heute nicht mehr schreiben.«

Dieses Wissen, wie man nicht mehr schreiben könne, muss im Tabak liegen, denn Neidthammer besitzt nicht die bessere Pfeife als ich. Es ist eine Mischung aus den besten Kräutlein der Weltliteratur, die er raucht, ein würziges Stilgemisch, das im blauen Qualm jene Sicherheit verleiht, wie man nicht schreiben könne. Ich dagegen stopfe naturreinen und unparfumierten Tabak, der ein wenig beißt auf der Zunge. Die Pfeife verbindet uns, doch der Tabak bringt uns auseinander.

Lieber Herr Doktor Neidthammer, ich frage Sie am besten: Wie würden Sie diesen Roman schreiben?

Das schnappende Geräusch seiner Lippen nimmt zu. Sein

gescheitelter Blick verklärt sich. Er fixiert einen Punkt schräg oben im Unendlichen. In seinem Kopf streiten Schachzüge miteinander. Wie sagt man einem jungen Menschen, er solle am besten aufhören zu schreiben? Wie sagt man's, ohne ihn so stark zu verletzen, dass er aus Trotz gegen das Orakel erst recht schreibt und nicht nur schreibt, sondern gar noch gut schreibt? Wie verhindert man, dass einem Jungen das auch nur halb gelingt, was mir, dem Kritiker, vor zwanzig Jahren misslungen ist? Wie verhindert man halbbatzige Literatur, aus der noch einmal, aber ohne meinen Segen, etwas Rechtes werden könnte?

»Wenn Sie mich schon fragen, lieber Günter Frischknecht, ich würde diesen Roman nicht schreiben, vorläufig nicht. Unsere jungen Leute in der Literatur können vor allem eines nicht: warten. Geben Sie sich doch die Chance, älter, reifer zu werden. Lassen Sie das Manuskript liegen, ein Jahr, zwei Jahre, zehn Jahre. Dann lesen Sie es wieder durch, wenn Sie die dahinter steckende Idee völlig vergessen haben. Sie werden sehen, dass Sie lachen können. Und Sie werden dem Mann dankbar sein, der es Ihnen in dieser Form nicht abgenommen hat. Sie gewinnen Distanz. Distanz ist der beste Korrektor. Es wird so viel geschrieben heute. Es wird alles doppelt und dreifach gesagt. Muss das denn sein? Genügt es nicht, wenn nur die Meisterwerke entstehen? Sehen Sie, als ich meinen ersten Roman durchgestanden hatte, rannte ich gleich zum Verleger, und der Verleger wollte wirklich drucken.«

DOKUMENTE

Golattenmattgasse mit Obertorturm, Aarau. Aquarell
(36 × 24 cm), das 1959 im Rahmen des Zeichenunterrichts
bei Carlo Ringier (1896–1992) an der Alten Kantonsschule
Aarau entstanden ist.

Lokalbericht - den Titel, das Schwierigste an einem Buch, habe ich
schon. Fehlt mir nur noch der Roman. Meinen Schülern~~sagexich~~ rate ich
zwar im Aufsatzunterricht: Beginnt ja nicht mit dem Titel. Der Titel
lähmt, macht unfruchtbar. Wer den Titel zuletzt hat, schreibt am besten.
Komisch, dass man sich selber nicht raten kann. Gäbe mir mein alter
Deutschlehrer diesen Titel, könnte ich ihm in Kürze einen Aufsatz ab-
liefern. Aber da ich ihn selber gefunden habe, beginnt der Germanist
in mir bereits zu interpretieren: Bericht über Lokales, Alltägliches,
über eine kleine Stadt, die Seldwyla ähnlich sieht, Beiläufiges bei-
läufig notiert, skizzenhaft. Lokalanästhesie: Anlehnung an berühmte Vor-
bilder, Betäubung durch kleinstädtische Vorfälle, Winterschlaf in der
Provinz. Im weiteren der Bericht über den Ort, an dem man steht, die
Situation des Schriftstellers in einer geistigen Provinz. Der genius
loci ins Gegenteil verkehrt, geometrischer Ort für Zufälle, usw.
Professor Kleinert, der Betreuer meiner Dissertation, hätte bestimmt
Freude an dieser Interpretiererei: "Interpretieren Sie mal einen Roman,
den es noch gar nicht gibt, Frischknecht, das wäre doch was ganz Neues.
Erfinden Sie Ort, Zeit und Handlungsgerüst, einen Autor mit kurzem Lebens-
lauf, siedeln Sie den Roman irgendwo im Schlachtfeld der neueren Literatur-
geschichte an, am besten zwischen Impressionismus und Expressionismus,
geben Sie ihm sechshundert Seiten und einen fragmentarischen Charakter,
damit niemand in die Versuchung kommt, ihn zu lesen, und sichern Sie sich
auf diese Weise einen Lehrstuhl für "Neuentdeckungen in der deutschen
Literatur". Professor Kleinert meinte es nicht ernst. Es war einer seiner
Witze, mit denen er gelegentlich beweisen wollte, dass Literaturwissen-
schaft etwas Lustiges sei. Dass ich tatsächlich Ernst machen könnte
mit einem Zettelkasten, hat er mir wohl kaum zugetraut. Ideen von Pro-
fessoren sind so selten, dass man sie ausnützen müsste. Meinen Brief habe
ich freilich noch nicht abgeschickt.
Sehr geehrter Herr Professor,
Auf unser letztes Kolloquium zurückkommend, möchte ich Ihnen mit philo-
logischer Akribie für Ihre Anregung danken. Ich betrachte die Literatur-
wissenschaft schon lange als eine selbständige Disziplin, als Robinson-
spielplatz für Möchtegernautoren, die auf dem grossen Feld der Primär-
literatur versagt haben und sich mit Fussnoten über einen verlorenen Kopf
hinwegtrösten. Weshalb sollte sich die Interpretation noch an wirkliche
Romane halten, da sie ohnehin besser über den Inhalt Bescheid weiss als der

Seite [1] des *Lokalberichts;* vgl. 9f.

- 101 -

II Teil

Das Fest

oder die sogenannte Wirklichkeit

Hauptfigur des zweiten Teils ist unsere kleine Stadt. Wie man eine Stadt schildern sollte, müsste ich nach den Konsultationen bei Felix Neidthammer, nach dem Doktorandenseminar bei Professor Kleinert und nach dem Schüleraufsatz "Die Stadt, in der wir leben" eigentlich wissen. Ich weiss es weniger als je zuvor. Der fernwirkende Gesang vom AEW-Hochhaus aus war ein erster, kläglicher Versuch. Im Zentrum der Stadt steht der Stockturm. Ihn könnte ich jederzeit beschreiben, zumla sich in meinem Zettelkasten für die Dissertation Material in Hülle und Fülle findet. Ich könnte eine Stadt aus Stocktürmen bauen. Doch wem, ausser den Stocktürmen, wäre damit gedient? Ich könnte jederzeit ein zweites Langfuhr mit Max-Halbe-Platz, Elsenstrasse, Luisenstrasse, Labesweg, Kleinhammerpark usw. nachmodellieren, da die Elemente baukastensauber bereit liegen, bereit, um Auskunft über das Weltbild des Dichters im Spiegel seiner Namengebung zu geben. Doch wem, ausser dem Spiegel, wäre damit gedient? Ich könnte mich Architektur studieren und Verantwortung für städtebauliche Fragen übernehmen lassen. Die Kaserne verschieben. Die Altstadt sanieren. Die Umfahrungsstrasse überdenken. Doch wem, ausser der balsaholzernen Muse der Architekturstudenten, wäre damit gedient? Ich könnte der Stadt schlicht und einfach einen Namen geben. Doch wem, ausser dem flurnamensüchtigen Lokalhistoriker, wäre damit gedient. Ich könnte letztlich seitenlang an unserer nichtigen Stadt verzweifeln. Doch wem, ausser dem gierigen Nichts, wäre damit geholfen? Das Nichts, den Lokalhistoriker, die balsaholzerne Muse und den Spiegel beschwichtigend, halte ich mich an den Stockturm, der bei uns Obertorturm heisst, die Zwillingsbruderschaft zum Stockturm aber nicht verleugnen kann, und lasse mir von einer banalen blutrot-weissen Schweizerfahne die zentrale Idee geben. Eine lustig knatternde Fahne lässt auf Halbmast hängende Ideen blitzschnell nach oben schiessen und verheissungsvoll im Winde flattern, im Winde der Inspiration natürlich. Im Zentrum des zweiten Teils steht die Stadt, und im Zentrum der Stadt steht der Stockturm, der einmal, im Zentrum des Jahres, eine Schweizerfahne trägt, der einen zentralen Tag in meinem Leben beflaggt: den Geburtstag. Ihn in seinem eigenen Roman zu feiern, wäre

---

Seite 101 bzw. Blatt 92 des *Lokalberichts*; vgl. 123 f.

Inhaltsübersicht

Einleitung	2
Stadtansicht	3
1. Brief an den Leser	2
Mein Name sei Günter Frischkn.	1
Laubschad I	2
Schreibmaschinen	4
Helm auf!	2
Er schreibt	4
Angst vor dem Lehrersein	5
2. Brief an den Leser	3
Seminar I: Aufstand der Dichter	4
Standort Tessin	2½
3. Brief an den Leser	2
Evelyn Kaiser	4
Bibliothek und Zettelkasten	4
Der Kritiker Felix Neidthammer	5
Fernwirkender Gesang	4
4. Brief an den Leser	2
Seminar II: Kafka, 12 Figuren und Tübingen	8
Ferienparadies	3½
Sprechstunde	5
Barzels Universalroman	2
Geschichten, die das Leben schreibt	2½
Laubschad: Bibliophilie	2½
5. Brief an den Leser Preisrede Madame Laur-Bélards	3½
Lora Schwarb	3

geschrieben im Juli/August 1970 im Tessin (Calascino)

»Inhaltsübersicht« zum I. Teil des *Lokalberichts* mit handschriftlicher Datierung und Ortsangabe.

Hermann Burger an seiner Hermes Media 3 auf der
Terrasse der Casa Kutter in Calascino sopra Gadero
(46°07'37.1"N / 8°42'19.9"E) im August 1970. Seine linke
Hand ruht auf der *Blechtrommel* in der von Günter Grass
illustrierten Ausgabe der Fischer Bücherei von 1962
(Nr. 473/74). PHOTO (9 × 11 cm) ANNE MARIE CARREL.

Buchhandlung Laubschad sind berüchtigt lang, so lang, dass
viele Käufer den Laden ohne des gewünschte Buch wieder verlassen.
Laubschad ist sehr trickreich, wenn es darum geht, seinen durch
Käufer gefärdeten Bestand zu erhalten. Er sagt: "Das Buch ist
kider nicht vorrätig" und xxkixxx füllt flink einen Bestellzettel
aus, der nie abgeschickt wird. Greift der Kunde, der sich noch
etwas umsieht, das betreffende Buch verdutzt aus dem Regal, ist
es reserviert. Kommt er nach einer Woche, nach vierzehn Tagen,
nach einem Monat wieder, ist das Buch vergriffen oder klappt etwas
in der Auslieferung nicht. Pirscht dann der Kunde, Verdacht
schöpfend, das reservierte Buch an, findet er es tatsächlich nicht
mehr, denn Laubschad hat es verstellt und allenfalls, kennt er
den Kunden als wohlerzogen, sogar bei den Sexualwissenschaften
untergebracht, andernfalls bei den Okulta. Es ist laubschade, dass
Laubschad Buchhändler und nicht Bibliothekar geworden ist, denn
eine Bibliothek, in der selbst vorhandene Bücher nicht heraus-
gegeben werden, ist keine Seltenheit, aber eine Buchhandlung
wird nun einmal um des schnöden Kaufes willen aufgesucht.
Laubschad, das ist im Städtchen kein Geheimnis, übernachtet im
xxx Laden, nicht immer, aber oft.

Ich muss den Buchhändler Laubschad kurz verlassen, ihn ungestört
seinen Büchern überlassen, um ein wichtiges Ereignis zu feiern:
den Kauf von zwei neuen Autos. Einen Sportwagen und eine Limousine
habe ich mir angeschafft. Feuerwehrrot und zum Streicheln seiner
hochstilisierten Karosserie verlockend steht der Sp das Sport-
cabriolet vor mir, sprungbereit; in diskretem Silbergraugrün glänzt
die Limousine, weich anrauschend. Sie haben es natürlich erraten:
ich spreche von meinen beiden nigelnagelneuen, jungfräulichen
meinetwegen jungfräulichen Schreibmaschinen. Wenn Sie, verehrter
Leser, noch nie ein weisses Blatt in eine neue Schreibmaschine
gespannt haben, dann sollten Sie das dringend nachholen, ein
grösseres Selbstvertrauen werden sich auch in einem Ferrari oder
in einem Strassenkreuzer nicht erleben. Das eingespannte Blatt
flüstert: "Beschreib mich, beschreib mich!" und Sie werden zumindest
für ein paar Minuten das Gefühl haben, Ihre Sätze, und seien sie
so banal wie Testsätze: "Meisterliche Präzision ist das Merkmal

Seite 10 des *Lokalberichts*; vgl. 20 f.

Eine Illusion Manuskript Ivonne
Abschrift ohne Korrekturen! 04.63.

Meine Damen und Herren....

Wir lassen uns durch die Budenstadt treiben. Mein Freund Peck und ich, wir. Er, kräftig gebaut, starke Handgelenke, Offiziersausbildung hinter sich, Bürstenschnitt, sträubende Haarwirbel; aber das spielt keine Rolle, hier. Wir spielen keine Rolle, wir haben sie für einen Augenblick vergessen, streifen, schnepfen, treiben. Was tut's zur Sache, wer w i r sind, hier, in einer Schaustellung von Menschen, die sich zu Marionetten machen lassen? Wo alle Register menschlicher Leidenschaft gezogen werden, wo sich die Drähte verhaspeln und entwirren? In einem mechanischen Gestänge, das über Nacht aus dem Boden wächst und über Nacht auf Güterwagen verladen wird? Wir folgen bald hier dem Geleucht der Scheinwerfer, einer Papierrose im Haar, dem Knall von Konservenbüchsen, der Sirene von Geisterbahnen, bald da, und hier, und hier wie dort. Wir werden an Drähten gezogen, die Glieder verbogen, in uns schlägt das Leierkastenherz, leiert immer dieselbe Melodie aus goldbronzierten Kammern und droht nach längeren Spielpausen abzustehen. Eine Lunge, auf und zu wie der Ziehharmonikabalgen, verstaubt, altmodisch, aber laut. Auf den vergilbten Knöpfen unserer Seele wird mit schmutzigen Händen gespielt, ganze Akkordreihen werden heruntergeriffelt, ganze Register ausgelassen. Und man glaubt daran, zumindest jetzt, *fügt sich, zumindest jetzt, macht mit, wenn auch als Zuschauer,* kriegt da und dort eine Münze hervor, steckt sie in Schlitze, drückt auf Knöpfe, fährt, dreht sich, schnell, hundsschnell, immer dasselbe Karussel, und dann und wann ein Blick, schrickt zurück, wieder schnell, achsen-

Seite 1 der Abschrift der ersten Fassung von »Eine Illusion« mit handschriftlicher Datierung.

In den Sommerferien, als ich xx zu meinen Eltern aufs Land gefahren war, merkt ich zum ersten Mal, dass ich ohne sie nicht leben konnte. An einem Nachmittag ging ich zurück in die Stadt, nur um sie zu sehen. Es war ein einfältiger Entschluss, und ich wusste zum voraus, wie niedergeschlagen ich nachher sein würde. Aber dann flackerte wieder Hoffnung auf, ich zog los, blind, einfältig, fast zwölf Kilometer weit, nur weil ich mir einbildete, sie sehen zu müssen an einem heissen Augustnachmittag. In meiner Vorstellung tauchte das Bild ihrer Villa auf, die graue Fassade hinter alten Bäumen, ich sah die schmalen, aristokratischen Fenster, schwarze Rechtecke mit weissen Spitzenvorhängen, dahinter die toten Räume voll teurer Möbel. Ich sah mich die schattige Gartentreppe hinaufgehen bis vor die braun gebeizte Haustür, ich hörte das Klingelzeichen durchs leere Haus springen, vielleicht den Hund, der anschlug, das sinnlose Bellen im leeren Flur; ich starrte durch das rautenförmige Guckfenster ins Innere des Hauses, um die Flurtür sich bewegen zu sehen, und zugleich horchte ich, ob nicht ihr leichter, hüpfender Schritt auf dem Treppenabsatz zu hören sei, was mir wie Feuer in den Hals, in den Kopf gestiegen wäre, das plötzliche Wissen: sie ist allein zu Hause, und die Aufregung, was ich nun sagen sollte als Unbekannter, dabei wusste ich es bereits, es war niemand da, keine Maus regte sich, nur der Hund tobte und jaulte, dass es bis ins obere Stockwerk widerhallte. Ich sah mich von der Tür zurücktreten, getroffen von einem Faustschlag, und ich wurde eifersüchtig auf ihre Schwester oder ihre Freundin, mit der sie war. Diese Vorstellung kämpfte mit der Täuschung, mit meinem Wunschbild. Sie sass lesend im Garten, das Buch lag vielleicht zugeklappt im Gras, und sie träumte vor sich hin, sprang auf, wie sie mich durchs Gartentor kommen hörte und kam mir entgegen. Die Verandatür stand offen, jemand übte Chopin, oder es war niemand sonst zu Hause, oder ihre Mutter kam herausgelaufen, die blonde, schlanke Vierzigerin, und würde etwas Freundliches zu mir sagen. Ich hätte wissen sollen, damals, dass es eine Fata Morgana war, dass ich mich vielleicht kaum in die Nähe ihres Hauses wagen würde. Ich hätte mich vor einer Wunde an diesem heissen Nachmittag schützen sollen und ging trotzdem, weil sie wie ein Magnet alle vernünftigen Gedanken aus dem Kopf zog. Ich war völlig ausser mir und kreiste nur um sie, die nicht einmal

Seite 8 des Prosastücks »Die Illusion« von 1968 bzw. per Montage und handschriftliche Umpaginierung Seite 127 des *Lokalberichts;* vgl. 156f.

Die Illusion (Das Zersägen einer Frau)

Käfer.

Der Nachmittag verstrich in Selbstmitleid und Zerknirschung auf einer nassen Bank an der Aare. Ich musste allein sein, um meine Bitterkeit auszukosten und wieder ein Gefühl von mir selber zu bekommen. Gegen Abend klärte sich der Himmel auf, die schweren Wolkenfetzen trieben ab. Der Tanz fand im Freien statt, und der Rummelplatz wurde zum brodelnden Menschenkessel. Die Stadt erwachte aus dem düsteren Gewitterschlaf. Ueber den Strassen hing plötzlich ein Fahnenwald. Die festliche Menge wälzte sich in Knäueln durch die Gassen. Beleuchtete Altstadthäuser traten wie Kulissenwände aus dem Dunkel hervor. Es wurde gesungen, gegrölt. Bierflaschen sprangen auf mit einem japsenden Knall, oder zerscherbten an einem Mauerpfeilern. In der gereinigten Luft hing der Geruch von Bratwürsten. Falter taumelten um die Scheinwerfer vor der Stadtkirche. Vom Rummelplatz quoll heiser überdrehte Beatmusik herauf, und von den Tanzplätzen beim Schulhaus wurden weiche Saxophonklänge in die Strassen hinausgetragen. Paare zogen eng umschlungen durch die Stadt, die Mädchen schneeweiss angezogen, mit Kornblumen im Haar, die Burschen in Schwarz, mit den weinroten, grünen oder hellblauen Kepis der Schülerverbindungen. Die Gartenwirtschaften waren überfüllt. Im Sochachen kam man kaum mehr zwischen den besetzten Tischen unter den Linden hindurch. Und überall die Grillstände. Verkohlte oder leichenblasse Würste, die in fettiges Papier gewickelt und mit einem Stück Brot teuer verkauft wurden. Zum Mitfesten fehlte mir die Lust. Ich war, um die Tanzbühne herumgelungert und hatte Isabelle vom Rande aus tanzen gesehen, ohne dass ich sie gesucht hätte zwischen den Paaren. Sie war noch unwiderstehlicher gewesen als am Morgen in ihrem türkisblauen, umschleierten Abendkleid, das ihre Figur und den brünetten Teint zur vollen Geltung brachte. Die Lippen hatte sie blassrosa geschminkt. Unter dem frisch gebürsteten Haar glitzerte ein Ohrenschmuck. Wohl hatte mich dieser Anblick noch hart getroffen, hatte mich ihre fürstliche Schönheit mehr denn je betäubt. Aber ich war ihr doch gewachsen. Ich hatte eine Grenze des Schmerzes erfahren, die nicht mehr überschritten werden konnte.

Für ein Glas Bier setzte ich mich an einen der langen Holztische

Maienzug 1961: Hermann Burger v/o »Fis«, damals Vizepräsident der Verbindung Argovia, im Vollwichs eines Hornfuxen und Kurt Theodor Oehler v/o »Peck« am 14. Juli vor der Alten Kantonsschule Aarau.
PHOTO (DIN A6) FOTO-STRAUSS AARAU.

Isabelle. Kopie (Agfa Copyrapid, DIN A3) einer Bleistiftzeichnung, die 1961 am Kunsthausweg 18 in Aarau entstanden ist und in »Isabelle oder der erste Schnee« (Sommer 1968) liebevoll »Maria im Büstenhalter« genannt wird.

Er schreibt

Man sagt von diesem und jenem, er schreibt, und meint damit
durchaus etwas Heiliges, Respektgebietendes. Er schreibt, das
ist die letzte Würze im Dialog um eine Person, die Stichfrage,
mit deren Beantwortung ein Leben blitzartig aufgewertet wird
oder zu einem Gemeinplatz absinkt.

"Kennst du eigentlich den Bauhofer genauer?"

"~~Ich~~ Nein, warum?"

"Ich dachte nur, Er sieht immer so geistesabwesend aus, hat
einen irren Blick, der auf zerbrochene Spiegel schliessen lässt."

"Kennst du ihn?"

"Was man so kennen nennt. Ich habe ein paarmal mit ihm über
Philosophie gesprochen, man trifft ihn in den Bibliotheken an,
in schwach besetzten Cafés."

"Was arbeitet er?"

"Weiss ich nicht, vermutlich Lehrer, vielleicht einer von
jenen Privatgelehrten, die eine reiche Frau heiraten."

Bis dahin ist der Dialog völlig neutral, keine Glaubens- und
Gewissensfragen, keine Farbenbekenntnisse, blau, gelb, rot,
ein paar Dachlatten, mit denen ein Haus abgesteckt wird, bis
nun die entscheidende, alles umwerfende Frage kommt:

"Schreibt er?"

Es gibt Leute, die diese Frage so virtuos stellen, damit man
weder heraushört, ob sie schreiben, noch wie sie schreiben,
erfolgreich oder für die Schublade. Andere können die Angst vor
einem möglichen Konkurrenten ~~nur schlecht verbergen~~, der ihnen
den olympischen Logenplatz streitig zu machen imstande wäre, nur
schlecht verbergen. Wieder andere fragen ~~aus blosser~~ der Neugier
~~der Mittelmässigen mit dem Instinkt der Mittelmässigen, der alle~~
~~halbwegs gescheiterten Existenzen in der Gesellschaft wittert~~
aus blosser Neugier, weil einer, der sich nicht so recht einordnen
lässt, am Ende doch irgendetwas tun muss, und was eignet sich
dafür besser als Schreiben? Dann gibt es die Mittelmässigen, die
sich gern mit halbwegs gescheiterten Existenzen umgeben und mit
sicherem Jägerinstinkt alle künstlerisch erfolglosen Individuen
aus einer Gesellschaft herauswittern. Ihre Frage hat einen lauern-

Seite 1 der undatierten ersten Fassung von »Er schreibt«
(um 1968); vgl. 29–33.

11
Früh verübelt man's dem,
der ein Meister werden will.

12
Sein Leben hing an einem ausgefallenen Haar.

13
Das ist der Wettlauf der Welt.

14
Man soll das Lob nicht vor dem Abend vertagen.

15
Hab Sonnenstiche im Herzen!

16
Kommt Zeit, kommt Unrat.

17
Was bleibet aber, dichtet der Stifter.

18
Das Land der Seele mit den Griechen suchen. (Die Klassiker)

19
Wo Gedichte fehlen, da stellt ein Wortspiel
zur rechten Zeit sich ein.

20
Im Haus der Sprache umziehen.

21
Aus den Noten eine Jugend machen.

22
Ohne Zeiss kein Literaturpreis.

Helm auf!

Auf Aaraus Pulverturm-Rekonstruktion wurde am Montag das Dach aufgesetzt

-hf- Aarau, die «Stadt der schönen Giebel», von denen allerdings einige alles andere als eine Referenz für unsere Stadt sind und die dringend einer Renovation bedürften, hat seit Montagvormittag ein neues Photosujet: Einen Turm an der Ecke Ziegelrain/Axhlstrasse. Er ist ein Geschenk der Bauunternehmung Ad. Schäfer & Cie., die heuer ihr 100jähriges Bestehen feiern kann und die wehrhafte Bauwerk nach alten Vorlagen originalis rekonstruiert hat. Und zwar handelt es sich bei dieser Rekonstruktion um den einstigen Pulverturm der Aarauer Stadtbefestigung. Ein Teil dieses Pulverturmes war ja auch vorher schon Aarau nun noch photogener vorhanden, nur wurde dieses Aarauer Wehrsystem-Relikt bis auf seine ursprüngliche Höhe von 18 Metern aufgemauert und mit einem fünfeinhalb Meter hohen Spitzhelm überdacht. Am Montagvormittag wurde diese siebeneinhalb Tonnen schwere Helmkonstruktion, die man am Boden montiert hatte, fixfertig mit einem Pneukran auf den schiesschartenbewehrten Turm gesetzt. Das ganze Hebemanöver dauerte kaum zehn Minuten. Bis auf das Ziegeldach ist damit Aaraus neuestes Photosujet, welches das Stadtbild – von Schachen gesehen – attraktiv aufwertet, äusserlich fertiggestellt. Wie das Innere, vor allem die Turmstube, gestaltet werden soll, darüber ist man sich anscheinend noch nicht ganz einig. In den Turmfuss wird zudem zum Teil die jetzt unmittelbar vor dem Pulverturm sich befindende Trafostation verlegt, so dass das bisherige hässliche Trafogebäude abgebrochen werden kann. Doch bis dies geschehen kann, wird es sicherlich noch einige Monate dauern.

Zeitungsartikel aus Hermann Burgers persönlicher Sammlung: -hf- [Heinz Fröhlich], »Helm auf! Auf Aaraus Pulverturm-Rekonstruktion wurde am Montag das Dach aufgesetzt«, in: *Aargauer Tagblatt* (7. Juli 1970); vgl. 27 f.

— 15 —

Der Lokalhistoriker Barzel, der den Lokalteil unserer Tageszeitung redigiert betreut, um dessentwillen sie lesenswert sein soll, hat sich wieder einmal eine *e Nummer* geleistet. Da erhält die Stadt der schönen Giebel zu ihren viel geknipsten Giebeln hinzu ein neues Photosujet. Eine Baufirma, die ihren hundertjährigen Geburtstag feiert, rekonstruiert nach alten Zeichnungen den Pulverturm der Stadtbefestigung an der Ecke Ziegelrain-Asylstrasse, mauert den runden Turm selbstlos bis auf seine ursprüngliche Höhe von 18 Metern auf, zackt ihm Schiessscharten ein und schenkt ihm einen wunderschönen Kegelhelm, der am Boden gezimmert in liebevollster Handwerkerarbeit gezimmert und mit einem Kran in einem kaum zehn Minuten dauernden Manöver technisch perfekt aufgesetzt worden ist, und da schreibt Barzel, der das Versteckspiel hinter Zeichen liebt und bald mit rz, bald mit el zeichnet, sage und schreibe über seine Reportage: Helm auf! Ein Pulverturm, der wehrhafte Charakter ist ihm nicht abzustreiten, der aber trotzdem lieber explodieren als wehrhaft sein möchte, soll also wieder symbolische Pflichten übernehmen und jedem Reisenden, der, über den Schachendamm rollend, die mittelalterliche Stadtansicht bewundert, noch bevor er für ein*e* erlösende halbe Minute in den Schanztunnel taucht, zweideutig eindeutig klar machen, dass im Stadtkern eine Kaserne und kein Einkaufszentrum, geschweige denn ein Kulturzentrum steht. Der Reisende, dieser Zeichensprache mächtig, wird weder aus- noch umsteigen, sondern nach kurzem Halt zwischen Grossstadtleben vortäuschenden Perrons den Gruss des Vorstandes, der nicht ihm gilt, dankendxablehnenx unerwidert lassen und in Richtung Güterschuppen, Industriequartier davonrollen. Barzel hat sich wohl nicht überlegt, dass jeder Soldat, der dem gehässigen Befehl "Helm auf!" gehorchen muss, nur einen Wunsch kennt: Helm ab! Und der Pulverturm wird diesem Wunsch nicht ohne die Hilfe der Baufirma nachkommen können. Spätestens nach dreitägigen Manövern wird der Pulverturm nach dem erlösenden "Helm ab!" verlangen. Die Baufirma wird ihren Geburtstag verlängern müssen und den Helm in einem zehnminütigen Manöver auf jene Stelle setzen, wo er gezimmert worden ist. Das Beispiel wird Schule machen, andere Türme, allen voran der *Obertor*~~Stock~~turm, werden sich sagen: Warum nicht einmal Helm ab? und werden nach Geburtstag feiernden Baufirmen, nach girrenden Kränen stumm trotzig schreien. Der *Obertor*~~Stock~~turm wird sich seinen

Seite 15 des *Lokalberichts*; vgl. 27 f.

MISSBRAUCH DER JUNGEN

DIESES GEFECHT ZWISCHEN KADETTEN UND FREISCHAREN WIRD ALS PLAUSCH AUFGE-
FASST - ABER WAS STECKT DAHINTER?

= In Familie und Schule werden Gehorsam, Ordnung, Disziplin gefordert. Eine
Erziehung, die dem Kinde und seiner individuellen Besonderheit dient, gibt
es nur in Ansätzen.

= Die Kinder sollen in die bestehende Ordnung, in das bestehende Wirtschafts-
system eingegliedert werden. Nicht ihr Glück ist massgebend. Deshalb der
Gehorsam. Deshalb:

= Unsere Jugend wird nach wie vor nationalistisch erzogen. Sie wird echt
schweizerisch informiert. In Schulbüchern, in Jugendsendungen, an Feiern
wird offene oder Schleichwerbung getrieben für die "vollkommene Nation
Schweiz". Der gute Schweizer Junge ist derjenige, der zu dieser Nation
ja sagt.

= Bei den Pfadfindern, Jungscharen, Kadetten usw. wird neben der körperlichen
Ertüchtigung die "Charakterbildung" gross geschrieben. Der Gruppengeist
wird gefördert. Fahnen werden herumgetragen. "Charakterbildung" bedeutet:
eine fröhliche, singende Jugend heranzüchten, die nicht lange Haare trägt,
nicht politisch ist - eine gesunde, brave Jugend, die nicht opponiert.

= In diesen Organisationen besteht eine Führungshierarchie: Fähnliführer,
Zugführer, Hauptmann usw. Das Fussvolk marschiert in die Unselbständigkeit.

= Die Jungen werden in Uniformen gesteckt.

= Meldung aus Peking (China): Den Jungs werden Holzgewehre in die Hände ge-
drückt. Sie üben...
Meldung aus Lenzburg (CH): Die Kadetten haben die Gewehre gefasst. Sie
üben...

= In der Rekrutenschule werden Gehorsam, Ordnung, Disziplin absolut gefor-
dert. Die Militärzucht soll richtige Männer erzeugen. Wehrhafte Männer.

ALBERT EINSTEIN : D A S   M I R   V E R H A S S T E   M I L I T A E R

"Bei diesem Gegenstand komme ich auf die schlimmste Ausgeburt des Herdenwe-
sens zu reden: auf das mir verhasste Militär! Wenn einer mit Vergnügen in
Reih und Glied zu einer Musik marschieren kann, dann verachte ich ihn schon;
er hat sein grosses Gehirn nur aus Irrtum bekommen, da für ihn das Rücken-
mark schon völlig genügen würde. Diesen Schandfleck der Zivilisation sollte
man so schnell wie möglich zum Verschwinden bringen. Heldentum auf Kommando,
sinnlose Gewalttat und die leidige Vaterländerei, wie glühend hasse ich sie,
wie gemein und verächtlich erscheint mir der Krieg; ich möchte mich lieber
in Stücke schlagen lassen, als mich an einem so elenden Tun beteiligen! Ich
denke immerhin so gut von der Menschheit, dass ich glaube, dieser Spuk wäre
schon lange verschwunden, wenn der gesunde Sinn der Völker nicht von ge-
schäftlichen und politischen Interessenten durch Schule und Presse syste-
matisch korrumpiert würde."

DER KRIEG BEGINNT HIER

IDK, INTERNATIONALE DER KRIEGSDIENSTGEGNER, GRUPPE AARAU
AAA, AKTION AUFKLAERUNG AARAU   Postfach 554, 5001 Aarau

Hermann Burgers persönliches Exemplar des Flugblatts, das am Freischaren-Manöver im Rahmen des Lenzburger Jugendfests vom 10. Juli 1970 verteilt wurde; vgl. 176f.

Samstag, den 11. Juli 1970 AT/BT

Lenzburg

Hono-Lulu
Die letzte Schlacht noch nicht geschlagen

-hf- Mit ihrem schaurigschönen Kriegsruf «Hono-Lulu» auf den Lippen und erstmals von einer Feldmusik moralisch aufgemöbelt, zogen gestern nachmittag rund 300 Freischärler siegesgewiss in den Kampf, um sich – wie es die Tradition befiehlt – bereits zwei Stunden später geschlagen den Kadetten zu ergeben.

Es gibt eine ganze Menge Leute, die behaupten, das Totengeläute des harmlos tönenden Jugendfest-Anhängsel – zwei Jahre tobenden Freischarenmanövers hören und die den Kampf zwischen Kadettenkorps und einem bunt zusammengewürfelten Stürmerhaufen als längst veraltete «Kinderei» titulieren. Wer jedoch das am Freitagnachmittag auf bewegende Kampfgewühl als «Unbelastater» verfolgte, konnte von einem Absterben der traditionell alle zwei Jahre

aufflammenden Schlacht nichts bemerken. Oder war es das oft zitierte «letzte Aufbäumen» vor dem Ende? Denn so wie heuer gekämpft wurde, knallte, donnerte und dampfte es wohl noch nie. Auf den Gesichtern beider Parteien spiegelte sich das reine Vergnügen. Oberlist der Freischärler diesmal sogar den im Gewinnen erfahrenen Israel-Blitzkrieger Moshe Dajan als Berater beigezogen hatten, wollte mehr Gutes als gefühlt kämpfenden Freischarentruppen dennoch von den unter schulmeisterlicher Taktik stehenden Blitz-Kadetten über den «Galgen» Schützenmatt – das letzte Reduit der Freischärler – getrieben. Die schliesslich der Anführer der fremden Kriegsvölker wimmernd die bedinungslose Kapitulation anbot und zum Zeichen seiner Unterwerfung seinen verrosteten Säbel dem Kadetten-Oberleutnant übergab. War in diesem Moment der scheinbaren Niederlage ich Auge des geschlagenen Generals zu lesen verstand, der sah, dass diese Kapitulation nur eine taktische Massnahme war und dass der Mordlust noch lange nicht aufgebaren gefallt ist! Diejenigen, die nun glauben, die letzte Schlacht sei geschlagen, seien gewarnt: In zwei Jahren wird dieser Freischarengeneral mit neuen Legionen Lenzburg erneut, aber ebenmals erfolgreich berennen. Und sei es nur zum eigenen Plausch.

Links oben bis unten: Laden...., Feuer..., Wumm - lachende Gesichter... Im Indianerland war die Börse gut. «Wie wir vorgehen, das ist gleich: Wer den Sieg ist unser.»

Rechts oben bis unten: Mit klingendem Spiel in den ausichtslosen Kampf. «Eine lange, lange Stang mit einem messen Felsen daran». Kapitulation der Freischärler. «Ein dreiffaches «Hono-Lulu» für das Tagblatt.» Auch Tiroler nehmen am Kampf teil.

Zeitungsartikel aus Hermann Burgers persönlicher Sammlung: -hf- [Heinz Fröhlich], »Hono-Lulu: Die letzte Schlacht noch nicht geschlagen«, in: *Aargauer Tagblatt* (11. Juli 1970); vgl. 179₃₁f und 195₂₅.

3.1.72

Das Illusionstheater

Historisch-kritische Ausgabe
einer Novelle

Verfasst, kommentiert, interpretiert
und herausgegeben von

Hermann Burger

Artemis Verlag

Entwurf eines Deckblatts zur (in dieser Form nie realisierten) Novelle »Das Illusionstheater« mit handschriftlicher Datierung.

EDITORISCHE NOTIZ

Beschaffenheit des Textträgers

Der Textträger, auf dem die hiermit vorgelegte Editio princeps von Hermann Burgers *Lokalbericht* basiert, befindet sich im Nachlass des Autors, der im Herbst 1989 durch die Schweizerische Eidgenossenschaft von Burgers Erben erworben wurde und seit der Gründung des Schweizerischen Literaturarchivs Bern (SLA) im Januar 1991 zu dessen Bestand gehört (Signatur A–1-b). Es handelt sich dabei um ein aus drei verschieden langen Teilen bestehendes Typoskript mit schreibmaschinellen Sofort- und handschriftlichen Spätkorrekturen. Die Korrekturen von Hand sind mit mehreren Schreibgeräten (Bleistift, Kugelschreiber, Filzstift) angebracht und erfolgten demnach zu unterschiedlichen, nicht genau datierbaren Zeitpunkten. Das Typoskript umfasst 178 linksrandig gelochte DIN A4-Blätter, die – abgesehen von Blatt 65, das als einziges recto und verso beschrieben ist – einseitig beschriftet und ab Blatt 2 in der Kopfzeile paginiert sind (»–2–« etc.). Die Paginierung von Blatt 21, das irrtümlich noch einmal mit der Seitenzahl »20« versehen wurde, trägt ausnahmsweise in blauem Kugelschreiber die Ergänzung »a«. Weitere Besonderheiten der Paginierung sind: 1) Burger gestaltete die Seitennummerierung der drei Teile nicht fortlaufend, sondern zentesimal, d. h. der II. Teil beginnt mit »101« (vgl. ABB. S. 233) bzw. der III. Teil mit »201«, obwohl der I. Teil auf Seite »90« bzw. der II. Teil auf Seite »183« endet. 2) In den II. Teil montierte Burger materiell zwei Ausschnitte aus seinem 1968 entstandenen Typoskript »Die Illusion« (A–1-b) und passte deshalb mit blauem Kugelschreiber die Seitenzahlen von »8« bis »16« zu »127« bis »135« (vgl.

ABB. S. 238) bzw. von »17« bis »29« zu »162« bis »174« (vgl. ABB. S. 239) an. Alle Blätter bestehen aus weißem Schreibmaschinenpapier, sind jedoch – zumal die älteren, einmontierten – unterschiedlich stark lichtrandig und vergilbt. Nicht selten haften am oberen Rand auch noch die Fetzchen des Leims, mit dem die Papierblöcke ursprünglich zusammengeschweißt waren. Insbesondere die erste Seite ist zudem am oberen Rand zerknittert und hat feine Risse, während die ersten Blätter des II. und III. Teils in der oberen Hälfte deckungsgleich kleine Fettflecken aufweisen. Einzelne Blatt-Ensembles tragen überdies im linken oberen Eck Abdruckspuren von Heftklammern (vgl. S. 17–20, 26–28, 35–37, 42–45, 78–80, 83–86).

Das Typoskript zeigt insgesamt vier verschiedene Schriftbilder, die aufgrund von weiteren Dokumenten aus Burgers Nachlass auf folgende Schreibmaschinentypen schließen lassen: Blatt 1 und 2 sind vermutlich auf jener Underwood Universal mit serifenloser Schrift getippt (vgl. ABB. S. 232), die Burger am 7. Juli 1970 bei der Otto Mathys AG in Aarau aus der Reparatur geholt und dort am 9. Juli beim Kauf einer neuen Hermes Media 3 (Schriftart: Pica) bereits wieder in Zahlung gegeben hat.[1] Blatt 3 bis 10 (obere Hälfte) wiederum wurden wohl mit einer nicht genauer identifizierbaren Olivetti (Schriftart: Pica) geschrieben (vgl. 25_{32}). Ab Blatt 10 (untere Hälfte) dann gelangte die neu erstandene Hermes Media 3 zum Einsatz (vgl. ABB. S. 236). Die aus dem Typoskript »Die Illusion« stammenden Seiten schließlich hat Burger mit ziemlicher Sicherheit mit seiner damaligen Schreibmaschine, einer Olivetti Lettera 22 (Schriftart: Pica), verfasst.[2]

---

[1] — Vgl. Lieferschein Underwood Universal Nr. 2534 161 vom 7. Juli 1970 bzw. Quittung Schreibmaschine Hermes Media 3 vom 9. Juli 1970, beide in: Schweizerisches Literaturarchiv Bern (SLA), Nachlass Hermann Burger, C-11-d. Vgl. dazu auch den »Kommentar«, S. 264.
[2] — Vgl. Hermann Burger, »Schreibmaschine« (s. d. [1968]), in: SLA, Nachlass Hermann Burger, A-1-a. Darin beschreibt Burger seine Olivetti Lettera 22,

Dem Typoskript liegt zuoberst ein ebenfalls linksrandig gelochtes, weißes DIN A4-Blatt bei, das recto maschinenbeschrieben und mit »Inhaltsübersicht« betitelt ist (vgl. ABB. S. 234). In dieser Übersicht sind unter Angabe von Titeln und Umfang die thematischen Einheiten des ersten (titellosen) Teils des *Lokalberichts* (vgl. 9–122) der Reihe nach aufgeführt. So umfasst beispielsweise der Textbaustein »Er schreibt« (vgl. 29–33) vier Typoskript-Seiten (Bl. 17–20). Die folglich nach der Niederschrift des I. Teils erstellte »Inhaltsübersicht« wurde vom Autor im rechten oberen Eck in blauem Kugelschreiber datiert mit: »geschrieben im Juli/ August 1970 im Tessin (Calascino)«. Während die Datierung aber nicht nur für den I. Teil, sondern – abgesehen von den erwähnten Montagen – für den gesamten *Lokalbericht* gilt, ist zur Ortsangabe zu präzisieren: Begonnen hat Burger das Typoskript in den ersten Juliwochen noch in Aarau.[3]

Edierter Text

Dieser erstmalige Abdruck von Hermann Burgers *Lokalbericht* ist aus Rücksicht auf die Lesbarkeit des Textes nicht diplomatisch. Dementsprechend wurde auf die Markierung des Seiten- und Zeilenumbruchs des Typoskripts ebenso verzichtet wie auf die diakritische Auszeichnung der Umsetzung der Korrekturen von Autorenhand. Auch wurden eindeutige Tippfehler sowie offensichtliche Versehen stillschweigend emendiert. Desgleichen erfolgten die behutsame Anpassung an die neue deutsche Rechtschreibung (inkl. ›ß‹ statt ›ss‹) und die Umwandlung der auf Burgers Schreibmaschinentastaturen nicht zur Verfügung stehenden versalen Umlaute (›Ä‹, ›Ö‹, ›Ü‹ statt ›Ae‹, ›Oe‹, ›Ue‹).

---

wobei das Schriftbild mit jenem von »Die Illusion« identisch ist. Vgl. dazu auch den »Kommentar«, S. 264 (Anm. 035).
3 —— Vgl. Hermann Burger, Brief an den Vater vom 2. August 1970 aus Calascino, S. 2, in: SLA, Nachlass Hermann Burger, B-1-BURGPFH. Vgl. dazu auch den »Kommentar«, S. 268.

Hervorhebungen im Typoskript schließlich sind *kursiv* gesetzt.

Dass hier eine von den Herausgebenden bereinigte Leseausgabe des *Lokalberichts* präsentiert wird, obwohl es sich dabei um eine Editio princeps aus dem Nachlass handelt, begründet sich so: Das Buch bildet ›nur‹ einen Teil der Erstveröffentlichung, die zur Hauptsache in einer digitalen Edition besteht (vgl. S. 255 f). Dort wird unter anderem von allen Typoskript-Seiten ein Faksimile geboten, sodass sich sämtliche editorischen Entscheide am digitalisierten ›Original‹ überprüfen lassen; etwa der, dass das Zeichen am linken Rand der Typoskript-Seite 162 (vgl. ABB. S. 239) als ein die Streichung aufhebendes Häklein interpretiert wurde (vgl. 199$_{22-33}$). Alle anderen Eingriffe in den Textlaut, welche die Herausgebenden mit Blick auf die inhaltliche Konsistenz einzig für diese Leseausgabe in Buchform vorgenommen haben, sind im Folgenden nachgewiesen:

10$_{24}$ Günter Grass] statt Harry Liebenau — *In den späteren Nennungen des Dissertationstitels figuriert jeweils der Name »Günter Grass« und nicht der Figurenname aus Grass' Roman ›Hundejahre‹ (1963) »Harry Liebenau« (vgl. 63$_{33f}$, 79$_{21f}$).*

10$_{28}$ Günter] statt Balz — *Der Vorname des Protagonisten lautet im weiteren Verlauf des Romans stets »Günter« und nicht »Balz«.*

28$_{05f}$ Stockturm] statt Obertorturm — *Burgers handschriftliche Spätkorrektur des maschinengeschriebenen »Stockturm« zu »Obertorturm« wurde hier um der Konsistenz willen nicht umgesetzt. Seine Korrektur erfolgte vermutlich im Hinblick auf die Veröffentlichung (auch) dieser Passage in den ›Aarauer Neujahrsblättern‹ 1977, wo der Aarauer Stadtturm konsequent »Obertorturm« genannt wird (vgl. dazu den Kommentar, S. 309, Anm. 80 bzw.* ABB. *S. 245).*

EDIERTER TEXT

28_{08} Stockturm] *statt* Obertorturm *(vgl. Anm. zu 28_{05f}).*
28_{19} Stockturm] *statt* Obertorturm *(vgl. Anm. zu 28_{05f}).*
29_{27} Laubschad] *statt* Labhardt — *Burgers handschriftliche Spätkorrektur des maschinengeschriebenen »Laubschad« zu »Labhardt« wurde hier um der Konsistenz willen (vgl. 19_{01}, 64_{07}) nicht umgesetzt.*
29_{32} Laubschad] *statt* Labhardt *(vgl. Anm. zu 29_{27}).*
29_{35} Laubschad] *statt* Labhardt *(vgl. Anm. zu 29_{27}).*
30_{07} Laubschad] *statt* Labhardt *(vgl. Anm. zu 29_{27}).*
30_{35} Laubschad] *statt* Labhardt *(vgl. Anm. zu 29_{27}).*
32_{24} Laubschad] *statt* Labhardt *(vgl. Anm. zu 29_{27}).*
33_{22f} Laubschad] *statt* Labhardt *(vgl. Anm. zu 29_{27}).*
73_{06f} Stockturm] *statt* Oberturm *(vgl. Anm. zu 28_{05f})* — *Tatsächlich kursieren als Bezeichnung für den Aarauer Stadtturm sowohl »Obertorturm« als auch »Oberturm«. Vgl. z. B. Alfred Lüthi/Georg Boner/Margareta Edlin/Martin Pestalozzi, ›Geschichte der Stadt Aarau‹, Aarau/Frankfurt am Main/Salzburg 1978, S. 202.*
75_{30} Stockturmes] *statt* Oberturmes *(vgl. Anm. zu 73_{06f}).*
77_{06} Stockturm] *statt* Oberturm *(vgl. Anm. zu 73_{06f}).*
104_{29} Stockturmes] *statt* Oberturmes *(vgl. Anm. zu 73_{06f}).*
105_{28} Stockturms] *statt* Oberturms *(vgl. Anm. zu 73_{06f}).*
112_{06} Koprophiler] *statt* Krokophiler — *Oder doch ein Gag des Autors? Who knows ...*
124_{02} Oberturm] *statt* Obertorturm — *Der Stadtturm wird bei seiner ersten Okkurrenz »Oberturm« genannt (vgl. 12_{16} bzw. Anm. zu 73_{06f}).*
131_{19} Stockturm] *statt* Oberturm *(vgl. Anm. zu 73_{06f}).*
133_{03} Stockturm] *statt* Oberturm *(vgl. Anm. zu 73_{06f}).*
136_{06} Stockturm] *statt* Oberturm *(vgl. Anm. zu 73_{06f}).*
136_{09} Stockturm] *statt* Oberturm *(vgl. Anm. zu 73_{06f}).*
136_{09} Stöckeltürmchen] *statt* Obertürmchen *(vgl. Anm. zu 73_{06f}).*
136_{28} Stockturm] *statt* Oberturm *(vgl. Anm. zu 73_{06f}).*

EDITORISCHE NOTIZ

145_{19} Pophalde] *statt* Popohalde *(vgl. Anm. zu 112_{06}).*

152_{08} Zahnarztes] *statt* Anwalts — *Isabelles Vater ist im weiteren Verlauf des Romans nicht zufällig Zahnarzt von Beruf (vgl. 193_{08}).*

156–165   In den Sommerferien ... Käfer.] *In anderer Schrift gesetzt, da Burger hier materiell die Seiten 8–16 aus seinem Typoskript »Die Illusion« von 1968 einmontiert hat (vgl. dazu den Kommentar, S. 265 bzw.* ABB. *S. 238).*

167_{14} die sogenannte Wirklichkeit] *statt* das sogenannte Leben — *Der Titel des zweiten Teils lautet »Das Fest oder die sogenannte Wirklichkeit« und nicht »Das Fest oder das sogenannte Leben« (vgl. 123_{04}).*

172_{18} Schützenmatte] *statt* Schützenwiese — *Der Schauplatz der gestellten Schlacht wird in der Folge stets »Schützenmatte« genannt (vgl. 173_{11}, 174_{25}, 180_{31}).*

173_{19} Stockturm] *statt* Oberturm *(vgl. Anm. zu 73_{06f}).*

189_{29} wieder heraus.] *Ergänzung des unvollständigen Satzes durch die Herausgebenden.*

195_{25} lange] *Ergänzung der Herausgebenden, da der Titel von Barzels Artikel bei der ersten Nennung »Die letzte Schlacht ist noch lange nicht geschlagen« lautet (vgl. 179_{32}).*

199–215   Die Illusion ... Finsternis.] *In anderer Schrift gesetzt, da Burger hier materiell die Seiten 17–29 aus seinem Typoskript »Die Illusion« von 1968 einmontiert hat (vgl. dazu den Kommentar, S. 265 bzw.* ABB. *S. 239), wobei der Schluss (ab 212_{33}: Ausfallstellung ...) aber neu getippt und stark umgeschrieben wurde.*

224_{10} Angelica] *statt* Anästhesia — *Der Name von Neidthammers Assistentin lautet zuvor motiviert »Angelica« (vgl. 103_{27}) und nicht »Anästhesia«.*

224_{17} Angelica] *statt* Anästhesia *(vgl. Anm. zu 224_{10}).*

224_{30} Angelica] *statt* Anästhesia *(vgl. Anm. zu 224_{10}).*

DIGITALE EDITION

Bei der vorliegenden Leseausgabe des *Lokalberichts* handelt es sich, wie in der »Editorischen Notiz« ausgeführt, nicht um einen diplomatischen Abdruck des Typoskripts (vgl. S. 251). Deshalb sind Burgers Korrekturen – sie bestehen aus Tilgungen, Additionen, Substitutionen und Umstellungen – in diesem Buch nicht mit diakritischen Zeichen kenntlich gemacht. Doch nicht nur diese mikrogenetische Varianz, d.h. die schreibprozessualen Änderungen auf der jeweiligen Typoskript-Seite, wird damit eskamotiert. Vielmehr zeichnet sich die Entstehung des *Lokalberichts* – wie der Blick auf das *dossier génétique* zeigt (vgl. S. [266f]) – besonders dadurch aus, dass einzelne Textbausteine eine lange Vorgeschichte haben. Es liegt somit neben der mikrogenetischen auch eine makrogenetische Varianz vor, d.h. es gibt Änderungen *zwischen* den Textstufen, die sich auf der einzelnen Typoskript-Seite nicht manifestieren, sondern erst im Vergleich der betreffenden Dokumente erkennbar werden. Da Burger nun all diese früheren Fassungen aufbewahrt hat, sodass sie heute in seinem Nachlass ebenfalls erhalten sind, und da dieses umfangreiche, den Rahmen und die Möglichkeiten eines Buches aber bei weitem sprengende Material für seine musivische Arbeitsweise höchst aufschlussreich ist, empfahl sich für dessen editorische Erschließung ein anderes Medium. Das Ergebnis – eine *Digitale Edition,* die in Zusammenarbeit mit dem Cologne Center for eHumanities (CCeH) erarbeitet wurde – ist im WWW unter der Adresse http://lokalbericht.ch abrufbar.

Die *Digitale Edition* ermöglicht dem User, sowohl die Textgenese des *Lokalberichts* nachzuvollziehen, als sich auch mit dem Material aus den verschiedenen Phasen des Schreibprozesses im Einzelnen zu beschäftigen. Präsentiert wird das Textkorpus auf drei Ebenen, die sich wahlweise synoptisch betrachten lassen: 1. *Digitalisat,* d.h. alle Dokumente als hochauflösende Faksimiles; 2. *Diplomatische Transkription,* d.h. die Umschrift aller Texte inklusive mikrogenetischer Varianz; 3. *Lesefassung,* d.h. die Umschrift aller Texte ohne mikrogenetische Varianz. Die Transkriptionen sind durchsuchbar und mit Registereinträgen verknüpft. Zudem sind sie mit Stellenkommentaren versehen, die sich via Pop-up einblenden lassen. Das Herzstück der *Digitalen Edition* bildet jedoch eine interaktive Gesamtsicht auf das *dossier génétique,* welche die genetischen Bezüge zwischen den Einzeldokumenten aus der Vogelperspektive aufzeigt und als zentrales Navigationsinstrument dient. Auf diese Weise werden zum einen die Relationen zwischen den Textträgern – also die Makrogenese – und die mosaikartige Konstitution des *Lokalberichts* sichtbar gemacht. Zum anderen kann der User per Mausklick auf die genetischen Pfade in die synoptische Ansicht wechseln und dort die miteinander in Bezug stehenden Dokumente miteinander vergleichen, wobei er stets die Wahl zwischen den drei Textpräsentationsebenen hat. Die *Digitale Edition* gestattet somit eine dynamische Lektüre des Textkorpus und eröffnet zugleich den erstmaligen Zugang zu weiteren unveröffentlichten Materialien aus Hermann Burgers Nachlass.

http://lokalbericht.ch

KOMMENTAR

von Simon Zumsteg

Zu entdecken gibt es im umfangreichen Nachlass von Hermann Burger (1942–1989) noch immer vieles. Dazu gehörte bis jetzt überraschenderweise auch das Typoskript *Lokalbericht*. Überraschenderweise deshalb, weil die herausragende Bedeutung dieses im Nachlassinventar seit je verzeichneten Textkonvoluts der bisherigen Forschung offenbar entgangen ist, denn nur ganz selten und beiläufig findet es bis anhin überhaupt Erwähnung.[001] Die Kontextualisierung des Typoskripts in Burgers Schaffen zeigt jedoch schnell: Der 1970 geschriebene, aber unveröffentlicht gebliebene *Lokalbericht* – über die Gründe seiner Nichtveröffentlichung kann nur fundiert spekuliert werden – nimmt in seinem Lebenswerk und Werkleben eine Scharnierfunktion ein.[002] In diesem ›Rohdiamanten‹ tastet sich Burger zum ersten Mal ungestüm an jene unverwechselbare Poetik heran, die ab seinem Roman *Schilten: Schulbericht zuhanden der Inspektorenkonferenz* von 1976 zu seinem Markenzeichen wird.

Die erstmalige Herausgabe des *Lokalberichts* aus dem Nachlass schien daher angezeigt.[003] Dabei stand von vornherein fest, dass diese postume Veröffentlichung eine andere editorische Handhabe erfordert als die 2014 erschienene Leseausgabe von Burgers *Werken in acht Bänden*, die sich auf den Wiederabdruck seiner bereits einmal publizierten Texte beschränkte.[004] Ein Teil des Resultats, das in einer vom Schweizerischen Literaturarchiv Bern und vom Cologne Center for eHumanities verantworteten Hybrid-Edition besteht (vgl. S. 255 f), liegt hiermit nun vor: die Lesefassung des *Lokalberichts* mit diesem Überblickskommentar, der die Hintergründe der Textentstehung erläutert.

Bi(bli)ographisches

Anfang Oktober 1967 – unmittelbar vor ihrer Heirat – beziehen Hermann Burger und Anne Marie Carrel (* 1942) die erste gemeinsame Bleibe im fünften Stockwerk des Wohnsilos am Gönhardweg 6 in Aarau mit Blick auf das sich im Bau befindliche Hochhaus der Aargauischen Elektrizitätswerke (AEW).[005] Auf die Hauptstadt des Schweizer Kantons Aargau fällt die Wahl des Wohnorts zwar, weil die Ehefrau am dortigen Obergericht bis zur Erlangung ihres Anwaltspatents eine Anstellung als Gerichtsschreiberin erhält. Für Burger aber bedeutet das zugleich eine Rückkehr an den Ursprung: Im Kantonsspital Aarau wurde er – am selben Tag fand mit dem sogenannten Maienzug das bis heute alljährlich begangene Aarauer Jugendfest statt[006] – am 10. Juli 1942 geboren. Und in Aarau besuchte der im aargauischen Menziken Aufgewachsene von 1958 bis 1961 die mathematische Abteilung der Alten Kantonsschule. Zu Beginn im »Kosthaus« seiner Schule an der Rohrerstraße und anschließend als Untermieter in einer Pension am Kunsthausweg 18 logierend, gehörte der damals jeweils am zweiten Freitag im Juli veranstaltete Maienzug während der Gymnasialzeit bald zum festen Ritual. Im letzten Schuljahr absolvierte Burger den Festumzug gar in der Kluft der Kantonsschülerverbindung Argovia, der er kurz zuvor beigetreten war und es in deren Hierarchie auf Anhieb zum Vizepräsidenten gebracht hatte (vgl. ABB. S. 240).

An diesen autobiographisch aufgeladenen Ort also kehrt Burger nach rund sechs Jahren wieder zurück. Jahre, die vor allem durch die Unsicherheit in der Berufswahl geprägt waren. Belegte er nach der Matura noch probehalber Veranstaltungen in Philosophie und Germanistik an der Universität Zürich und – zeichnerisch nicht unbegabt (vgl. ABB. S. 241) – gleichzeitig Kurse an der Kunstgewerbeschule Zürich, immatrikulierte er sich im Anschluss an die Rekrutenschule, die er im Frühjahr 1962 in Thun als Panzersoldat ableistete, an der Eidgenössischen Technischen Hochschule (ETH) Zürich für ein Studium der Architektur. Weit mehr als sein Fach interessierte ihn allerdings die Literatur. Animiert durch den Besuch der Vorlesungen, die Karl Schmid an der Freifächerabteilung für Geistes- und Sozialwissenschaften der ETH hielt, wurde Burger nicht nur zum begeisterten Leser literarischer Neuerscheinungen, sondern unternahm – besonders beeindruckt von Günter Grass' Erstlingsroman *Die Blechtrommel* (1959) – ab Mitte 1963 auch eigene Schreibversuche.[007] Und dank dem Literaturkritiker Anton Krättli, seines Zeichens Altherr der Verbindung Argovia mit dem sprechenden Cerevis »smoke« und Literaturredaktor beim *Aargauer Tagblatt,* konnte der nebenher in der Aarauer Buchhandlung Meissner jobbende Architekturstudent kurz darauf auch schon seine erste Veröffentlichung vorweisen: In den *Aargauer Blättern,* der von 1961 bis 1968 gedruckten und ebenfalls von Krättli verantworteten Monatsbeilage zum *Badener Tagblatt,* erschienen im Dezember 1963 die Gedichte »Spät« und »Drachen im Herbst« sowie die Prosaskizze »Der Schnee gilt mir«.[008] Die Tage des Architekturstudiums waren damit gezählt, die definitive Entscheidung zum Abbruch traf Burger jedoch erst im Frühling 1965. Der Exmatrikulation an der ETH folgte per Sommersemester die (erneute) Aufnahme eines Germanistik-Studiums an der Universität Zürich, das er an Pfingsten mit der Teilnahme an einer literarischen Exkursion nach Tübingen ›einläutete‹.

Wer da im Herbst 1967 nach Aarau zurückkommt, ist somit ein schreibender Zürcher Student der Germanistik, der für seine unmittelbar bevorstehende erste Buchpublikation – das Gedichtbändchen *Rauchsignale* im Artemis

Verlag – in der Juli-Nummer der Studentenzeitung mit dem poetologischen Essay »Schreiben Sie, trotz Germanistik?« schon einmal vorsorglich die Werbetrommel gerührt hat.[009] Zudem verfügt er einerseits via Anton Krättli bereits über einen ausgezeichneten Kontakt zur lokalen Presse, der sich insofern noch intensiviert, als Burger bald selbst als Literaturkritiker für das *Aargauer Tagblatt* tätig wird. Andererseits übernimmt er auf das kommende Jahr hin ein kleines Pensum als Hilfslehrer für Deutsch an eben jener Kantonsschule, die er einst selbst besucht hatte. Das sind die sich gegenseitig beeinflussenden Sparten, aus denen sein Berufsleben sich in der nächsten Zeit wesentlich zusammensetzt.

Schriftstellerisch steht 1968 bei Burger ganz im Zeichen der Prosa. Im Hinblick auf die Veröffentlichung einer Sammlung von Erzählungen fährt er damit fort, wozu er mit der Geschichte »Bork« bereits im vergangenen Jahr den Grundstein gelegt hat. Von der Sommerpause – das spätere Titelstück des geplanten Bandes erscheint in dieser Zeit in der belletristischen Monatsschrift *Schweizer Spiegel*[010] – verspricht er sich die hierzu nötige Muße. Das Ehepaar verbringt den Urlaub im Tessin, und ihr Ferienhaus, das mütterlicherseits Verwandten von Burger gehört, erweist sich als ungemein inspirierender Ort: »Zum Schreiben und Ruhen ist es herrlich hier. Eine besonnte Terrasse, an deren Brüstungsmauer ich sitze, Blick auf das tief unten liegende, spielzeughaft aufgebaute Brissago und den halben Lago Maggiore«, schreibt Burger am 23. Juli 1968 aus Calascino sopra Gadero an den befreundeten Autor Hans Boesch.[011] Und drei Tage darauf an seine Eltern: »Für mich ist es das günstigste Schreibklima.«[012] Das ist nicht übertrieben, bringt er doch kaum einen Monat später rund »hundertachtzig Buchseiten Prosa« mit nach Hause.[013] Darunter befindet sich etwa die Literatursatire »Die Leser auf der Stör«, in der ein »Leseinstitut« namens »Legissima«

dem von der schieren Bücherfülle heillos überforderten Bildungsbürgertum gegen Bezahlung die unliebsame Lektüre abnimmt.[014] Aber auch die Geschichte »Isabelle oder der erste Schnee«, in die Burger mit »Eine Illusion« – das Typoskript lag bereits seit Oktober 1963 in seiner Schublade (vgl. ABB. S. 237) – einen seiner frühesten Texte leicht überarbeitet als Binnenerzählung integriert hat, gehört zu den Ergebnissen dieses produktiven Sommers.[015] Wirklich zufrieden ist der Autor mit dem insgesamt Entstandenen freilich noch nicht. Vielmehr macht er sich abermals mit der »Heckenschere« dahinter,[016] ehe er die Textsammlung dem Artemis Verlag im Herbst zur ersten Prüfung vorlegt. Auch dies jedoch tut er nur zögerlich – namentlich im Fall von »Die Illusion«, wie »Isabelle oder der erste Schnee« nach der neuerlichen Bearbeitung nun (sieht man vom Artikel ab: wieder) heißt: »Vorausschicken möchte ich eine Bemerkung zur Erzählung ›Die Illusion‹«, führt Burger gegenüber seinem Verleger Bruno Mariacher aus: »Es ist die längste, zugleich aber auch die älteste Arbeit [...]. Ich glaube, sie passt in der vorliegenden Form nicht mehr in den Rahmen. Sie ist zu pubertär. Hingegen ergäbe der stärkste Teil, die Budenstadt-Episode, eine Erzählung für sich.«[017] Tatsächlich wird dann aber weder »Die Illusion« noch ihr »stärkste[r] Teil« Eingang in Burgers erstes Prosabuch finden, wobei es bis zu dessen Publikation zu diesem Zeitpunkt noch eine Weile hin ist. Vorerst indes rückt die Arbeit an der epischen Kleinform wieder in den Hintergrund.

Zwar werden mit »Die Leser auf der Stör«[018] und »Die Ameisen«[019] bereits die ersten Resultate des zurückliegenden Sommers gedruckt, doch hauptsächlich in Anspruch genommen wird Burger im ersten Tertial des Jahres 1969 vom Studium und speziell von der Vorbereitung für das Kleine Latinum, das er als Absolvent eines mathematischen Gymnasiumprofils nachzuholen hat. Erst nach Ablegung des Latein-Examens findet er wieder Zeit für anderes und wagt sich im Sommer an seinen ersten Roman mit dem Arbeitstitel *Treppen*.[020] Die am 7. Juni begonnene Produktion dieses autobiographischen, in der Ich-Perspektive verfassten Texts, auf den Burger gegen Ende des Lebens in seinem Fragment bleibenden *Brenner*-Projekt ausgiebig zurückgreifen wird, gerät allerdings nach nur zwei Kapiteln ins Stocken. Sei es – das Ehepaar bezieht auf den 1. Juli am Gönhardweg 6 eine größere Wohnung im zweiten Stockwerk[021] – aufgrund der Störung durch einen Umzug. Oder sei es, weil Burger seine Sommerferien heuer nicht stationär verbringt, sondern zusammen mit seinem Freund Konrad Fischer v/o »Vat« (* 1944) eine Autoreise »über Weimar, Dresden, Breslau [...] durch ehemals Schlesien nach Ratibor [...] über Krakau, Warschau, Danzig, Frankfurt an der Oder, an Berlin vorbei nach Hamburg« unternimmt, um auf den Spuren der bewunderten *Blechtrommel* in Danzig nicht zuletzt auch »die Grass[']sche Romanwelt, Stockturm, Zeughauspassage, Jäschkentaler Wald, Langfuhr, Oliva, Zoppot, und natürlich die Polnische Post sowie die Westerplatte« zu besichtigen.[022] Jedenfalls bleibt der angefangene Roman nach der Rückkehr von der Reise liegen, und der Autor beginnt stattdessen zum einen mit einer Sammelaktion, die er nahezu ein Jahr lang ziemlich systematisch fortsetzen wird: Er reißt die Lokalseiten zu Aarau aus dem *Aargauer Tagblatt* heraus und bewahrt sie auf.[023] Zum anderen widmet er sich nun bis auf Weiteres vorwiegend der Literaturkritik. Schon vor dem Urlaub hat er mit Anton Krättli beim *Aargauer Tagblatt* die Herausgabe der Monatsbeilage »Literatur+Kritik« in die Wege geleitet, und als deren (frei angestellter) Ko-Redaktor steuert er dazu fortan selbst wiederholt Rezensionen bei. Wie bereits in der allerersten »Literatur+Kritik«-Ausgabe vom September – Burger bespricht darin Karl Schmids Schrift *Schwierigkeiten mit der Kunst* (1969),[024] dieweil im *Schwei-*

zer Spiegel mit »Tod im Café« eine weitere Frucht des Sommers 1968 veröffentlicht wird[025] – wählt er zunächst vorzugsweise Werke, die ihm persönlich am Herzen liegen. So rezensiert er Günter Grass' neuen Roman *örtlich betäubt* (1969)[026] und Peter Bichsels *Kindergeschichten* (1969)[027] oder macht sich, nach dem Jahreswechsel, Gedanken zur »Schuldfrage bei Kafka«.[028]

Dann erst – im Frühling 1970 – wird das Vorhaben der Publikation der Prosasammlung wieder aktuell. Burger trifft die definitive Textauswahl und kämmt sie mit »Hans Boesch zusammen [...] noch einmal durch«.[029] Danach macht er sich umgehend an die Erfüllung des Auftrags, den er – sich in der Aargauer Kulturszene zunehmend etablierend – von Anton Krättli erhalten hat: das Verfassen eines Beitrags zu einem Band, dessen Erscheinen zum 125. Gründungstag des *Aargauer Tagblatts* auf den 1. Mai 1971 anberaumt ist. Innert kurzer Zeit entsteht das Typoskript »Kultur müsste unsere Pfeifen ausgehen lassen«, in dem Burger mit dem Kulturleben in seinem Heimatkanton einigermaßen kritisch ins Gericht geht.[030] Dies sehr zum »Erstaunen« Krättlis, verfügt der Kanton Aargau seit 1968 doch als schweizweit einziger über ein Gesetz, das die staatliche Förderung der Kultur garantiert.[031] Als Mitherausgeber des geplanten Bandes legt Krättli denn auch sein Veto ein. Burger schreibt seinen Beitrag in der Folge um, und die neue Fassung »Liebesbriefe an den Kulturkanton«[032] – in ihr sind die bissigen Töne nun ins Gewand der leisen Satire gehüllt – wird unter dem Titel »Blauschwarze Liebesbriefe« in *Mitten in der Schweiz* schließlich zum Abdruck gelangen.[033] Unterdessen lässt Burger das Projekt ›erster Roman‹ nicht los. Er nimmt einen zweiten Anlauf.

KOMMENTAR

Entstehungsgeschichte

In den ersten Julitagen – die großen Schulferien stehen vor der Tür – macht sich Burger ans Werk. In Aarau, dem vermeintlichen Originalhauptschauplatz der Handlung, tippt er den Beginn des Romans, dessen erstes Wort auch gleich sein Titel ist: »Lokalbericht«. Auf Seite 10 angelangt, kauft er sich am 9. Juli zwei neue Schreibmaschinen[034] – und macht das, was für den gesamten Text charakteristisch ist: Er baut das reale »Ereignis« gleichsam in Echtzeit in die Fiktion ein, indem er die Anschaffung der Hermes Media 3 und der Olivetti Valentine – im Typoskript »Valentino« (22$_{17}$, 25$_{23}$) geschrieben – thematisiert (vgl. 21 f). In der Tat, dies zeigt das Typoskript, korrespondiert mit der geschilderten Schreib-Szene nämlich ein Wechsel von der ramponierten älteren Olivetti auf die neue Hermes Media 3 (vgl. ABB. S. 236), wobei Burger mit der akribischen Beschreibung der Maschinen (vgl. 22 f) zugleich auf eine frühere Idee zurückgreift.[035] Zwei Tage später – und damit einen Tag nach dem Maienzug, der 1970 wieder einmal mit Burgers Geburtstag zusammenfiel[036] – fährt das Ehepaar mit seinem VW Käfer in Urlaub nach Calascino sopra Gadero.[037] Im Kofferraum haben sie eine kleine Schriftstellerwerkstatt: die Hermes Media 3; die im Vorjahr gestartete Sammlung der Aarauer Lokalseiten aus dem *Aargauer Tagblatt* sowie – vermutlich – dessen aktuelle Wochenendausgabe mit den ersten Berichten über den Maienzug; Bücher, unter denen auch *Die Blechtrommel* vertreten ist; das Typoskript der (für den *Bork*-Band verworfenen) Novelle »Die Illusion« und eben die ersten Seiten des unlängst begonnenen *Lokalberichts*.

Wie schon 1968 ist die Atmosphäre oberhalb des Lago Maggiore Burgers Produktivität ausgesprochen zuträglich und dies, obwohl er sich dort keineswegs in einer Schreibklausur befindet. Nach der Heimreise der Ehefrau, die nach zwei Wochen zurück an die Arbeit muss, für das mit dem Schweizer Nationalfeiertag zusammenfallende Wochenende vom 1./2. August jedoch abermals kurz nach Calascino kommt,[038] leisten Burger zuerst seine Geschwister Christoph (* 1948) und Kathrin (* 1949) Gesellschaft,[039] und in der Woche darauf stößt auch noch sein langjähriger Freund Kaspar Villiger v/o »Micky« (* 1941) dazu.[040] Gleichwohl verbringt er die meiste Zeit rauchend an der Hermes Media 3 auf der Terrasse des Ferienhäuschens (vgl. ABB. S. 235) und macht sich dabei die mitgebrachte Schreibwerkstatt zunutze. Sich stark auf Grass' *Blechtrommel* ›stützend‹, deren Kapitel »Fernwirkender Gesang vom Stockturm aus gesungen« zum Beispiel die Folie für die Passage »Fernwirkender Gesang vom AEW-Hochhaus aus gesungen« (vgl. 72–77) abgibt, verwebt er – auf einem nicht mehr eindeutig eruierbaren Weg zusätzlich mit den inzwischen erschienenen Ausgaben des *Aargauer Tagblatts* versorgt – in seinen Text zugleich Exzerpte aus der lokalen Berichterstattung wie etwa die Artikel »Helm auf!« (vgl. 27f bzw. ABB. S. 244 und 245), »Hono-Lulu« (vgl. 179$_{31f}$ und 195$_{25}$ bzw. ABB. S. 247) oder »Bauern gegen Aarau« (vgl. 186 ff).[041] Ebenso Wiederverwendung findet das Typoskript »Die Illusion« von 1968, dessen Ursprung ja gar im Herbst 1963 liegt. Daraus werden, was auch an der handschriftlich korrigierten Paginierung ersichtlich ist (vgl. ABB. S. 238 und 239), zwei Teile materiell in dasjenige des *Lokalberichts* montiert, um darin als zehn Jahre zurückblendende Binnenerzählung zu fungieren (vgl. 156–165 und 199–212). Desgleichen verleibt Burger dem *Lokalbericht* etliche frühere kleine Texte wie beispielsweise »Er schreibt« (1968 resp. 1969) oder einzelne seiner »Sprichwörter« (1967 resp. 1968/69) ein, wobei er die älteren Fassungen abtippt und je nach Bedarf unterschiedlich stark modifiziert (vgl. ABB. S. 242 und 243). Der neu entstehende Text geriert sich somit – man führe sich hierzu dessen *dossier génétique* vor

1960
1961

1963

> s.t. [*Eine Illusion* 1]; s.d. [Oktober 1963]; Typoskript mit handschriftlichen Korrekturen; 8 Blatt (Blatt 1 verschollen), recto und verso beschrieben

> *Eine Illusion* [2]; Oktober 1963; Typoskript mit handschriftlichen Korrekturen; 17 Blatt, recto beschrieben

> s.t. [*Eine Illusion* 3]; s.d. [Oktober 1963]; Typoskript mit handschriftlichen Korrekturen; 28 Blatt, recto beschrieben

1966

1967

> *Sprichwörter* [1]
> s.d. [1967]
> Typoskript (Kopie)
> 2 Blatt, recto beschrieben

1968

Er schreibt [1]	*Schreibmaschine*	*Schlaflose Nacht infolge Zahnschmerzen*	*Romanhandwerk*	*Zeitung*
s.d. [Frühjahr 1968] Typoskript mit handschriftlichen Korrekturen 2 Blatt, recto beschrieben	s.d. [Frühjahr 1968] Typoskript mit handschriftlichen Korrekturen 1 Blatt, recto beschrieben	s.d. [Frühjahr 1968] Typoskript mit handschriftlichen Korrekturen 3 Blatt, recto beschrieben	s.d. [Frühjahr 1968] Typoskript mit handschriftlichen Korrekturen 2 Blatt, recto und verso beschrieben	s.d. [Frühjahr 1968] Typoskript mit handschriftlichen Korrekturen 1 Blatt, recto beschrieben

> *Sprichwörter* [2]
> s.d. [1968/69]; Typoskript mit handschriftlichen Korrekturen und Ergänzungen; 4 Blatt, recto beschrieben

1969

> *Er schreibt* [2]
> s.d. [Herbst 1969]; Typoskript mit handschriftlichen Korrekturen; 1 Blatt, recto beschrieben

1970

> **LOKALBERICHT**
> Juli/August 1970
> Typoskript mit handschriftlichen Korrekturen
> 178 Blatt, außer Blatt 65 nur recto beschrieben

1971

> *Der Universalschriftsteller*
> s.d. [Frühjahr 1971]; Typoskript (Durchschlag); 3 Blatt (Blatt 3 verschollen), recto beschrieben

> *Universalschriftsteller*
> in: *Sonntags Journal* vom 20./21. März 1971

1972

1976

> *Lokalredaktor müsste man sein*
> in: *Aargauer Tagblatt* vom 18. Dezember 1976 (Typoskript verschollen)

1977

> *Skizzen zu einer Kleinstadt-Fest-Prosa*
> in: *Aarauer Neujahrsblätter* 51 (1977), S. 10–17 (Typoskript verschollen)

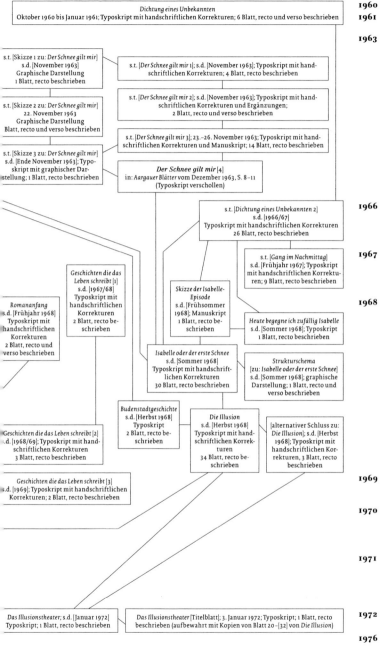

Augen (vgl. S. [266f]) – als eine Art Mosaik aus älteren Bausteinchen, und diese musivische Arbeit geht buchstäblich im Eiltempo vor sich. Mit anderen Worten: Nach Jahren der (unbewussten) Vorbereitung fallen auf einmal viele Stränge zusammen. Burger wird in Calascino von einem richtiggehenden Furor poeticus gepackt.

Es sei, teilt er seinem Vater am 2. August mit, seine »produktivste Zeit seit langem. Ein kurz vor den Ferien begonnener Roman [...] hat bereits die beängstigende Dimension von 200 Schreibmaschinenseiten angenommen.«[042] Und über diese »produktivste Zeit« tauscht er sich – nach einer Stippvisite in Berzona bei Max Frisch, dessen Werk ja ebenfalls durch den *Lokalbericht* geistert[043] – mit seiner Ehefrau ebenso aus wie über den Inhalt der daraus entstandenen »Schreibmaschinenseiten«: »Es ist eine Art Durchbruch zum Ganzen, ein Brennen an allen Enden der Kerze«, schreibt er ihr am 10. August und fährt mit Vorausblick auf den anstehenden Hochschulabschluss fort: »Man hält es nicht allzu lange aus, ich werde mich zur Erholung in die reproduktive Phase der Prüfungsvorbereitung stürzen. Ich glaube aber sagen zu dürfen, dass mein Vulkan noch nie im Leben so intensiv sprühte. Der Rausch war da, alles sagen zu können, was immer man mit Worten berührte.«[044] Dieser Brief kreuzt sich mit dem von Anne Marie Carrel, in welchem sie sich (auch) aus logischen Gründen »irritiert« zeigt durch »die Szene, in der der Gymnasiast die Stadt Aarau en miniature aus dem Bauch der Artistin zieht« (vgl. 220): »[E]s leuchtet mir einfach nicht ein, weshalb diese Frau, die in allen Städten auftritt, just gerade ein Aarauer-Modell im Bauch haben sollte.«[045] Burger – der Tücken seiner Schachtelkonstruktion sehr wohl gewahr – antwortet darauf anderntags: »Ob sich der jetzige Schluss als organisch erweisen wird, kann sich erst etwa in einem Jahr zeigen. [...] Der Vorstoss in die Wirklichkeit führt zum Modell, deshalb darf sich der dritte Teil wieder ganz im Papierhaften und Schemenhaften abspielen.« Ja, der Autor plant gar, diesen Briefwechsel »in den Roman ein[zu]bauen«, jenen seiner Ehefrau dabei »vielleicht als Leserbrief fingierend. Das wäre ein guter Trick, um auch diese Zweifel zu beseitigen.«[046] Womit indes auch gleich klar ist, dass Burger – als er gegen Ende Woche über den Gotthard heimfährt, da die Schulferien vorüber sind – nach eigener Einschätzung keinen fertigen Roman im Gepäck hat. Dennoch setzt er auf das, was sich in Calascino zwar wie ein Blitz, aber keineswegs aus heiterem Himmel entladen hat, einige Hoffnung.

Romanfragment

Zurück in Aarau wird Burger vorerst allerdings anderweitig absorbiert. Nicht nur nimmt er notgedrungen die schulische Unterrichtstätigkeit wieder auf, sondern er veröffentlicht Ende August im *Aargauer Tagblatt* überdies ein Nebenprodukt seiner im Urlaub so eingehend gepflegten Auseinandersetzung mit Grass' Werk: den Essay »Brösen«, in dem er sich am Leitfaden von einschlägigen Stellen aus der Danziger Trilogie über die »Absurdität« von Badeanstalten auslässt.[047] Danach – ab September, als auch die Sammlung *Bork: Prosastücke* in den Buchhandel gelangt – muss er sich für den Rest der vorlesungsfreien Zeit der ersten Fassung seiner von Emil Staiger betreuten Lizentiatsarbeit widmen.[048] Darin befasst er sich, wie schon in seinem Artikel zu »Die Winzer« in der »Literatur+Kritik«-Ausgabe vom vergangenen 30. Juli,[049] mit der Lyrik von Paul Celan, dessen Freitod im Frühjahr ihn tief betroffen gemacht hat.[050] Dass deswegen der *Lokalbericht* vorübergehend aus dem Fokus gerät, verwundert nicht. Noch vor Ende der Semesterferien aber nimmt Burger dann doch jenen Plan in Angriff, von dem er seinem Vater bereits aus Calascino unter dem Siegel der Verschwiegenheit berichtet hat: »Ich hoffe insgeheim, auf Grund dieses Entwurfs vom neu geschaffenen Kuratorium [...] ein Jahresstipendium zu bekommen, das mir nach Studienabschluss erlauben würde, nur ein kleines Stundenpensum an der Kantonsschule zu übernehmen und den Roman in aller Ruhe auszuarbeiten.«[051]

Ein entsprechendes Gesuch um ein Werkjahr an das nach der Annahme des kantonalen Kulturgesetzes eingerichtete Kuratorium für die Förderung des kulturellen Lebens Aargau setzt Burger Anfang Oktober jetzt auf,[052] reicht dasselbe jedoch – vielleicht, weil das Ehepaar per Monatsende erneut umzieht, diesmal an den Nelkenweg 4 – erst im November in leicht überarbeiteter Form ein: »Ich habe vor«, heißt es darin, nichts weniger als eine pointierte Synopse des *Lokalberichts* liefernd,

> »in nächster Zeit einen Roman zu schreiben, und ich würde dieses Gesuch nicht stellen, wenn nicht bereits ein Entwurf (ca. 150 Seiten) vorläge. Es ginge darum, diesen Entwurf auszuführen. Er ist in der bisherigen Gestalt ein Romanfragment, das um das Aargauer Kleinstadtleben, insbesondere das kulturelle Leben kreist. Der Held steht vor dem Abschluss seiner Studien und beginnt plötzlich zu zweifeln an der papierenen Scheinwelt der Wissenschaft. Schreibend möchte er sich vom Fluch der Interpretation befreien. Was er sucht, ist die sogenannte Wirklichkeit, die er in einem Fest zu finden glaubt, hinter dem das Aarauer Jugendfest steht. In einem Illusionstheater entdeckt er, dass auch die Wirklichkeit mit Modellen arbeitet und letztlich eine Frage der Interpretation ist. Ein dritter Teil, der noch offen ist, müsste dann die Synthese zwischen den ersten beiden Blöcken bilden. Es ginge um den Versuch, den Menschen und die

Wirklichkeit als Opfer der Interpretation zu zeigen, wobei das Problem der Sprache eine grosse Rolle spielen würde, denn mit jedem ausgesprochenen Wort setzen wir ja ein Modell in die Welt. Ich kann in diesem Rahmen den möglichen Roman nur oberflächlich skizzieren und muss betonen, dass ich keineswegs weiss, wie er nach intensiver Ueberarbeitung aussehen wird.«[053]

Ob nun durch diese Skizzierung seines »Romanfragments« überzeugt oder durch den Umstand, dass er Ende des Jahres für den (dem Brief beigelegten) Band *Bork* sowohl einen Förderpreis der Jubiläumsstiftung der Schweizerischen Bankgesellschaft als auch eine Ehrengabe des Regierungsrats des Kantons Zürich erhält, oder schließlich durch die Lektüre der mittlerweile erschienenen, thematisch verwandten »Blauschwarzen Liebesbriefe« – auf jeden Fall bewilligt das Aargauer Kuratorium im Juni 1971 das Gesuch um ein Werkjahr und erfüllt somit Burgers heimliche Hoffnung.[054] Da ihm zudem im Monat zuvor schon die Schweizer Kulturstiftung Pro Helvetia einen Werkauftrag erteilt hat,[055] erweist sich seine Entscheidung, im Frühling den Schuldienst quittiert zu haben, als doppelt richtig. Trotz dieser Erleichterung kommt es aber nicht zur versprochenen »intensive[n] Ueberarbeitung« des *Lokalberichts*, und dessen dritter Teil, der »die Synthese zwischen den ersten beiden Blöcken bilden« sollte, bleibt ›Stückchenwerk‹.[056] Daran vermag auch ein neuerlicher Aufenthalt im Tessin nichts zu ändern.

Zwar kann Burger seinen Eltern Ende August aus Calascino stolz die erfolgreiche Abgabe seiner Lizentiatsarbeit *Auf der Suche nach der verlorenen Sprache: Zum Gestaltungs- und Sprachproblem bei Paul Celan* vermelden,[057] doch damit beginnt die arbeitslastige Zeit der Vorbereitung auf die akademischen Abschlussprüfungen erst. Demgemäß erinnert er sich noch Jahre später, nachdem er – in der Zwischenzeit zum Privatdozenten für Deutsche Literatur an der ETH Zürich ernannt[058] – als Gast in Hermann Hesses ehemaligem Tessiner Domizil an der achten und letzten Fassung von *Schilten* gefeilt hat: »Die fünf Wochen in der Casa Camuzzi in Montagnola waren ja von unschätzbarem Wert für diese Arbeit, und ich denke schon jetzt als an eine der fruchtbarsten Zeiten überhaupt in den letzten Jahren an sie zurück«, teilt er seiner Gastgeberin Ursula Böhmer am 24. November 1975 mit, um sogleich die Parallele zu ziehen: »Ich hatte nur einmal einen vergleichbaren Produktionsschub, im Sommer 1970 in dem kleinen Haus oberhalb von Brissago. Damals schrieb ich in wenigen Wochen einen Kleinstadt-Roman, der dann allerdings liegen blieb, weil ich im Herbst das Lizentiats-Examen vorbereiten musste. Im Sommer 71 war ich krank, ebenso im Sommer 72 und im Sommer 73.«[059] Das also sind die (triftigsten) Gründe dafür, dass die Ausarbeitung des *Lokalberichts* nicht mehr erfolgte.

Zum ersten wird Burger stark durch den Abschluss seines Studiums in Beschlag genommen, zumal er sich – was ihn für ein weiteres Jahr auf Trab halten wird[060] – unmittelbar nach der Verleihung des Titels Licentiatus philosophiae im Februar 1972 des Ausbaus seiner Lizentiatsarbeit zu einer Dissertation annimmt.[061] Zum zweiten ereilt ihn im »Sommer 71« erstmals, was ihn auch in den Folgejahren jeweils für Monate fast völlig arbeitsunfähig macht: die Beschwerden, die er dereinst unter dem Namen »Unterleibsmigräne«[062] in die Literaturgeschichte eingehen lässt und sich im Rückblick als somatisches Symptom seiner ab 1979 offen zu Tage tretenden (manischen) Depression zu lesen geben. Zum dritten sodann findet er 1972 während eines Besuchs beim »befreundeten Lehrer« und Dichter Hans Zinniker (* 1943) »in einem abgelegenen Schulhaus« mit *Schilten* seinen »großen Stoff«,[063] dessen Verfertigung diejenige des bereits bestehenden »Romanfragments« nahtlos ablöst und verdrängt. So gut Burger aber daran getan haben mag, das zugesprochene Werkjahr ab Anfang 1973 auf die Arbeit an *Schilten* zu verwenden und – der fulminante Erfolg dieses Romans spricht für sich – die Bühne der Romanschriftstellerei offiziell mit seinem »Schulbericht« statt mit dem *Lokalbericht* zu betreten, sollte doch der Stellenwert des früheren Entwurfs für seinen literarischen Werdegang auf gar keinen Fall unterschätzt werden. Immerhin hält der Autor darauf selbst wiederholt große Stücke.

›*Trotzdem drucken*‹

War das »Projekt« *Lokalbericht,* wie es im Brief an den Vater vom 2. August aus Calascino heißt, vor der Bewerbung um ein Werkjahr »noch geheim«,[064] geht Burger damit ab Spätherbst 1970 verschiedentlich an die Öffentlichkeit und präsentiert im Rahmen von Lesungen vorwiegend Passagen aus dem ersten (titellosen) Teil seines Typoskripts. Den Auftakt macht am 22. Oktober 1970 eine Veranstaltung der Tenedo Gesellschaft Zurzach. Burger gibt neben Prosastücken aus *Bork* auch »Romanausschnitte« zum Besten,[065] und das *Badener Tagblatt* berichtet über diese Ausschnitte aus »einem entstehenden Roman« in der darauffolgenden Woche mit den Worten: »Der Held, die Hauptperson des Romans, ist ein junger Student der Literaturgeschichte, der sich als Papierexistenz vorkommt, weil er sich nur mit Sekundärliteratur beschäftigt. Um diesem Fluch zu entrinnen, muss er Primärliteratur schaffen. Zum Teil schreibt er nun absichtlich so, wie man eben nach allen Regeln der Literatur nicht schreiben dürfte.«[066] Trotz dieser Beschreibung sind die in Zurzach gelesenen Ausschnitte aber nicht mehr eindeutig identifizierbar. Anders verhält sich das mit denen, die Burger 1971 unters Literaturvolk bringt.[067] Sie lassen sich aufgrund seiner »Inhaltsübersicht« des ersten Teils (vgl. ABB. S. 234) bestimmen.

Am 14. Januar trägt er im Literarischen Club Zürich unter anderem »Barzels Universalroman« (vgl. 104 ff) vor und bekommt auch dafür gute Presse: Burger las »einen Ausschnitt aus einem entstehenden Werk und brachte damit humorvolles Leben in den oft mehr uninspirierten als ernsten Abend«, urteilt der Zürcher *Tages-Anzeiger* mit der Begründung: »Burger fügt Einzelerscheinungen des Spiessertums auf kabarettistische Weise unerwartet zu einer leisen Anklage zusammen. Schnell, wendig. Witzig, besinnlich. Der Hörer lacht und weiss bald nicht mehr so genau, worüber er lacht. Ein dezent-satirischer Humor verärgert, verunsichert, stösst sachte an: Provokation eines Germanisten.«[068] Eine »Provokation«, auf die das ›heimische Blatt‹ gleichfalls positiv reagiert: »Burger wirkte auflockernd«, meldet das *Aargauer Tagblatt:* »Er las [...] aus einem unveröffentlichten grössern Werk. Es handelt von einem jungen Mann, der im Kulturkanton aufwächst und sich schreibend Gedanken macht.«[069] Und die Zürcher Wochenzeitung *Sonntags Journal* bekundet anscheinend sogar Interesse an einem Abdruck von »Barzels Universalroman«, denn in deren Ausgabe vom 20./21. März erscheint der Romanausschnitt – von Burger geringfügig überarbeitet – unter dem Titel »Universalschriftsteller«.[070] Ein größeres Echo als das hat keine der weiteren Lesungen aus dem *Lokalbericht,* aber auch von diesen finden etliche noch mediale Resonanz.

So wird Burgers Vorstellung von »Aufstand der Dichter« (vgl. 44–48) und als »Dreingabe: Geneigter Leser«, d. h. dem »2. Brief an den Leser« (vgl. 41 ff), am 22. Januar in der Literarischen und Lesegesellschaft Aarau im *Aargauer Tagblatt* vom 26. Januar ausführlich gewürdigt:

»Dass der Literarhistoriker Burger und der Dichter Burger nicht dauernd in bestem Einvernehmen leben, zeigte der dritte Teil der Lesung [...] im leichten Gewand: Ein Aufstand der Dichter im Germanistischen Seminar der Universität Zürich erweist die ›wissenschaftliche‹ Interpretation als Verfälschung des Dichterwortes, als Unechtheit, als sinnlose Pose. Diese Satire auf die Literaturwissenschaft befindet sich offensichtlich noch im Stadium der Bearbeitung. Wir sind darauf gespannt, sie in einiger Zeit innerhalb eines grösseren Prosawerks wieder anzutreffen. Hermann Burger ist, wenn nicht alles täuscht, auf dem Weg zu seinem ersten Roman.«[071]

Nicht unkommentiert bleibt auch die Lesung von »Besuch beim Kritiker«, d.h. »Sprechstunde« (vgl. 97–103), in der Solothurner Buchhandlung Lüthy am 9. März: »›Nein, mein Herr, so können sie um Gottes Willen nicht mehr schreiben, so schreibt man heute nicht mehr‹, sagen die Kritiker, schrieb Hermann Burger in einem Artikel über den sogenannten freien Schriftsteller«, greift die *Solothurner Zeitung* das Thema mit Rekurs auf Burgers »Philippika wider den ›Literaturbetrieb‹«[072] auf, um ihm postwendend zu attestieren: »Burger ist ein progressiver Schriftsteller, weil er den Mut hat, nicht progressiv zu sein, weil er dem zwingenden Formalismus den Rücken gekehrt hat und so schreibt, wie es ihm Spass macht, auch wenn man heute so nicht mehr schreiben kann.«[073] Ebenfalls gut weg kommt beim Publikum laut *Aargauer Tagblatt* die Präsentation von »Lora Schwarb« (vgl. 118–122) in der Brugger Galerie Lauffohr am 7. Mai, vermochte doch die »unveröffentlichte Kunstsatire, welche auf die Gesellschaft eines kleineren, kulturbeflissenen Kantons gemünzt ist, [...] die Gäste durch ihre trockene Ironie zu erheitern. Auch sie zeichnet sich durch präzise Beobachtung aus.«[074] Die restlichen Lesungen hingegen erfahren keine mediale Aufmerksamkeit mehr: diejenige vom 19. Juni, an der Burger auf neuerliche Einladung der Literarischen und Lesegesellschaft Aarau mit »Jugendfestumzug« (vgl. 135–139) ausnahmsweise etwas aus dem zweiten Teil vorträgt, ebenso wenig wie die der »Lehrer-Skizze«, d.h. »Angst vor dem Lehrersein« (vgl. 34–40), anlässlich des Altherrentags der Argovia am 5. September.[075] Dass sich Burger »auf dem Weg zu seinem ersten Roman« befindet, weiß somit zumindest die literarisch interessierte Öffentlichkeit, und auch nach Abschluss dieser Serie von Lesungen verliert für ihn der *Lokalbericht* seine Aktualität noch nicht. Vielmehr weiht er auch Personen in das Projekt ein, die bei ihm hohes fachliches Ansehen genießen.

In unverhohlener Anspielung auf Roberts Musils *Der Mann ohne Eigenschaften* (1930/32) schreibt Burger seinem designierten Doktorvater Emil Staiger am 4. November 1971:

> »Ich trete nun bald in das berüchtigte ›dreissigste Jahr‹ ein und hoffe, 1972 einen Roman ausarbeiten zu können, der schon lange geplant ist. Ich wäre nicht überrascht, wenn dieses Vorhaben scheitern würde, denn mir schwebt nichts weniger vor als eine Art ›Universalroman‹, ein Buch, in dem auch menschliche Dimensionen zur Sprache kommen sollen, die in der gegenwärtigen Spezialisten-Literatur unterdrückt werden. Es soll ein Querschnitt werden durch die Nöte, Aengste, Hoffnungen, Erinnerungen, Visionen und Pläne eines Dreissigjährigen, der sich ein Jahr lang zurückgezogen hat, um über sein vergangenes und zukünftiges Leben nachzudenken – sozusagen eine befristete Pensionierung vor dem Berufsleben.«[076]

Der Protagonist von Burgers »›Universalroman‹« soll demnach offenbar weit tiefer in der Spur von Musils Ulrich wandeln als bisher. Wenngleich dieser Plan nie realisiert wird und das »Vorhaben« insofern wirklich ›scheitert‹ – es zeigt doch, dass sich Burger nach wie vor mit dem Gedanken einer Ausarbeitung des *Lokalberichts* trägt. Analoges gilt für einen Brief, den er – mit seiner Ehefrau per April ins alte Pfarrhaus auf dem Kirchberg von Küttigen eingezogen – am 4. Mai 1972 an die Schriftstellerin Gertrud Wilker schickt: »Herrlich ist im weiteren das Kapitel über die Leser«, schwärmt er über ihren jüngsten Roman *Altläger bei kleinem Feuer* (1971) und macht alsdann eine Ähnlichkeit mit seinem eigenen Unterfangen aus: »Sie bauen, dank Ihrer Romankonstruktion, eine Art ständiges Mitspracherecht der Leserschaft ein, Sie legen fingierten Lesern Wünsche in den Mund. Ich habe etwas ähnliches versucht in einem Manuskript, mit fortlaufend numerierten ›Briefen an den Leser‹.«[077] Dass Burger den Vergleich zu einem Roman, den er für sehr gelungen hält, nicht scheut, sagt zweifellos etwas über seine Ein- und Wertschätzung des *Lokalberichts* aus. Die Indizien für die anhaltende Relevanz, die dieser Text für ihn hat, bestehen jedoch nicht allein in dessen expliziter Thematisierung gegenüber Dritten respektive im öffentlichen Vorlesen von Ausschnitten daraus.

Noch 1974 und mitten in der Arbeit an der sechsten Fassung von *Schilten* sitzend, ruft sich Burger in »Maienzug« – einer Art verspätetem Parergon zum *Lokalbericht* – den Sommer 1970 in Erinnerung, als er »im Tessin an einer geistigen Zerrung laborierte, das heisst an einem Roman schrieb«. Damals erst sei ihm dank des *Aargauer Tagblatts* aufgegangen, »was es an einem Maienzug alles zu erleben gab, denn die Dokumentation, die sich aus den Berichten der Lokalredaktion zusammenläpperte, sprengte alle bisherigen Festdimensionen.«[078] Diese »Dokumentation« ist in Form von bearbeiteten Exzerpten wie gesagt wesentlicher Bestandteil des *Lokalberichts,* von dem Burger weiterhin partiell überzeugt bleibt. 1976 nämlich – die Presse überschlägt sich gerade vor Begeisterung über die sprachliche Virtuosität von *Schilten,* und Burger hätte folglich bereits einen Ruf zu verlieren – erachtet er just Passagen, in denen er poetisches Kapital »aus den Berichten der Lokalredaktion« geschlagen hat, noch immer für druckwürdig. Zum Jahreswechsel erscheinen in den *Aarauer Neujahrsblättern,* die Burger schon öfters eine Plattform geboten haben,[079] unter dem Titel »Skizzen zu einer Kleinstadt-Fest-Prosa« leicht redigierte und eigens neu betitelte Auszüge aus dem *Lokalbericht,* von denen der letzte besonders zu erwähnen ist.[080] Mit »Lokalredaktor müsste man sein!« – wie »Barzels Universalroman« (104 ff) neu heißt – beschließt die »Skizzen« jene Sequenz, die Burger schon 1971 unter dem Titel »Universalschriftsteller« veröffentlicht hat und deren zentrale Bedeutung durch ihren Vorabdruck als »Zitat aus den Neujahrsblättern« im *Aargauer Tagblatt* vom 18. Dezember 1976 erneut unterstrichen wird.[081]

Weniger aber diese Passage als eher der Auszug aus der Schilderung des Jugendfestes (vgl. 172–188) dürfte dazu geführt haben, dass auf dem Kirchberg von Küttigen bald darauf eine Anfrage der Stadt Aarau eintrifft, die der geschmeichelte Autor zunächst anzunehmen gedenkt: »Dass Sie mich als diesjährigen Maienzugredner ausgesucht haben, ehrt mich und freut mich ausserordentlich«, beginnt Burger am 22. Februar 1977 sein erstes Antwortschreiben und bringt die Sprache einmal mehr auf die Entstehung des unvollendeten *Lokalberichts:* »Ich habe ja einmal einen ganzen Maienzug-Roman konzipiert, musste ihn aber dann der akademischen Prüfungen wegen beiseite legen. Vermutlich kennen Sie die diesbezüglichen Ausschnitte aus den Aarauer Neujahrsblättern 1977.«[082] Der Brief bleibt indes wohlweislich unabgeschickt, muss Burger doch keine

›TROTZDEM DRUCKEN‹

Woche später, am 28. Februar, schweren Herzens eine zweite Antwort aufsetzen, in der er aus arbeitstechnischen und gesundheitlichen Gründen »um nachsichtige Dispensierung von der ehrenvollen Aufgabe« bittet.[083] Zu einer Maienzugsrede aus Burgers Feder kommt es deshalb nicht, aber der Briefwechsel mit der Stadt Aarau zeigt doch noch einmal, wie lange der *Lokalbericht* in seiner Vita präsent ist. Man könnte sogar versucht sein, noch in einer viel späteren Äußerung einen Reflex dieser fortdauernden Präsenz zu erblicken.

Ziemlich genau 16 Jahre nach Abfassung seines Romanfragments schreibt der gestandene Schriftsteller – 1983 für den Roman *Die Künstliche Mutter* (1982) mit dem Friedrich-Hölderlin-Preis und 1985 für die Erzählung »Die Wasserfallfinsternis von Badgastein« mit dem Ingeborg-Bachmann-Preis ausgezeichnet – in einem Artikel zur neuesten Aargauer Literatur einen Satz, der sich wie das Epitaph auf eine selbst verpasste Chance liest: »Es fehlt der Kleinstadt-Roman aus Aarau«.[084] In Anbetracht dieser lang währenden (inneren) Beschäftigung mit dem *Lokalbericht* ist es – bedürfte es dafür denn überhaupt der Argumente – zur Begründung von dessen postumer Veröffentlichung nicht nötig, sich auf Burgers ironisches Bonmot aus den »Blauschwarzen Liebesbriefen« zu kaprizieren: »Literatur ist, wenn man trotzdem druckt.«[085] Natürlich sind dem Text die Hast seiner Niederschrift und sein Entwurfscharakter allenthalben anzumerken. Man denke nur an die Inkonsistenzen, die von den Herausgebenden für diese Leseausgabe zu ›bereinigen‹ waren (vgl. S. 252 ff). Oder zum Beispiel daran, dass die kalauernde Umkehrung des geflügelten Worts: »Wo man singt, da lass dich ruhig nieder, / böse Menschen haben keine Lieder«, innerhalb weniger Seiten gleich zweimal auftaucht: »da lass dich unruhig nieder« (30_{26f} bzw. 38_{07f}). Aus Autoren- und Lektoransicht wären derlei ›Mängel‹ bei einer Ausarbeitung zweifelsohne auszumerzen gewesen. Aus literaturhistorischer Perspektive hingegen zeigt das *Lokalbericht*-Typoskript trotz all seiner Kinderkrankheiten ein anderes Gesicht, enthält es doch so gut wie alle Zutaten für Burgers künftiges Literaturrezept. Hier experimentiert der angehende Romanautor sowohl thematisch als auch von der Machart her erstmals mit seiner genuinen Poetik, und allein schon in dieser Hinsicht ist die Publikation des Typoskripts von Interesse. Kommt hinzu, dass der Text qua hybride Nachlassausgabe ›funktioniert‹, obwohl sein dritter Teil offensichtlich nach wenigen Seiten abbricht und etwa die neugierig machende »Stumpenfabrik [...], von der noch die Rede sein soll« (18_{31f}), sich als Stumpengleis erweist.

Die »Synthese« zwischen der Papierwelt des ersten und der »sogenannten Wirklichkeit« des zweiten Teils, die Burger in seinem Gesuch an das Aargauer Kuratorium in Aussicht gestellt hat und die er während des Werkjahrs im noch offenen dritten Teil leisten wollte, gelangte über das Planstadium zwar wie gesehen nie hinaus. Aber »Und der Stil hält sich weiterhin versteckt« (vgl. 224–228) löst seine dialektische Schuld auch und gerade als (unpubliziertes) Fragment trotzdem ein. Dessen ironische Pointe besteht ja darin, dass der mit dem Zwischenresultat konsultierte Literaturkritiker dem Roman-Novizen am Ende den dringenden Rat erteilt, »das Manuskript liegen« zu lassen (228_{16}) und von einer Veröffentlichung im eigenen Interesse abzusehen. Genau das ist mit dem *Lokalbericht* zu Burgers Lebzeiten sozusagen folgerichtig auch geschehen. Jetzt jedoch, als Ausgabe aus dem Nachlass, lässt sich dieser Text zugänglich machen, ohne damit seine selbstreflexive Schlussvolte der ›Wahrheit‹ zu berauben. Dies umso mehr, als die vorliegende Lesefassung in Buchform ein Spin-off der *Digitalen Edition* ist und in derselben der Baukastencharakter des *Lokalberichts* jederzeit evident bleibt (vgl. S. 255 f).

Was für ein Roman

Indem der Text mit einer Konsultation des Literaturkritikers Felix Neidthammer (vorzeitig) endet, kommt er wieder auf jener Diskursebene an, auf der er auch anfängt: in seiner Rahmenfiktion. Für deren Entfaltung braucht der Ich-Erzähler zu Beginn keine drei Buchseiten. Das erste Wort – der Titel – ist Programm, stammt aus der Publizistik und bezeichnet bekanntlich jenen Teil einer Zeitung, der sich dem örtlichen Geschehen widmet. Spätestens nach zwei Sätzen ist bereits klar, dass der Protagonist an einem gleichnamigen Roman schreibt, in dem dieses Schreiben selbst thematisiert wird. Nach drei dann, dass er zudem als Deutschlehrer arbeitet, und zum Schluss der kurzen Exposition steht vor der Leserschaft: ein junger Mann namens Günter Frischknecht, der nicht nur literarisch und unterrichtend tätig ist, sondern überdies seinem Studium der Germanistik mit einer Dissertation über Günter Grass ein möglichst baldiges Ende machen sollte.

Gattungstypologisch schillert der *Lokalbericht* demnach von Anfang an in vielen Facetten. Handelt es sich um einen Lehrerroman, insofern Frischknecht sich mit seinem Brotberuf schwer tut? Oder um einen Künstlerroman, insofern die innerseelische und lebensweltliche Entwicklung eines Schriftstellers dargestellt wird? Oder um einen Campusroman, insofern die Gepflogenheiten an der Universität wiederholt eine Rolle spielen? Oder um eine Autofiktion, insofern Frischknecht ein gerüttelt Maß an Eigenschaften mit seinem Erfinder teilt? Man kann diese Fragen mit der gebotenen Vorsicht alle mit Ja beantworten und denselben – vom Ende her gesehen – sogar noch weitere hinzugesellen: also ein Presseroman, insofern darin die lokaljournalistische Praxis prominentes Thema ist? Oder – wie Burger seinen Text selbst deklariert – ein Kleinstadtroman, insofern besonders der zweite Teil, der eigentliche Lokalbericht im *Lokalbericht,* von den Geschehnissen in einer kleinen Schweizer Stadt erzählt? All dessen ungeachtet ist der Text jedoch vor allem eines: ein Metaroman, ein Roman über den Roman und das Roman-Schreiben, in dem die eigenen Entstehungsumstände in verschiedener Hinsicht wieder und wieder thematisiert werden. Das geschieht – um nur ein paar Elemente dieser Metafiktionalität zu nennen – in den Gesprächen mit dem Literaturkritiker ebenso wie in den fünf (auch im Brief an Gertrud Wilker erwähnten) »Brief[en] an den Leser«, mit denen Frischknecht seinen Bericht im ersten Teil sporadisch unterbricht, um gleich selbst über sein Vorgehen zu reflektieren. Gemeinsam aber ist allen metafiktionalen Passagen ein Merkmal, das den *Lokalbericht* insgesamt bestimmt: das Moment der Satire. Dazu zwei Beispiele.

Im einleitenden Teil seiner Frankfurter Poetik-Vorlesung, die Burger 1986 unter dem an Kleist angelehnten Titel *Die allmähliche Verfertigung der Idee beim Schreiben* gehalten hat, erinnert er sich zurück an das, was ihn im zeitlichen Umfeld der *Lokalbericht*-Entstehung umgetrieben hat. So habe er in seinem *Bork*-Prosastück »Der Büchernarr« seine Erfahrungen als Germanistik-Student verarbeitet: »Damit reagierte ich auf einen Typus von Studenten, auf den ich allergisch war: auf den Knecht und Glasperlenspieler«, sagt er in Anspielung auf jenen Magister Ludi Josef Knecht aus Hermann Hesses Roman *Das Glasperlenspiel* (1943), dem ja auch sein Protagonist einen Teil seines Nachnamens verdankt (vgl. 17_{24-27}), und präzisiert hierzu: »auf den Diener und Lakaien der Literatur, der selbst noch auf einer literarischen Exkursion nach Tübingen literarische Kreuzworträtsel löst und [...] noch in der Badehose Hölderlin entziffert«.[086] Exakt dieser »Typus« ist im ersten Teil des *Lokalberichts* Zielscheibe der Satire, wird dort doch im Rückblick eine literarische »Exkursion nach Tübingen« (88_{35}) geschildert und dabei vom zuletzt wohlgemerkt stockbesoffenen Frischknecht an seinen Kommilitonen kaum ein gutes Haar gelassen (vgl. 88–91). Nicht minder satirisch ist auch die zuvor gelieferte Beschreibung des akademischen Milieus im »Seminar für Vorverrückte« seines Doktorvaters Professor E. Kleinert (vgl. 81–88). Und Vergleichbares gilt – vom Aspekt des Campusromans zum zweiten Beispiel übergehend –, wenn der *Lokalbericht* als Kleinstadtroman betrachtet wird.

»Bericht über Lokales, Alltägliches, über eine kleine Stadt, die Seldwyla ähnlich sieht« (9_{16f}) – auch diese Karte legt Frischknecht gleich zu Beginn auf den Tisch und gibt mit der Bezugnahme auf Gottfried Kellers legendären Novellenzyklus *Die Leute von Seldwyla* (1856/1874) vor, in welchem Licht sein Text zu lesen sei. Sicherlich, anders als Kellers Erzähler kommt er später und beim besten Willen nicht umhin, seine Kleinstadt bei ihrem wirklichen Namen »Aarau« zu nennen (vgl. 128f). Auch macht Burger selbst keinen Hehl aus seinem ›Vorbild‹, wenn er mit Blick auf seine Ende 1976 aus dem *Lokalbericht* ausgekoppelt publizierte »satirische ›Kleinstadt-Fest-Prosa‹« gegenüber dem Aarauer Stadtammann Wert darauf legt, es seien »Satiren nur eine besonders gewürzte Form von Heimweh«.[087] Trotz alledem: Mit der Chiffre ›Seldwyla‹ wird klar angekündigt, wie herzlich wenig der nachfolgende Text mit einem Tatsachenbericht gemein hat. Weit eher handelt es sich um ein ins Parabelhafte gesteigertes und mit satirischem Pinsel gemaltes Sittengemälde eines Deutschschweizer Städtchens nach 1968. Nicht von ungefähr schlägt Burger doch – wie Grass im *Blechtrommel*-Kapitel »Glaube Liebe Hoffnung« – mit der einschlägigen Formel »Es war einmal ...« (63_{03} et al.) immer wieder Märchentöne an, die sein Erzählen in der Jetztzeit dem Anschein nach in eine uneinholbare Vergangenheit verschieben. Dem tut auch keinen Abbruch, dass der *Lokalbericht* passagenweise aus jenen Zeitungsartikeln komponiert ist, die Burger dem

Aargauer Tagblatt entnimmt, wobei er sie – anders als etwa Alfred Döblin bei der Verfassung von *Berlin Alexanderplatz* (1929) – nicht ausschneidet und aufklebt, sondern ab- und manchmal minimal umschreibt (vgl. ABB. S. 244 mit ABB. S. 245). Dass die allgemeine Öffentlichkeit – wäre der *Lokalbericht* wirklich wie angedacht nach einjähriger Überarbeitungszeit um 1972 erschienen – darüber anders geurteilt hätte, muss indes stark vermutet werden. Allzu (toll)kühn nimmt Burger damit den poetischen Kunstgriff vorweg, der nach der Publikation von *Schilten* für reichlich Wirbel sorgt.

Poetik der Verfremdung

Bei der Bevölkerung des Aargauer Ruedertals und im Besonderen des Dorfes Schiltwald, wo Burger seinen »großen Stoff« gefunden hat, herrscht 1976 Entrüstung. So präzis und doch unpräzis habe der Autor in *Schilten* ihre Heimat beschrieben, dass das einer bösartigen Diffamierung gleichkäme. Burger muss sich erklären und tut dies unter anderem im Zeitungsartikel »Schilten ist eine Fiktion«[088] sowie in einem Interview, in dem er seine literarische Methode erläutert. Das Gespräch wird am 13. April 1977 in der *Weltwoche* erstmals publiziert und für den durch die Wirren um *Schilten* veranlassten Materialienband – er trägt den bedeutungsschwangeren Titel *Schauplatz als Motiv* – überarbeitet. Eines seiner »Mittel«, gibt Burger darin zu Protokoll, sei die »Technik der schleifenden Schnitte, nämlich Unmögliches als real und Faktisches als irreal zu behandeln und die beiden Darstellungsweisen unmerklich ineinander übergehen zu lassen.«[089] Später, in seiner Hölderlin-Preis-Rede von 1983, bringt er diese Vorgehensweise auf den paradoxen Nenner »Verfremdung zur Kenntlichkeit« und führt zur Funktion des Realen in seinem Schreiben aus: »Die Wirklichkeit wird nur beliehen. Wozu? Indem das Unwahrscheinliche und das Reale zur Nachbarschaft gezwungen werden, färbt das eine auf das andere ab«, sei sein »Ziel« doch »Pararealität, nicht Imitation von Wirklichkeit.«[090] Nicht um Mimesis, um Nachahmung, ist es ihm demnach zu tun, vielmehr um Hervorbringung: um Poiesis.

Der Zweck der derart hervorgebrachten »Pararealität« wiederum besteht laut Burger in einer Art Schule des Sehens: »Vor 16 Jahren«, meint er 1984 in seiner Aargauer Literaturpreis-Rede »Schreiben als Existenzform« in Erinnerung an das dazumal heiß diskutierte Thema der *littérature engagée,* 1968 also »hätte ein Schriftsteller bei dieser Gelegenheit gesagt: Die Welt muss verändert werden. Genügt es nicht, wenn sie mit anderen Augen gesehen wird?«[091] In dieser rhetorischen Frage liegt der wesentliche Impetus von Burgers Poetik, mit der er sich eigenwillig in die lange Tradition von literarischen Verfremdungsverfahren einschreibt. Das durch den Dreh ›zur Kenntlichkeit‹ evozierte gegenseitige Abfärben von Fakten und Fiktionen soll eingeschliffene Wahrnehmungsmuster irritieren und zu einer anderen Sicht auf die »sogenannte Wirklichkeit« führen. Viel treffender lässt sich das poetische Programm des *Lokalberichts* nicht beschreiben. Obgleich Burger seine Autorpoetik zum damaligen Zeitpunkt noch nicht ausformuliert hat respektive ihm selbige wohl viel eher noch gar nicht bewusst war – schon in seinem Erstling ist er mit genau dieser »Technik der schleifenden Schnitte« zugange. Das Faktische dient darin lediglich als Spielmaterial im genannten Sinn. Auch der *Lokalbericht* ist eine Fiktion. Das gilt sowohl für den Schauplatz (als Motiv) wie für das Figurenarsenal des Romanfragments und kann anhand einer Anekdote exemplarisch veranschaulicht werden.

Ende 1971 veröffentlicht Burger in den *Aarauer Neujahrsblättern* den Text »Zeichnen in der Altstadt: Aus dem Tagebuch«, in dem sich ein Ich an den Zeichenunterricht in der Kantonsschule Aarau zurückerinnert und zum Schluss ein Gespräch mit seinem Lehrer zum Aufhänger nimmt, um seine persönliche Auffassung von (abstrakter) Kunst kundzutun.[092] Da nun solches »Zeichnen in der Altstadt«, das beispielsweise zu einem Aquarell des Aarauer Obertorturms geführt hat (vgl. ABB. S. 231), einst tatsächlich zu Burgers Schulpensum gehörte, ist der scheinbar betroffene Lehrer prompt pikiert. Dieses »Missverständnis« tut dem ehemaligen Schüler allerdings »ehrlich leid«, weshalb er brieflich um Nachsicht bittet und zu seinem Text die Erklärung liefert, es sei »die Lehrerfigur [...] aus ganz verschiedenen Elementen zusammengesetzt, wie das meistens bei literarischen Figuren der Fall ist.«[093] Nicht anders verhält sich das bereits im *Lokalbericht,* in dem etwa die Figur des Literaturkritikers aus (mindestens) drei »Elementen zusammengesetzt« und als Ganzes doch weit mehr als die Summe seiner Einzelteile ist.

1970 legt Marcel Reich-Ranicki unter dem Titel *Lauter Verrisse* im Piper Verlag eine Auswahl seiner negativen Kritiken vor. Das Buch selbst liest Burger zwar nicht, dessen vernichtende Rezension durch Heinz F. Schafroth hingegen schon,[094] und die lässt ihn »buchstäblich Freudentänze aufführen«: »Endlich einer, der den Mut hat«, klopft er am 25. Juli und also während der Arbeit am *Lokalbericht* Schafroth brieflich auf die Schulter, denn: »Ranicki gehört ins Mittelalter. Er ist einer der Rechtsanwälte der Literatur, die [...] das Schöpferische schlechthin anklagen wollen.«[095] Wenn daher Frischknecht den Literaturanwalt Felix Neidthammer als Autor eines »seine gesammelten Verrisse« enthaltenden Buches namens »*Literarische Todesurteile*« ($65_{02\,\text{ff}}$) vorstellt, liegt es auf der Hand, dass der – mit Schafroth zu sprechen – »Gralshüter der deutschen Literatur« ein »Element« dieser Figur abgibt. Einen »Mittelscheitel« (100_{21}) jedoch hat Reich-Ranicki zu dieser Zeit längst nicht mehr. Der markante Scheitel ist das äußerliche Erkennungszeichen eines anderen Großkritikers.

Werner Weber, der damalige Feuilletonchef der *Neuen Zürcher Zeitung,* trägt seinen Scheitel freilich auf der Seite. Dennoch liefert auch er ›Komponenten‹ von Neidthammer – und das nicht nur wegen seiner Frisur. Obwohl Weber Burger auf Anraten von Karl Schmid in seiner Zeitung schon früh die Möglichkeit zum Publizieren gegeben hat,[096] verwindet der Autor dessen Kritik an seinem Debüt *Rauchsignale* nie so richtig: »In diesen Gedichten zeigt sich etwas, das für die Gedichte vieler gilt: mangelnde oder noch nicht genügende Erfahrung des Schreibers im Umgang mit Wörtern«, hatte Weber geurteilt[097] und Burger damit – wie er Karl Schmid am 20. September 1968 klagt – nachhaltig »deprimiert«.[098] Vom harschen Prädikat »nicht druckreif«, das auch zum kritischen Vokabular von Neidthammer zählt (vgl. 65$_{31}$, 100$_{13f}$, 224$_{26}$), hatte Weber indes noch abgesehen. Zum Einsatz kam dasselbe erst in seiner Kritik von Urs Jaeggis Roman *Ein Mann geht vorbei* (1968),[099] die ebenso Teil von Burgers persönlicher Rezensionen-Sammlung ist wie Webers Loblieder auf Peter Bichsels *Kindergeschichten* (1969),[100] Kurt Martis Mundartgedichte *rosa loui* (1967)[101] oder Dieter Fringelis »Sprichwörter« im Gedichtband *Was auf der Hand lag* (1968).[102] Neidthammers Ratschläge an Frischknecht: »Machen Sie meinetwegen Primarschülerprosa oder Mundartgedichte, drehen Sie Sprichwörter um« (70$_{19f}$), scheinen insofern nicht völlig aus der Luft gegriffen, und die Annahme, dass in ihm auch eine Portion Werner Weber steckt, drängt sich umso mehr auf, als dieser mit Burger noch kurz vor Entstehung des *Lokalberichts* in anderer, aber verwandter Sache in Verbindung steht: Vom Autor um die kritische Durchsicht des »Büchernarr«-Typoskripts gebeten, nimmt er ausgerechnet an der darin stattfindenden »Toiletten-Szene« Anstoß.[103] Während Burger in seiner Antwort Weber für die Einwände höflich dankt und sie als »ein Beispiel aufbauender, mitschöpferischer Kritik« lobt,[104] lässt er jedoch nicht nur die bemängelte Szene stehen, sondern macht im *Lokalbericht* rund einen Monat später erneut eine Toilette – jene übel beleumundete im Stadtturm nämlich (vgl. 147f, 166f) – zu einem prominenten Schauplatz des Geschehens.[105] Das Moment der Freundschaft, das Frischknecht mit Neidthammer verbindet (vgl. 32$_{13f}$, 65$_{01}$), ist zwischen Burger und Weber von daher genauso wenig gegeben wie zwischen Burger und Reich-Ranicki. Letzterer wird erst nach 1979 zum wohl schlagkräftigsten Förderer von Burgers Werk avancieren und ihm bis zum bitteren Ende die Treue halten.[106] Schon 1970 mit Burger befreundet ist dagegen wie dargelegt jener Literaturkritiker, den man in der Retrospektive vielleicht gar zuerst mit Neidthammer zu assoziieren geneigt ist, obgleich ihm im Text funktional die geringste Bedeutung zukommt: Anton Krättli v/o »smoke«.

Burgers Bekanntschaft mit Krättli geht – von wegen »Nachtverhöre nur nach Vereinbarung« (97$_{04}$) – auf einen sehr späten Abend im Herbst 1963 zurück, als er zusammen mit seinem Busenfreund Kurt Theodor Oehler v/o »Peck« (* 1942) den Kritiker unangemeldet aus dessen Wohnung in der Aarauer Altstadt klingelte: »Vor der Haustür an der Igelweid standen zwei junge Männer [...] und erklärten, sie müssten mich unbedingt sprechen«, erinnert sich der nächtens Herausgeläutete: »Die Sache war die, dass Hermann Verse geschrieben hatte, und von mir wollten sie nun wissen, ob die gut seien.«[107] Die Folge dieser nächtlichen Aktion – eine »schwierige Freundschaft«[108] – bildet zusammen mit der Ortsansässigkeit und dem Pfeifenrauchen einen Bestandteil von Neidthammer, so wie Krättli später der Figur Adam Nautilus Rauch in Burgers unvollendeter *Brenner*-Tetralogie ähneln wird, ohne selbstredend je mit dieser identisch zu sein. Denn mit Neidthammers missgünstiger Kritik, die dieser in seinen zehn ›Verriss-Regeln‹ auf die Punkte bringt (vgl. 67ff), hat Krättli nichts am Hut. Verpflichtet zeigt er sich vielmehr dem Ansatz einer

»vermittelnden Kritik« in der Nachfolge des Kleist-Zeitgenossen Adam Heinrich Müller, von dem er 1968 eine Auswahl herausgibt[109] und den er 1970 – Reich-Ranickis Buchtitel *Lauter Verrisse* selbst »nicht für besonders glücklich« haltend[110] – seinerseits gegen »mögliche Fehlhaltungen der aktuellen Kritik« ins Feld führt.[111] Kurz: Neidthammer mag vereinzelt Gemeinsamkeiten mit Reich-Ranicki, Weber und Krättli haben, aber mit diesem fiktiven Kritikaster gemeint ist keiner von den dreien. Es geht um etwas anderes.

»Man soll die wirkliche Dagmar erkennen, um ermessen zu können, was der Autor aus ihr gemacht hat«,[112] sagt Burger in seiner Frankfurter Poetik-Vorlesung über die Frauenfigur aus der *Künstlichen Mutter,* der die ehemalige ARD-Nachrichtensprecherin Dagmar Berghoff (*1943) Patin gestanden hat. Gleiches kann schon für den Kritiker im *Lokalbericht* in Anschlag gebracht werden. Es geht darum zu ermessen, was Burger aus dessen ›Vorbildern‹ macht respektive worin deren textuelle Funktion besteht, und das ist zweifelsohne weit weniger die Zeichnung von Individuen nach der Natur als die Verdichtung zu einem (satirischen) Typus: Neidthammer ist der zuweilen ins Groteske verzerrte Schweizer Stellvertreter einer spätestens um 1968 gehörig in die Krise geratenen deutschsprachigen Literaturkritik. Darin ist diese Figur aber eben kein Einzelfall, wird doch im *Lokalbericht* generell mit dem Clou solcher Verfremdung operiert, wie auch der Blick auf Frischknechts Doktorvater zeigt.

Nachvollziehbarerweise wird man in Professor E. Kleinert, der in seinem Seminar die »Kunst der Interpretation« (81_{26f}) lehrt, mit Emil Staiger prima facie jenen Burger bestens bekannten Professor wiedererkennen wollen, der 1951 mit einer gleichnamigen Schrift hervorgetreten ist und mit seiner Methode der werkimmanenten Interpretation die (Zürcher) Literaturwissenschaft geraume Zeit dominiert hat. Auch das greift aber viel zu kurz – nicht allein, weil

Kleinert überdies Züge des Goethe-, Hölderlin- und Kafka-Spezialisten Wolfgang Binder oder des Mediävisten Max Wehrli – bei beiden belegt Burger an der Universität zwischen 1965 und 1970 mehrere Kurse[113] – aufweist. Wieder dreht es sich nicht darum, dass der *Lokalbericht* zu allem hinzu noch ein Schlüsselroman wäre, sondern darum, dass die Professorenfigur keine vier Jahre nach dem Zürcher Literaturstreit die Funktion eines satirisch zugespitzten Typus übernimmt: die des Statthalters einer in die Jahre gekommenen Hermeneutik, deren Maßstäbe angesichts der modernen Literatur nicht mehr zu greifen vermögen.

Es bleibt dennoch dabei: Burgers Zeitgenossen, zumal die irgendwie tangierten, hätten das sehr wahrscheinlich etwas anders gesehen. Von seinem poetischen Kniff der »Verfremdung zur Kenntlichkeit« weiß damals noch nicht einmal er selbst, und er fragt die von ihm zu Typen verdichteten Personen vorher auch nicht eigens um Erlaubnis, wie er dies für sein *Brenner*-Projekt zuletzt tun wird.[114] Ebenso wenig trägt das Typoskript des *Lokalberichts* vorab die gängige Formel, die Burger – um die Erfahrung des Aufruhrs rund um *Schilten* reicher und wie zum (nicht beliebigen) Beispiel Grass in der *Blechtrommel* – im Vorspann seiner *Künstlichen Mutter* dann einsetzt: »Alle Personen und Örtlichkeiten dieses Romans sind frei erfunden, selbst dort, wo Namen aus der realen Topografie übernommen wurden.« Die vom Text geschürte ›Verwechslungsgefahr‹ von entstellter Ähnlichkeit mit Identität mutet deshalb – nebst den genannten Gründen: Prüfungsvorbereitung, Krankheit und Entdeckung des *Schilten*-Stoffs – wie eine zusätzliche Erklärung dafür an, dass der *Lokalbericht* unausgearbeitet bleibt. Immerhin sägt Burger in diesem gesalzenen Rundumschlag an fast allen Ästen, auf denen er um 1970 sitzt. Sein Wohnort, das akademische Milieu, der Arbeitgeber Schule, das Kulturleben, das Zeitungswesen und die Literaturkritik, ja, sogar gewisse Tendenzen in der deutschschweizerischen Gegenwartsliteratur – alle werden sie vom autofiktiven Erzähler, der sich dabei auch selbst nicht schont, genüsslich durch den Kakao gezogen. Dies auf eine Weise, die bis anhin erst aus der *Künstlichen Mutter* bekannt war, dem Roman, in dem nicht bloß die hochnotkomische Verballhornung der eigenen Lebenswelt, sondern auch ein zweites, im *Lokalbericht* zum ersten Mal ausprobiertes Grundprinzip von Burgers Poetik perfektioniert ist: der geradezu wilde Umgang mit der literarischen Tradition.

Traditionsbewusstsein

Von Anbeginn ist Burgers Existenz als Literaturwissenschaftler und Schriftsteller in Personalunion geprägt von einem ›Komplex‹, zu dem die Lehre seines Doktorvaters ihr Scherflein beigetragen haben dürfte. Was Emil Staiger »heilig zu sprechen nicht müde wurde«, erinnert sich Burger kurz nach dessen Tod im Jahr 1987, »waren die Meisterwerke der Klassik und Romantik.«[115] Welch gravierendes Problem diese professorale Kanonisation für ihn als Schriftsteller in spe darstellte, ist denn auch schon das Thema von »Schreiben Sie, trotz Germanistik?«, dem frühen Essay, dem Burger gegenüber seinem Lektor beim S. Fischer Verlag noch 1983 »bekenntnishaften Charakter« attestiert:[116] Die eigene Kreativität drohe »aus lauter Angst vor dem Vergleich« mit den Meisterwerken im Keim erstickt zu werden.[117] Alles scheint bereits und bestens gesagt. Da Burger jedoch nicht nur Veranstaltungen bei Staiger belegt, stellt sich ihm das besagte Problem gar in verschärfter Form.

Auch nach dem Abbruch des Architekturstudiums gehören für ihn die Vorlesungen von Karl Schmid an der ETH weiterhin zur »unentbehrlichen Ergänzung des Studiums«, wie er seinen Mentor zum 60. Geburtstag charmiert, um mit dem erklärenden Seitenhieb fortzufahren: »Ergänzung im Sinne modernerer Auffassung der Tradition, aber insbesondere im Bereich der modernen Literatur selber, die an der Universität leider immer noch mehr zur Sittengeschichte als zur Geistesgeschichte gehört.«[118] Die nicht ganz nebensächlichen Folgen von Schmids Lehre mit ihrem Fokus auf Neuerscheinungen sind somit, dass sich für Burger einerseits zwar das Sakrosankte des literarischen Kanons etwas relativiert, andererseits aber – und befeuert noch durch seine Tätigkeit als Literaturkritiker – die Anzahl der Meisterwerke, die das eigene Schaffen beeinträchtigen könnten, ständig ansteigt. »Was vor mir geschrieben wurde und was neben mir geschrieben wird, wirkt sich auf meine Arbeit aus, ob ich es nun wahrhaben will oder nicht«, gesteht Burger im Frühjahr 1973 in diesem Zusammenhang unumwunden ein: »Wir geraten wohl oder übel unter den Einfluss der Tradition und ins Spannungsfeld der Werke und Intentionen unserer Zeitgenossen. Tradition, wenn man so will, in der Vertikalen und in der Horizontalen«.[119] Wie akut die Auswirkung der vertikalen und horizontalen Überlieferung auf Burgers Arbeit de facto ist, manifestiert sich im *Lokalbericht* auf fast jeder einzelnen Seite.

Was in »Schreiben Sie, trotz Germanistik?« noch als Bedrohung beschrieben wird – dem Schriftsteller mit Traditionsbewusstsein sei nur mehr »eine gut getarnte Nachahmung möglich, ein Eintopfgericht aus verschiedenen Anschauungen und Stilen, ein ästhetisch schillerndes Inzuchtgebilde«[120] –, treibt im *Lokalbericht* offensichtlich erstmals seine für den späteren Burger typischen Blüten. Vor Anspielungen und unmarkierten Zitaten wimmelt es nur so in diesem Metaroman.[121] Insofern präsentiert sich der Text in höchst selbstironischer Manier als buntscheckiges ›Inzestprodukt‹, in dem sich nebst vielen, vielen anderen – in der Vertikalen – Goethe, Schiller, Hölderlin oder

Mörike und – in der Horizontalen – Grass, Frisch, Bichsel oder Marti ein mal mehr, mal weniger geheimes Stelldichein geben. »Selbstzweck« allerdings, wie es im *Lokalbericht* heißt, ist die exzessiv praktizierte »Epigonanie« keinesfalls (16$_{31f}$). Vielmehr bricht sich damit die produktive Rezeption eines trotz Germanistik Schreibenden Bahn, der sich von der Tradition umstellt sieht und darum – Angriff als beste Verteidigung – die Flucht nach vorne ergreift; seine Not in eine oft komisch wirkende Tugend verwandelnd, stellt er nahezu alles durch die Brille bereits existierender Literatur dar und macht sich über die eigene Darstellung zugleich lustig: »Das ist nun Germanistenprosa, wie sie leibt und lebt, wuchert und wabert, papierig und epigonal, interpretationsgeschwängert und unorthodox, sekundärliterarisch und sekundarlehrerhaft, kalauerverliebt und verdorben, zum Himmel stinkend, zum Himmel schöner, wahrer und guter Dichtung.« (16$_{23-28}$)

Lediglich drei Jahre liegen folglich zwischen dem Wissen: »›Germanistenprosa‹ gilt als Schimpfwort unter den Schriftstellern«,[122] und Burgers erstem Vorstoß, »das Germanistische auf die Spitze zu treiben«, wie er sein schriftstellerisches Unterfangen 1977 in einem Gespräch mit Hans Boesch labelt.[123] Sollte sich demnach sein Stil im *Lokalbericht* gemäß dem augenzwinkernden Titel des dritten Teils wirklich auch »weiterhin versteckt« halten, so tut er dies fraglos an der Oberfläche. Wenngleich in vielem noch ungehobelter als künftig, kommt hier Burgers Verfahren, seine Texte als kunterbuntes Mosaik aus fremden Textbausteinchen zu konzipieren, schon zum Tragen. Ein Verfahren, mit dem er sich – im Verbund mit der »Verfremdung zur Kenntlichkeit« – auf originelle Weise in der deutsch(schweizerisch)en Literaturszene um 1970 in Stellung bringt.

KOMMENTAR

Kontexte

Mit dem *Lokalbericht,* der das ›Lokale‹ schon im Titel trägt, geht Burger erstmals auf Tuchfühlung mit einer Entwicklung in der Schweizer Literatur, deren Vorreiter Otto F. Walter mit *Der Stumme* (1959) und *Herr Tourel* (1962) ist. Im fiktiven Ort namens Jammers am Jurasüdfuß spielend, läuten Walters Romane eine Ära ein, in der provinzielle Handlungsschauplätze nicht länger mit dem Ruch der Bedeutungslosigkeit behaftet sind, sondern zu Recht den Anspruch auf universale Gültigkeit erheben. Im Geist eines so verstandenen Regionalismus plädiert Burger schon in seinen kurz vor dem *Lokalbericht* entstandenen »Blauschwarzen Liebesbriefen« für eine Um- und Aufwertung der Provinz, indem er – auf Karl Schmids wirkmächtige Untersuchung *Unbehagen im Kleinstaat* von 1963 anspielend – das »typisch kleinstaatliche Unbehagen« für unbegründet hält: »Provinz hat nicht nur die negative Seite von ›hinterwäldlerisch‹, das Wort bedeutet auch ›Hinterland‹, und gerade das Hinterland kann für die Entfaltung der Wissenschaften und Künste fruchtbarer sein als das harte Pflaster der Kulturmetropolen. [...] Die Frage der Provinz ist eine Frage der Brillengläser.«[124] Damit geht Burger auch auf Konfrontation mit der Hauptthese von Paul Nizons *Diskurs in der Enge,* ehe der Titel dieser im Mai 1970 veröffentlichten Streitschrift allererst zum nicht totzukriegenden Schlagwort verkommen konnte. Wie zweifelhaft Nizons Behauptungen bereits zum Zeitpunkt ihres Erscheinens sind, zeigt schon ein flüchtiger Blick auf die damalige Literatur (aus) der Schweiz. Nicht allein Walters erste Romane, auch Jörg Steiners *Strafarbeit* (1963), Hugo Loetschers *Abwässer* (1963), Peter Bichsels Geschichten *Eigentlich möchte Frau Blum den Milchmann kennenlernen* (1964), Walter Vogts *Wüthrich* (1966), Adolf Muschgs *Gegenzauber* (1967) oder Hans Boeschs *Die Fliegenfalle* (1968) legen Zeugnis davon ab, dass die Schweiz – entgegen Nizons Unterstellung – durchaus »welthaltige Stoffe«[125] zu bieten hat. Und im sich anschließenden Jahrzehnt schält sich noch deutlicher heraus, dass die simple Opposition von regionaler und globaler Bedeutung schlicht untauglich ist: Gerold Späths *Unschlecht* (1970), E.Y. Meyers *In Trubschachen* (1973), Ernst Halters *Urwil (AG)* (1975), Burgers *Schilten*, Vogts *Schizogorsk* (1977) oder Gerhard Meiers *Der schnurgerade Kanal* (1977) – alles Werke, welche die Provinz auf ihre je eigene Weise überzeugend zum Weltschauplatz küren. Nizons Anwurf, die Schweizer Literatur leide aufgrund der »Enge« des Landes »unter Stoffmangel« und laufe deshalb »Gefahr, lokal zu werden«,[126] konterkariert Burger daher in einer im Sommersemester 1979 als Gastdozent an der Universität Bern gehaltenen Vorlesung nicht zu Unrecht mit den Worten: »Regionalismus als literarische Intention ist kein Verzicht, keine Tugend, die aus der provinziellen Not geboren wird, sondern eine Weiterentwicklung der Schweizer Literatur.«[127] An welchem ›Ort‹ aber die Region und somit die ganze Tragikomödie der menschlichen Existenz mit all ihren Licht- und Schattenseiten auf dichtestem Raum zusammengedrängt erscheint, erlickt Burger schon im *Lokalbericht:* im Lokalteil der Zeitung, in dem neben den Geburts-, Heirats- und Todesanzeigen auch alle anderen alltäglichen Absurditäten irdischer Eitelkeit zum Abdruck gelangen.

Noch im August 1987 – Burger nimmt gerade die Arbeit am *Brenner*-Projekt auf – macht er im »lokalpolitischen Feuilleton« mit dem vielsagenden Titel »Was mir die Rüebliländer Metropole bedeutet« flunkernd das an die poetologische Kernszene des *Lokalberichts* erinnernde Geständnis: »Lokalredaktor wäre mein Traumberuf«, denn nirgends sonst als »in den poesiereichsten Spalten, die eine Zeitung aufzuweisen hat, im Lokalteil«, stünden nun mal »die Geschichten, die das Leben schreibt«. Die Schlussfolgerung daraus: »Das Lokale ist das wahre Poetische«,[128] teilt dann auch seine Figur Hermann Arbogast Brenner. In *Brunsleben* bekennt dieser, während er sich eine Kopie des *Aargauer Tagblatts* vom 10. Juli 1942 – dem Tag ›seiner‹ Geburt – inklusive Berichterstattung über den Maienzug zu Gemüte führt: »Das Lokale, dies war schon immer meine Meinung, ist das wahre Poetische«.[129] Und in *Menzenmang* ergötzt er sich »am Lokalteil [...], der, was die weltbewegende kaleidoskopische Kleinmeisterlichkeit betrifft, *zäntome* seinesgleichen sucht«.[130] Die Vielgestaltigkeit des Lokalen und dessen Gleichzeitigkeit des Ungleichzeitigen nämlich geziemend »unter einen Hut zu bringen, ist nur eine Instanz imstande [...]: die Lokalredaktion.«[131] Unter diesen ›Nachzeichen‹ zu verstehen ist Frischknechts ironische Nobilitierung der Produktion des Lokalredaktors Barzel zum »Universalroman«, der gar Musils *Mann ohne Eigenschaften* und Arno Schmidts, 1970 gerade frisch erschienenem *Zettel's Traum* den Rang ablaufen soll (vgl. 105 f). Da sich Burger aber via Mikro-Montagen aus den gesammelten Lokalseiten des *Aargauer Tagblatts* selbst eine Scheibe von der »kollektive[n] Autorschaft« (105_{08}) Barzels abschneidet,[132] gelingt es ihm, auch dem Zeitgeschehen durch die Linse der Kleinstadt satirisch gefärbten Ausdruck zu verleihen.

Die großen Themen, die der Gesellschaft nach 1968 auf den Nägeln brennen, machen im Rahmen der sich anbahnenden Globalisierung vor der Provinz nicht länger Halt. Der Wirtschaftsboom steigert die Nachfrage nach Arbeitskräften und führt in der Folge dazu, dass in der Schweiz die sogenannte Überfremdung die Gemüter erhitzt und Volksinitiativen nach sich zieht, von denen die am 7. Juni 1970 an der Urne knapp abgelehnte von James Schwarzenbach die berühmteste ist. Apropos Urne: Das Frauenstimmrecht steht noch vor der Tür; es wird erst am 7. Februar 1971 angenommen. Langsam verwischen sich auch die Grenzen zwischen Zentrum und Peripherie, und das lässt den Ruf nach einer angemessenen Verkehrs- und Raumplanung laut werden. Zugleich werden in den Städten im Zuge der architektonischen Verdichtung vermehrt Hochhäuser errichtet. Der erhöhte Energiebedarf wiederum wird mit Atomkraft gedeckt, was in Teilen der Bevölkerung zunehmend Protest provoziert. Besonders aber der Kalte Krieg mit seinen Begleiterscheinungen wie dem Prager Frühling oder dem Stellvertreterkrieg in Vietnam bestimmt die Politik und löst eine kleine Welle der Militärdienstverweigerung aus. Für die Künstler endlich stellt sich verstärkt die Frage nach ihrem Engagement, die sich 1970 in der Literatur nicht zuletzt in dem politisch motivierten Austritt namhafter Autoren aus dem Schweizerischen Schriftsteller-Verein (SSV) und der Gründung der Gruppe Olten niederschlägt.[133] Es ist dieser auf mehreren Ebenen stattfindende Konflikt zwischen konservativen und progressiven Kräften im Modernisierungsprozess, den Burger – er war übrigens nie Mitglied des SSV und tritt der Gruppe Olten erst 1979 bei[134] – vor allem im zweiten Teil des *Lokalberichts* auf die zur Kenntlichkeit verfremdete Kleinstadtbühne stellt. Der Brauch des Jugendfests bietet dazu den willkommenen Anlass.

Am Tag, bevor Burger mit seinem angefangenen Roman nach Calascino fährt, kommt es an einem Aargauer Jugendfest zu tumultartigen Szenen: Im nicht weit von Aarau gelegenen Lenzburg verteilen Anhänger der »IDK, Internationale der Kriegsdienstgegner, Gruppe Aarau« und der »AAA, Aktion Aufklärung Aarau« Flugblätter mit dem Titel »Missbrauch der Jungen«, worin sie – ein wohl nicht zufällig zerrissenes Exemplar gelangt irgendwie auch in Burgers Besitz – das traditionell nachgestellte »Gefecht zwischen Kadetten und Freischaren« als Kriegsverherrlichung anprangern (vgl. ABB. S. 246). Zudem wollen sie mit Transparenten mit der Aufschrift »Der Krieg beginnt hier«

mitten im Schlussbild der gespielten Schlacht sitzstreiken, was von den als Freischaren kostümierten Reitern jedoch verhindert wird. Sie treiben die Demonstranten zurück, entreißen ihnen die Transparente, verbrennen diese und erhalten vom Publikum dafür Applaus.[135] Der Zwischenfall sorgt in der Presse anschließend für ein nationales Echo, wobei das weniger positiv ausfällt als noch vor Ort: die gezeigte Gewaltbereitschaft spreche nicht eben für die oft beteuerte Friedlichkeit des Freischaren-Manövers, heißt es von Zürich bis Genf.[136] Die ungeteilte Freude an einem Kadettenfest, wie sie noch Gottfried Kellers Titelheld im *Grünen Heinrich* (1854/55) empfinden kann, gehört inzwischen der Vergangenheit an. Und Burger, der sich im November 1969 vom Panzersoldaten zur Büroordonnanz umteilen ließ[137] und nicht erst 1983 im Essay »Keine Kadettenübungen bitte!«,[138] sondern schon mit dem *Bork*-Prosastück »Nachtwache im Panzer« ein Bekenntnis zum Pazifismus ablegt? Was macht Burger aus dieser Provinzposse?

Im Tessin sitzend und die Berichte über die Demonstration im *Aargauer Tagblatt* förmlich verschlingend, erkennt er – mit untrüglichem Gespür für das schier unüberbietbare Groteske der Realität – die Symbolkraft des Vorfalls und lässt die Zeitungsberichte darüber quasi im Liveticker in den eigenen *Lokalbericht* einfließen (vgl. 172–183).[139] Dabei gibt er wie gehabt Ausschnitte aus den Zeitungsartikeln teilweise wortwörtlich wieder, nimmt zugleich jedoch bedeutungsvolle Änderungen vor. So verschiebt er einerseits um der Einheit des Ortes willen das Geschehen von Lenzburg an den Aarauer Maienzug, an dem in Wirklichkeit seit dem Vorkriegsjahr 1938 keine Kadettenmanöver mehr veranstaltet werden. Andererseits dichtet er sämtliche subversiven Akte gegen die kleinstädtische Nostalgie und Folklore einem Künstlerkollektiv an, hinter dem unschwer die Aarauer Ateliergemeinschaft Ziegelrain auszumachen ist. Die Ziegelrainer, deren Wirken Burger aufmerksam verfolgt, sind gerade im Begriff, über die Kantons- und Landesgrenzen hinaus Bekanntheit zu erlangen:[140] »Die ›Provinz‹ wird mündig« betitelt Heiny Widmer, der designierte Kurator des Aargauer Kunsthauses, schon am 20. Februar 1969 seine (von Burger aufbewahrte) Besprechung ihrer zweiten Ausstellung.[141] Mit der »Pophalde« (134_{15} et al.) im *Lokalbericht* allerdings hat das Atelier am Ziegelrain, wie sich längst von selbst versteht, in etwa so viel gemein wie Felix Neidthammer mit Anton Krättli oder Professor Kleinert mit Emil Staiger. Es wird von Burger ebenfalls lediglich als Projektionsfläche in den poetischen Dienst genommen und hat primär die Funktion einer satirisch überzeichneten Allegorie eines nonkonformistischen Widerstands, der sich mit seinem Protest an der kleinbürgerlichen Saturiertheit und Ignoranz wund läuft.

Frischknecht indessen nimmt sich als unbeteiligter Zaungast das Privileg heraus, beide Seiten – die konservative und die progressive – unerbittlich durch die Mangel seines Spotts zu drehen. Sich wiederholt scherzhaft auf die fatalistische Formel »Seinesgleichen geschieht« zurückziehend, mit der Musil im *Mann ohne Eigenschaften* den blind und unaufhaltsam ablaufenden Geschichtsprozess bezeichnet,[142] gibt er sowohl die militaristische Tradition als auch die ›Parallelaktion‹ dazu der Lächerlichkeit preis. Das damit einhergehende Manko eines Zugehörigkeitsgefühls steht im Einklang mit der Außenseiterrolle, die sich Frischknecht – wie so viele von Burgers späteren Anti-Helden – auf die Fahne schreibt. Und es hängt wesentlich mit der grundsätzlichen Konturierung dieser Erzählerfigur zusammen.

Schon ihre mehrbödige Selbsteinführung mit der Wendung: »Mein Name sei Günter Frischknecht« (17_{11}), die unverkennbar auf Max Frischs *Mein Name sei Gantenbein* (1964) anspielt, signalisiert, dass im *Lokalbericht* – wie, aber natürlich anders als, bei Frisch – die Identitätsproblematik von fundamentaler Bedeutung ist. Frischknecht interessiert sich vor allem für eines: für sein Werden, was er ist. Dabei steht das Schreiben, steht die Suche nach dem eigenen Stil erklärtermaßen im Mittelpunkt: »*Scribo, ergo sum.*« (127_{03f}) Auch wenn es sich nicht entscheiden lässt, ob es ein Versehen oder eine witzige Pointe Burgers ist, dass er René Descartes' berühmten Satz ausgerechnet Blaise Pascal in die Schuhe schiebt (vgl. 126f) – in *Schilten* wird Peter Stirner alias Armin Schildknecht den gleichen verzweifelten Versuch einer existenziellen Letztbegründung unternehmen: »Ich schreibe, also bin ich!«[143] Bereits im *Lokalbericht* ist somit ein leicht verschrobener Erzähler am Werk, der – alles auf die Karte Schreiben setzend und bei seiner Selbstverschriftlichung paradoxerweise oft in fremden Zungen redend – noch andere typische ›Burger-Themen‹ vorwegnimmt, so wie das »Leseinstitut ›Legissima‹« aus »Die Leser auf der Stör« bei Frischknecht fröhliche Urständ feiert (vgl. 111_{11}, 114–119).

Seine durchgängige Faszination für die Endlosschleife, die im »Motiv vom hohlen Zahn« (226_{23}) steckt, teilt Frischknecht mit Schildknecht,[144] mit dem Zauberkünstler Diabelli aus der gleichnamigen Erzählung von 1979[145] und mit Wolfram Schöllkopf aus der *Künstlichen Mutter*.[146] Desgleichen taucht die damit verwandte Idee einer unendlichen Modell-im-Modell-Struktur, die gegen Ende des zweiten Teils des *Lokalberichts* vorgestellt wird (vgl. 220ff), in *Schilten* und in der *Künstlichen Mutter* wieder auf, wenn dort im Zehnten Quartheft ein Modellschulhaus im Schulhaus[147] respektive im Kapitel »Kurgast in Göschenen« (II,8) ein Gotthardbahnmodell im Kirchlein von Wassen[148] eingeführt werden. Und schließlich gibt mit der »Illusion« auch jenes nicht in den *Bork*-Band aufgenommene Prosastück, von dem zwei Teile in den *Lokalbericht* einmontiert sind, noch im selben Jahrzehnt ein (kondensiertes) Comeback.

Dass die Budenstadt-Episode aus der »Illusion« Burger weiterhin nicht loslässt, zeigt zunächst ein Dokument aus seinem Nachlass. Im Stile einer Herausgeberfiktion, die den editionsphilologischen Usancen eine lange Nase dreht und die im *Lokalbericht* fingierte Selbstherausgabe (vgl. 198) noch überbietet, gestaltet er am 3. Januar 1972 das Deckblatt für eine Novelle namens »Das Illusionstheater« (vgl. ABB. S. 248). Die anscheinend mitten in der Vorbereitung für das Lizentiatsexamen erwogene Veröffentlichung im Artemis Verlag bleibt unverwirklicht, doch nach *Schilten* wird das alte Typoskript gleichwohl erneut aktuell: Es verleiht – worauf Burger in seinen autorpoetischen Kommentaren explizit hinweist[149] – der Verfertigung von »Diabelli, Prestidigitateur« entscheidende Impulse, und Passagen daraus werden in die Volte zum Zersägen einer lebenden Frau auf offener Bühne gar im ursprünglichen Wortlaut implantiert.[150] So vielfältig und -verheißend die Spuren aber auch sind, die vom oder über den *Lokalbericht* in Burgers späteres Werk führen – die Relevanz seines ersten Romanversuchs erschöpft sich bei weitem nicht in der wegweisenden Bedeutung für seine eigene schriftstellerische Entwicklung.

Mit dem *Lokalbericht* kommt jetzt im langen Nachhinein ein Text aus dem Archiv ans Licht der Öffentlichkeit, der den ohnehin heterogenen Chor der (Schweizer) Literatur um 1970 um eine weit unverwechselbarere Stimme als mit dem *Bork*-Band bereichert. Einerseits – Stichwort: Regionalismus – ironisch an bestehende Tendenzen andockend und andererseits gegen Entwicklungen wie die von Bern ausgehende Bewegung der *modern mundart* oder die stilistische »Einfachheit« (227_{02}) in der Nachfolge von Peter Bichsels Prosaminiaturen opponierend, schlägt Burger zum ersten Mal ganz eigene Töne an. Man rufe sich nur in Erinnerung, welche Neuerscheinungen in diese Zeit fallen. Selbst wenn Burger unter anderem »den – wievielten? – Roman eines

Deutschlehrers« (16_{32f}) liefern sollte, von der kühlen Intellektualität von Adolf Muschgs in Zürich spielendem ›Kriminal-Lehrerroman‹ *Mitgespielt* (1969) unterscheidet sich der *Lokalbericht* in seiner übersprudelnden Ungestümheit grundlegend; nicht minder vom im einfachsten Duktus gehaltenen »Fall« des Lateinlehrers in Herbert Meiers *Stiefelchen* (1970), der zuletzt – im Kontext der verbreiteten Rede von der helvetischen Verschontheit und insoweit entfernt vergleichbar mit Walter Matthias Diggelmanns Roman *Die Hinterlassenschaft* (1965) oder Heinrich Wiesners »Chronik« *Schauplätze* (1969) – die unleugbaren Auswirkungen des Dritten Reichs auf ein schweizerisches Kleinstadtmilieu thematisiert. Das steht Burgers Frischknecht, der »den Zweiten Weltkrieg [...] nicht erlebt« hat (50_{19f}), nicht zu Gebote – und dies gilt für anderes mehr.

Das romantisch inspirierte Vertrauen in die heilende Kraft der Sprache, von dem Erika Burkarts lyrisierender Erstlingsroman *Moräne* (1970) getragen wird, ist für den stets sprachskeptischen Burger – bei aller Wertschätzung von Burkarts Buch[151] – so wenig eine Option wie die Kombination von filigranem Sprachbewusstsein mit seriösem Engagement, die Gertrud Wilker in ihrem Prosaband *Einen Vater aus Wörtern machen* gleichen Jahres vorlegt. Auch verfügt er über keine verheerte Heimat in der (mährischen) Ferne, wie sie Erica Pedretti in ihrem Debüt *Harmloses, bitte* jeweils stakkatoartig beschreibt und am 24. November 1970 im Beisein Burgers, der seine »Nachtwache im Panzer« liest, an der Buchhändler-Weihnacht im Zürcher Zunfthaus zur Waag auszugsweise vorträgt.[152] Mit von der Partie sind außerdem Gerold Späth und Beat Brechbühl mit ihren ebenfalls taufrischen, nach den Protagonisten benannten Erstlingen *Unschlecht* und *Kneuss,* und hier am ehesten wären nun Gemeinsamkeiten mit dem *Lokalbericht* festzustellen.

Bei allen Unterschieden: Brechbühls Querulant Kneuss

und Späths Schelm Unschlecht gleichen Günter Frischknecht, der im Gefolge von Grass' Oskar Matzerath auch schon mal zum Gegenangriff auf die spießbürgerliche Niedertracht übergeht (vgl. 72–77), in ihrer kauzigen Widerborstigkeit durchaus.[153] Auch sprachlich zeugen die zwei Romane von einer waghalsigen Fabulierlust, die in ihrer Opulenz Burgers eigenen Versuch ohne Frage noch in den Schatten stellt. Insbesondere *Unschlecht* – diese von Burger bewunderte moderne Neuauflage des barocken Pikaroromans, in dem der Handlungsort nicht anders als beim ›wahren‹ Namen »Rapperswil« genannt wird[154] – könnte gar zur Spekulation veranlassen, dass sich für den horizontal Traditionsbewussten die Ausarbeitung des *Lokalberichts* auch aufgrund der Veröffentlichung von Späths epischem Schinken gründlich erledigt hat. Und in dieser Hinsicht zu erwähnen sind überdies wohl Franz Hohlers trügerische *Idyllen* von 1970.

Hohler nämlich – er besuchte das gleiche Gymnasium wie Burger, und sie signieren am 28. November 1970 in der Aarauer Buchhandlung Meissner zusammen ihre neuen Bücher[155] – macht in seiner Idylle »Nachrichten aus den Gemeinden« seinerseits die latente Poesie der Textsorte Lokalbericht subtil fruchtbar und liefert zudem eine zu »Aarau«, diese allerdings ›nur‹ als erste von »3 Ersatzidyllen zum Überkleben« ... In ihrer unaufgeregten Diktion jedoch sind Hohlers kurze Erzählungen mit satirischem Einschlag gänzlich andersgeartet als der alle Register ziehende *Lokalbericht*. Andersgeartet sind diesbezüglich auch die 1970 erscheinenden Texte von zwei gebürtigen Aargauern, die ihre Handlungen gleichfalls im Heimatkanton ansiedeln: Hansjörg Schneiders pulsierende Prosa in seinem autobiographisch grundierten Debüt *Leköb* und Silvio Blatters schmaler, in nüchtern-sachlichem Ton gehaltener Zweitling *Eine Wohnung im Erdgeschoß*. Bliebe, um das Tableau abzurunden, noch an Urs Widmer zu er-

KOMMENTAR

innern, der seinen Einstand 1968 mit der Erzählung *Alois* gab. Wie (später) Burger promovierter Germanist, ist Widmers phantastisch angehauchte Geschichte durchsetzt von seinem literarischen Traditionsbewusstsein und weist, was das angeht, zumindest eine Familienähnlichkeit mit dem *Lokalbericht* auf.

Vor diesem – ohne Anspruch auf Vollständigkeit abgesteckten – Hintergrund zeigt sich noch klarer, was der *Lokalbericht* recht eigentlich ist: der erstaunliche Versuch eines 28-Jährigen, sich selbst in der literarischen Überlieferung zu positionieren, und zugleich ein Meilenstein auf Burgers Weg zu seinem eigenen Stil. Bei allen literaturkritischen Einwänden, die sich gegen den – nota bene: unveröffentlicht gebliebenen – *Lokalbericht* vorbringen lassen: Es gibt keinen anderen frühen Text von Burger, in dem seine originäre Poetik in ihrer ganzen Bandbreite schon so angelegt ist. Und damit wäre ja noch nicht einmal benannt, was die Märe von Frischknecht, der sich auf seinem Selbstfindungstrip als Schriftsteller zwischen den Ansprüchen von Akademie, Literaturkritik und Lokaljournalismus regelrecht aufreibt, für die Leserschaft in erster Linie sein sollte: lokalisierbar und allgemeingültig, bitterböse und zum Brüllen komisch.

Anmerkungen

001 —— Vgl. Claudia Storz, *Burgers Kindheiten: Eine Annäherung an Hermann Burger*, Zürich/Frauenfeld 1996, S. 293, 352, und Marie-Luise Wünsche, *BriefCollagen und Dekonstruktionen: »Grus« – Das artistische Schreibverfahren Hermann Burgers*, Bielefeld 2000, S. 88, 111 (Anm. 170).
002 —— Vgl. dazu Magnus Wieland, »Das tiefe C: Zum Cloacistischen bei Hermann Burger«, in: —/Simon Zumsteg (Hgg.), *Hermann Burger – Zur zwanzigsten Wiederkehr seines Todestages*, Zürich/Wien/New York 2010, S. 229–254, hier: S. 236–239.
003 —— Vgl. dazu Magnus Wieland/Simon Zumsteg, »Hermann Burgers ›Lokalbericht‹: Von der Archivfiktion zur Archivedition«, in: *Germanistik in der Schweiz* 9 (2012), S. 91–109.
004 —— Vgl. den »Herausgeber-

bericht«, in: Hermann Burger, *Werke in acht Bänden*, hg. von Simon Zumsteg, München 2014, Bd. VIII: *Poetik & Traktat*, S. 336–341, hier: S. 337 ff. Die zu Lebzeiten publizierten Texte Burgers werden fortan immer zusätzlich mit der Sigle HBW und unter Angabe von Bandnummer bzw. Seitenzahl(en) nachgewiesen.
005 —— Vgl. Mietvertrag mit der AAR-INTRA AG per 1. Oktober 1967, in: Schweizerisches Literaturarchiv Bern (SLA), Nachlass Hermann Burger, C-11-d. Die Dokumente aus Burgers Nachlass werden fortan nachgewiesen als: SLA, NL HB, Signatur.
006 —— Vgl. Wilhelm Hemmeler, »Chronik 1941/42«, in: *Aarauer Neujahrsblätter: Zweite Folge* 17 (1943), S. 62–74, hier: S. 71.
007 —— Vgl. Hermann Burger, *Die allmähliche Verfertigung der Idee beim Schreiben: Frankfurter Poetik-Vorlesung*, Frankfurt am Main 1986, S. 14 ff, bzw. HBW VIII, S. 72–75.
008 —— Vgl. *Aargauer Blätter* 27 (Dezember 1963), S. 8–12. »Der Schnee gilt mir« wird wieder abgedruckt in: *Aargauer Tagblatt* (7. Dezember 1985), dort mit dem Vermerk »Erste Prosaveröffentlichung Hermann Burgers«, bzw. in: HBW II, S. 7–18.
009 —— Vgl. Hermann Burger, »Schreiben Sie, trotz Germanistik?«, in: *zürcher student* 45/4 (Juli 1967), S. 15. Wieder abgedruckt in: —, *Ein Mann aus Wörtern*, Frankfurt am Main 1983, S. 242–247, bzw. HBW VII, S. 238–243. Im *zürcher student* (S. 21) wurde der Aufsatz flankiert vom Vorabdruck der drei *Rauchsignale*-Gedichte »Herzlose Asse«, »Erinnerung« und »Schlüsselkinder«.
010 —— Hermann Burger, »Bork«, in: *Schweizer Spiegel* 43 (Juli 1968), S. 43–49.
011 —— Hermann Burger, Brief an Hans Boesch vom 23. Juli 1968 aus Calascino, S. 1, in: SLA, NL HB, B-1-BOES. Burger hat die Durchschläge seiner eigenen Briefe in aller Regel aufbewahrt, weshalb seine Korrespondenz (ziemlich) lückenlos erhalten ist.
012 —— Hermann Burger, Brief an die Eltern vom 26. Juli 1968 aus Calascino, S. 1, in: SLA, NL HB, B-1-BURGPF.
013 —— Vgl. Hermann Burger, Brief an die Eltern vom 19. August 1968 aus Aarau, S. 1, in: SLA, NL HB, B-1-BURGPF.
014 —— Mit diesem Text, der später Aufnahme in die Sammlung *Bork* (1970) findet, beteiligt sich Burger am 21. September 1968 auch an der Stifterversammlung der Pro Argovia in Rheinfelden. Vgl. *Begegnung mit der Zukunft. Eine Publikation der Kulturstiftung Pro Argovia*, s. l. [Aarau] 1969, Leporello Nr. 3.
015 —— Vgl. Hermann Burger, Brief an die Eltern vom 19. August 1968 aus Aarau, S. 1 f, in: SLA, NL HB, B-1-BURGPF.
016 —— Vgl. ebd., S. 1.
017 —— Hermann Burger, Brief an Bruno Mariacher vom 15. Oktober 1968 aus Aarau, S. 1, in: SLA, NL HB, B-1-MARI.
018 —— Vgl. Hermann Burger, »Die Leser auf der Stör«, in: *Rheinfelder Neujahrsblätter* 25 (1969), S. 3–6.
019 —— Vgl. Hermann Burger, »Die Ameisen«, in: *Schweizer Monatshefte* 48 (1968/69), Heft 10 (Januar 1969), S. 1021–1026.
020 —— Vgl. Hermann Burger, *Treppen* (beg.[onnen] 7. Juni [19]69), in: SLA, NL HB, A-1-k. Das Typoskript mit handschriftlichen Korrekturen umfasst 86 Blatt.
021 —— Vgl. Mietvertrag mit der AARINTRA AG per 1. Juli 1969, in: SLA, NL HB, C-11-d.
022 —— Vgl. Hermann Burger, Brief an die Eltern vom 19. August 1969 aus Aarau, S. 1 und 4, in: SLA, NL HB, B-1-BURGPF.
023 —— Vgl. Aargauer Tagblatt Lokalteil, in: SLA, NL HB, D-6-a-5. Die Sammlung beginnt am 20. Juni 1969 und umfasst rund 140 Zeitungsblätter.
024 —— Vgl. Hermann Burger, »Engagement und Opposition«, in: *Aargauer Tagblatt* (13. September 1969).
025 —— Vgl. Hermann Burger, »Tod

KOMMENTAR

im Café«, in: *Schweizer Spiegel* 44 (September 1969), S. 38–41.

026 —— Vgl. Hermann Burger, »Wörtlich betäubt«, in: *Aargauer Tagblatt* (25. Oktober 1969).

027 —— Vgl. Hermann Burger, »Jodok lässt grüssen«, in: *Aargauer Tagblatt* (20. Dezember 1969).

028 —— Vgl. Hermann Burger, »Der Schlag ans Hoftor: Zur Schuldfrage bei Kafka«, in: *Aargauer Tagblatt* (28. Februar 1970).

029 —— Hermann Burger, Brief an Bruno Mariacher vom 16. März 1970 aus Aarau, in: SLA, NL HB, B-1-MARI.

030 —— Vgl. Hermann Burger, »Kultur müsste unsere Pfeifen ausgehen lassen« (s.d. [1970]), in: SLA, NL HB, A-1-a.

031 —— Vgl. Anton Krättli, Brief an Hermann Burger vom 6. April 1970 aus Aarau, in: SLA, NL HB, B-2-KRÄT.

032 —— Vgl. Hermann Burger, »Liebesbriefe an den Kulturkanton« (s.d. [1970]), in: SLA, NL HB, A-1-a.

033 —— Vgl. Hermann Burger, »Blauschwarze Liebesbriefe«, in: Kurt Kim/Anton Krättli (Hgg.), *Mitten in der Schweiz: Fünfzehn Ansichten über den Aargau*, Aarau 1971, S. 213–227. Wieder abgedruckt in: —, *Als Autor auf der Stör*, Frankfurt am Main 1987, S. 121–137, bzw. HBW VII, S. 355–371.

034 —— Vgl. Lieferschein Schreibmaschine Olivetti Valentine vom 9. Juli 1970 bzw. Quittung Schreibmaschine Hermes Media 3 vom 9. Juli 1970, beide in: SLA, NL HB, C-11-d. Die dazugehörige Olivetti Valentine Pica befindet sich heute im Besitz von Burgers Erben, nicht erhalten hingegen ist die Hermes Media 3 Pica, von der einzig Fotos überliefert sind (vgl. ABB. S. 235). Zum Schreibmaschinenwechsel vgl. auch die »Editorische Notiz«, S. 250.

035 —— Vgl. Hermann Burger, »Schreibmaschine« (s.d. [1968]), in: SLA, NL HB, A-1-a. Hier ist noch seine später ausrangierte Olivetti Lettera 22, auf der unter anderem auch das Typoskript »Die Illusion« getippt wurde, Gegenstand der Schreib-

Szene. Vgl. dazu auch die »Editorische Notiz«, S. 250f (Anm. 2).

036 —— Vgl. Ulrich Weber, »Chronik 1969/70«, in: *Aarauer Neujahrsblätter: Zweite Folge* 45 (1971), S. 75–91, hier: S. 86.

037 —— Vgl. Hermann Burger, Brief an die Eltern vom 23. Juli 1970 aus Calascino, S. 2, in: SLA, NL HB, B-1-BURGPF.

038 —— Vgl. Anne Marie Carrel, Brief an Hermann Burger vom 3. August 1970 aus Aarau, S. 1, in: SLA, NL HB, B-1-CARR.

039 —— Vgl. Burger, Brief an die Eltern vom 23. Juli 1970 (wie Anm. 037), S. 2.

040 —— Hermann Burger, Brief an Anne Marie Carrel vom 11. August 1970 aus Calascino, S. IV, in: SLA, NL HB, B-1-CARR. Alt-Bundesrat Villiger, wie Burger – und nur darum die Erwähnung des mit v/o (für lat. *vulgo*) bezeichneten Cerevis »Micky« – einst Mitglied der Kantonsschülerverbindung Argovia, hat zur Neuausgabe der Brenner-Romane, dessen erster Band *Brunsleben* ihm gewidmet ist, ein Nachwort verfasst, in dem er sich an seine Freundschaft mit dem Autor erinnert (vgl. HBW VIII, S. 551–567).

041 —— Vgl. – von Burger ausnahmsweise ausgeschnitten – -hf- [Heinz Fröhlich], »Aarau nun noch photogener: Helm auf! Auf Aaraus Pulverturm-Rekonstruktion wurde am Montag das Dach aufgesetzt«, in: *Aargauer Tagblatt* (7. Juli 1970); -hf- [Heinz Fröhlich], »Hono-Lulu: Die letzte Schlacht noch nicht geschlagen«, in: *Aargauer Tagblatt* (11. Juli 1970); sm [Paul Erismann], »Blick in die Vergangenheit: Bauern gegen Aarau. Unruhige Welt schon vor 300 Jahren«, in: *Aargauer Tagblatt* (28. Juli 1970).

042 —— Hermann Burger, Brief an den Vater vom 2. August 1970 aus Calascino, S. 2, in: SLA, NL HB, B-1-BURGPFH.

043 —— Der Besuch bei Frisch fand am 3. August 1970 statt und wird in mehreren Briefen thematisiert. Vgl. Hermann Burger, Brief an Konrad

Fischer vom 1. August 1970 aus Calascino, S. 2, in: SLA, NL HB, B-1-FISK; Brief an den Vater vom 2. August 1970 (wie Anm. 042), S. 2; Carrel, Brief vom 3. August 1970 (wie Anm. 038), S. 1. Seinen eigenen Brief an Frisch, in dem er sich für das Treffen vom Vortag bedankt, hat Burger allerdings nicht abgeschickt. Vgl. Hermann Burger, Brief an Max Frisch vom 4. August 1970 aus Calascino, in: SLA, NL HB, B-1-FRIS.

044 —— Hermann Burger, Brief an Anne Marie Carrel vom 10. August 1970 aus Calascino, in: SLA, NL HB, B-1-CARR.

045 —— Anne Marie Carrel, Brief an Hermann Burger, s. d. s. l. [10. August 1970 aus Aarau], S. 1, in: SLA, NL HB, B-2-CARR.

046 —— Burger, Brief an Anne Marie Carrel vom 11. August 1970 (wie Anm. 040), S. 1.

047 —— Vgl. Hermann Burger, »Brösen«, in: *Aargauer Tagblatt* (29. August 1970).

048 —— Vgl. Hermann Burger, Zeitplan Dissertation »P. Celan: Auf der Suche nach der verlorenen Sprache« (s. d. [1972/73]), in: SLA, NL HB, C-4-c.

049 —— Vgl. Hermann Burger, »Paul Celan: Die Winzer«, in: *Aargauer Tagblatt* (30. Juli 1970). Diese (elfte) Nummer von »Literatur + Kritik« ist schwerpunktmäßig Paul Celan gewidmet und versammelt die Beiträge zu einer Veranstaltung der Literarischen und Lesegesellschaft Aarau vom 29. Mai 1969.

050 —— Vgl. Hermann Burger, Brief an Karl Schmid vom 18. Juli 1970 aus Calascino, in: SLA, NL HB, B-1-SCHMID.

051 —— Burger, Brief an den Vater vom 2. August 1970 (wie Anm. 042), S. 2.

052 —— Vgl. Hermann Burger, Brief an das Kuratorium für die Förderung des kulturellen Lebens Aargau vom 4. Oktober 1970 aus Aarau [nicht abgeschickt], in: SLA, NL HB, B-1-KURA.

053 —— Hermann Burger, Brief an das Kuratorium für die Förderung des kulturellen Lebens Aargau vom November 1970 aus Aarau, S. 1 f, in: SLA, NL HB, B-1-KURA.

054 —— Vgl. Hermann Burger, Brief an das Kuratorium für die Förderung des kulturellen Lebens Aargau vom 24. Juni 1971 aus Aarau, in: SLA, NL HB, B-1-KURA, in dem er sich dafür bedankt, dass ihm »das Kuratorium aus dem Staatskredit 1972 ein Werkjahr zur Ausgestaltung eines geplanten Romans zugesprochen hat.«

055 —— Vgl. Hermann Burger, Brief an den Direktor der Stiftung Pro Helvetia [Luc Boissonnas] vom 9. Mai 1971 aus Aarau, S. 1, in: SLA, NL HB, B-1-BOIS. Auch in diesem Dankesschreiben erwähnt Burger den Stand der Arbeit am *Lokalbericht:* »Verschiedene Studien zu einem satirischen ›Kultur-Roman‹ liegen vor, über den ich allerdings noch nichts Genaueres sagen kann.«

056 —— Umfasst der erste Teil 91 Typoskript-Seiten und der zweite deren 83, sind es beim dritten lediglich vier. Burger paginiert die Blätter nicht fortlaufend, sondern beginnt den II. Teil mit »101« (vgl. dazu S. 249 bzw. ABB. S. 233) bzw. den III. Teil mit »201«. Dies lässt darauf schließen, dass wohl jeder Teil ca. (aber nicht mehr als) 100 Typoskript-Seiten umfassen sollte.

057 —— Vgl. Hermann Burger, Brief an die Eltern vom 29. August 1971 aus Calascino, in: SLA, NL HB, B-1-BURGPF.

058 —— Die Erteilung der Venia Legendi erfolgte am 1. Oktober 1975 aufgrund der (unveröffentlicht bleibenden) Habilitationsschrift *Studien zur zeitgenössischen Schweizer Literatur* (1974) und des Probevortrags über Eduard Mörikes *Bilder aus Bebenhausen* (1863) am 4. Juni 1975. Die überarbeitete Version des Vortrags ist abgedruckt in Burger, *Ein Mann aus Wörtern* (wie Anm. 009), S. 89–100, bzw. HBW VII, S. 87–98.

059 —— Hermann Burger, Brief an Ursula Böhmer vom 24. November 1975, S. 1 f, in: SLA, NL HB, B-1-BÖHMU. Zum letzten Feilen an *Schilten* im

Sommer 1975 in der Casa Camuzzi vgl. auch Hermann Burger, »Camuzzianisches« (1975), in: —, *Als Autor auf der Stör* (wie Anm. 033), S. 84–92, bzw. HBW VII, S. 318–326.
060 —— Vgl. Burger, Zeitplan Dissertation (wie Anm. 048).
061 —— Die Promotionsschrift erscheint rund ein Jahr nach ihrer Einreichung in einer von Burgers Doktorvater Emil Staiger mitherausgegebenen Reihe im Artemis Verlag. Vgl. Hermann Burger, *Paul Celan: Auf der Suche nach der verlorenen Sprache*, Zürich 1974 (= Zürcher Beiträge zur deutschen Literatur- und Geistesgeschichte 42). Die Ernennung zum Doktor der Philosophie datiert vom 10. Juni 1974.
062 —— Vgl. Hermann Burger, *Die Künstliche Mutter: Roman*, Frankfurt am Main 1982, S. 20 et al., bzw. HBW V, S. 20 et al.
063 —— Vgl. Burger, *Die allmähliche Verfertigung* (wie Anm. 007), S. 25, bzw. HBW VIII, S. 83.
064 —— Hermann Burger, Brief an den Vater vom 2. August 1970 (wie Anm. 042), S. 2.
065 —— Vgl. dazu Burgers (siebenseitige) Liste »Lesungen« (s. d. [1967–1976]), S. 2, in: SLA, NL HB, C-9-a.
066 —— mf., »Risse im geordneten Leben: Dichterlesung mit Hermann Burger in Zurzach«, in: *Badener Tagblatt* (27. Oktober 1970). Burger hat die Rezensionen über sich und sein Werk akribisch gesammelt und aufbewahrt – so auch diejenigen über die Lesungen aus dem *Lokalbericht*. Vgl. SLA, NL HB, D-1-a-2, Konvolut 2: 1970–1976.
067 —— Vgl. Burger, »Lesungen« (wie Anm. 065), S. 2 f.
068 —— do., »Vier Germanisten«, in: *Tages-Anzeiger* (19. Januar 1971). Die anderen drei (Aargauer) Germanisten sind: der damalige Präsident des Clubs Arthur Häny (* 1924), Anton Krättli und Ernst Halter.
069 —— gb., »Aargauer Autoren in Zürich: Vorlesung im Literarischen Club«, in: *Aargauer Tagblatt* (19. Januar 1971). Unter dem Titel »Aargauer Autoren lasen in Zürich« auch abgedruckt in: *Badener Tagblatt* (19. Januar 1971). Eine weitere Rezension der Lesung lässt den Ausschnitt aus dem *Lokalbericht* außen vor und lobt einzig das von Burger vorgetragene (erste) *Bork*-Prosastück »Der glücklichste Tag eures Lebens«. Vgl. A. S., »Drei Aargauer Autoren«, in: *Die Tat* (19. Januar 1971).
070 —— Hermann Burger, »Universalschriftsteller«, in: *Sonntags Journal* (20./21. März 1971). Der Text wurde von der Redaktion mit Rücksicht auf die fixe Spaltengröße der Rubrik »Einzelheiten« leicht gekürzt – auch im Titel, dem im Typoskript der bestimmte Artikel vorangestellt ist. Vgl. den Durchschlag des Typoskripts, dessen Original verschollen ist und von dem selbst nur zwei der drei Seiten erhalten sind: Hermann Burger, »Der Universalschriftsteller« (1971), in: SLA, NL HB, A-1-b.
071 —— R. B., »Autorenabend Hermann Burger«, in: *Aargauer Tagblatt* (26. Januar 1971).
072 —— Vgl. Hermann Burger, »Eine Philippika wider den ›Literaturbetrieb‹: ›Der sogenannte freie Schriftsteller‹«, in: *Aargauer Kurier* (4. November 1970), bzw. HBW VIII, S. 13–17, hier: S. 14.
073 —— o. V., »Literarisches Experiment: Hermann Burger in der Buchhandlung Lüthy«, in: *Solothurner Zeitung* (13. März 1971).
074 —— mw., »Aargauer mit tiefgründig-ironischer Sprache: Hermann Burger las in der Galerie Lauffohr«, in: *Aargauer Tagblatt* (10. Mai 1971).
075 —— Vgl. Burger, »Lesungen« (wie Anm. 065), S. 3.
076 —— Hermann Burger, Brief an Emil Staiger vom 4. November 1971 aus Aarau, S. 1, in: SLA, NL HB, B-1-STAI.
077 —— Hermann Burger, Brief an Gertrud Wilker vom 4. Mai 1972 aus Carona, S. 2, in: SLA, NL HB, B-1-WILK.
078 —— Hermann Burger, »Maienzug« (s. d. [1974]), S. 4, in: SLA, NL HB, A-6. Postum abgedruckt in: *Schweizer*

Monatshefte 87 (2007), Heft 7/8 (Juli/August), S. 42–44, hier: S. 44.
079 —— In den Jahren zuvor brachten die *Aarauer Neujahrsblätter* von Burger bereits: »Drei Gedichte« (1965), »Zwei Gedichte« (1969), »Ein Ort zum Schreiben« (1970) und »Zeichnen in der Altstadt: Aus dem Tagebuch« (1972). Wieder abgedruckt in: HBW I, S. 8–9, HBW I, S. 13–14, HBW II, S. 36–44 und HBW II, S. 65–70.
080 —— Vgl. Hermann Burger, »Skizzen zu einer Kleinstadt-Fest-Prosa«, in: *Aarauer Neujahrsblätter: Zweite Folge* 51 (1977), S. 10–17, bzw. HBW II, S. 47–58. Namentlich sind dies: »Kadettenmanöver im Schachen« (vgl. 172–180), »Der Obertorturm befiehlt: Helm ab!« (vgl. 183–188), »Variante zu: Helm ab!« (vgl. 27 f) und »Lokalredaktor müsste man sein!« (vgl. 104 ff). Neben den neuen Titeln besteht die wesentlichste Veränderung in der konsequenten Ersetzung von »Stockturm« mit »Obertorturm« (vgl. dazu S. 252) – vermutlich, weil die Anspielung auf Grass' *Blechtrommel* bzw. den Danziger Stadtturm in diesem (isolierten) Kontext für die Leserschaft nicht nachvollziehbar gewesen wäre.
081 —— Vgl. Hermann Burger, »Lokalredaktor müsste man sein«, in: *Aargauer Tagblatt* (18. Dezember 1976).
082 —— Hermann Burger, Brief an den Aarauer Stadtammann [Markus H. Meyer] vom 22. Februar 1977 aus Küttigen [nicht abgeschickt], in: SLA, NL HB, B-5-LES/112.
083 —— Hermann Burger, Brief an den Aarauer Stadtammann [Markus H. Meyer] vom 28. Februar 1977 aus Küttigen, in: SLA, NL HB, B-5-LES/112.
084 —— Hermann Burger, »Literatur im Aargau 1986 – eine Dreisternliteratur«, in: *Aargauer Tagblatt* (1. August 1986).
085 —— Burger, »Blauschwarze Liebesbriefe« (wie Anm. 033), S. 221, resp. S. 130, bzw. HBW VII, S. 364.
086 —— Burger, *Die allmähliche Verfertigung* (wie Anm. 007), S. 19, bzw. HBW VIII, S. 77.
087 —— Burger, Brief an den Aarauer Stadtammann vom 28. Februar 1977 (wie Anm. 083).
088 —— Hermann Burger, »Schilten ist eine Fiktion«, in: *Badener Tagblatt* (5. Februar 1977).
089 —— Otto Marchi, »Schulhauswerkstatt, Todeswerkstatt: Ein Gespräch mit Hermann Burger«, in: *Schauplatz als Motiv: Materialien zu Hermann Burgers Roman ›Schilten‹*, Zürich/München s. d. [1977], S. 8–30, hier: S. 16.
090 —— Hermann Burger, »Verfremdung zur Kenntlichkeit: Hölderlin-Preis-Rede«, in: *Neue Rundschau* 94 (1983), Heft 4, S. 113–120, hier: S. 115 und 120, bzw. HBW VIII, S. 45–53, hier: S. 48 und 53.
091 —— Hermann Burger, »Schreiben als Existenzform: Aargauer Literaturpreis-Rede«, in: *Aargauer Tagblatt* (7. November 1984), bzw. HBW VIII, S. 55–64, hier: S. 58 f.
092 —— Vgl. Hermann Burger, »Zeichnen in der Altstadt: Aus dem Tagebuch«, in: *Aarauer Neujahrsblätter: Zweite Folge* 46 (1972), S. 11–16, bzw. HBW II, S. 65–70.
093 —— Hermann Burger, Brief an Carlo Ringier vom 23. September 1972 aus Küttigen, in: SLA, NL HB, B-1-RING.
094 —— Vgl. Heinz F. Schafroth, »Gralshüter der deutschen Literatur: Über Marcel Reich-Ranickis gesammelte Verrisse«, in: *Sonntags Journal* (25./26. Juli 1970).
095 —— Hermann Burger, Brief an Heinz F. Schafroth vom 25. Juli 1970 aus Calascino, S. 1, in: SLA, NL HB, B-1-SCHAFR.
096 —— Das erste Mal in der *Neuen Zürcher Zeitung* vom 14. Februar 1965, in der von Burger die (späteren *Rauchsignale*-)Gedichte »Dichterin«, »Schlüsselkinder«, »Venise«, »Jahres-Markt« und »Frühling« abgedruckt sind.
097 —— Wb. [Werner Weber], »*Rauchsignale*‹: Zu Gedichten von Hermann Burger«, in: *Neue Zürcher Zeitung* (12. November 1967). Wieder abgedruckt in: *Hermann Burger: Begleitheft zur Ausstellung der Stadt-*

und Universitätsbibliothek Frankfurt a. M., 8. Januar-22. Februar 1986, hg. von der Stadt- und Universitätsbibliothek Frankfurt am Main, Frankfurt am Main 1986, S. 28 und 30, hier: S. 28.

098 —— Vgl. Hermann Burger, Brief an Karl Schmid vom 20. September 1968 aus Aarau, in: SLA, NL HB, B-1-SCHMID.

099 —— Vgl. Werner Weber, »Nicht druckreif: Zu Urs Jaeggis neuem Roman ›Ein Mann geht vorbei‹«, in: *Neue Zürcher Zeitung* (29. September 1968), bzw. Burgers Zeitungsausriss mit der Nummer 73 in: SLA, NL HB, D-2-b-1.

100 —— Vgl. Werner Weber, »Peter Bichsel: Zum Band ›Kindergeschichten‹«, in: *Neue Zürcher Zeitung* (5. Oktober 1969). Wieder abgedruckt in: —, *Forderungen: Bemerkungen und Aufsätze zur Literatur*, Zürich/Stuttgart 1970, S. 281-285.

101 —— Vgl. Werner Weber, »›rosa loui‹: Gedichte von Kurt Marti«, in: *Neue Zürcher Zeitung* (2. September 1967). Wieder abgedruckt in: —, *Forderungen* (wie Anm. 100), S. 264-271, bzw. Burgers Zeitungsausriss mit der Nummer 45 in: SLA, NL HB, D-2-b-1.

102 —— Vgl. Werner Weber, »Zu Dieter Fringelis Gedichtband ›Was auf der Hand lag‹«, in: *Neue Zürcher Zeitung* (15. September 1968). Wieder abgedruckt in: —, *Forderungen* (wie Anm. 100), S. 271-275, hier: S. 271, bzw. Burgers Zeitungsausriss mit der Nummer 70 in: SLA, NL HB, D-2-b-1.

103 —— Vgl. Werner Weber, Brief an Hermann Burger vom 15. Juni 1970 aus Zürich, in: SLA, NL HB, B-2-WEBE. Abgedruckt in: —, *Briefwechsel des Literaturkritikers aus sechs Jahrzehnten*, hg. von Thomas Feitknecht, Zürich 2009, S. 266.

104 —— Vgl. Hermann Burger, Brief an Werner Weber vom 17. Juni 1970 aus Aarau, in: SLA, NL HB, B-1-WEBE. Abgedruckt in: —, *Briefwechsel* (wie Anm. 103), S. 266-267, hier: S. 267.

105 —— Vgl. dazu Wieland, »Das tiefe C« (wie Anm. 002), S. 232 und 238f.

106 —— Vgl. die über 90 Briefe umfassende Korrespondenz zwischen Burger und Reich-Ranicki (1979-1989), in: SLA, NL HB, B-1-REICH bzw. B-2-REICH, und Reich-Ranickis Nachruf »Artist am Abgrund: Zum Tode des Schriftstellers Hermann Burger«, in: *Frankfurter Allgemeine Zeitung* (3. März 1989).

107 —— Anton Krättli, »Angenommen, ich sei Brenner auf Brunsleben: Im Gedenken an Hermann Burger«, in: —, *Momentan nicht im Gespräch: Kritik und Vermittlung. 18. August 2002, zum 80sten Geburtstag auf Schloss Liebegg*, Aarau 2003, S. 122-132, hier: S. 126f.

108 —— Ebd., S. 127.

109 —— Vgl. Adam Heinrich Müller, *Vermittelnde Kritik: Aus Vorlesungen und Aufsätzen*, hg. von Anton Krättli, Zürich/Stuttgart 1968 (= Klassiker der Kritik), bzw. dazu Hermann Burger, »Vermittelnde Kritik: Gespräch mit Dr. Anton Krättli«, in: *Aargauer Tagblatt* (22. November 1969).

110 —— Anton Krättli, »Urteil und Klatsch«, in: *Schweizer Monatshefte* 50 (1970/71), Heft 7 (Oktober 1970), S. 603-604, hier: S. 603.

111 —— Vgl. Anton Krättli, »Über mögliche Fehlhaltungen der aktuellen Kritik«, in: *Schweizer Monatshefte* 50 (1970/71), Heft 8 (November 1970), S. 685-695, hier: S. 687ff.

112 —— Vgl. Burger, *Die allmähliche Verfertigung* (wie Anm. 007), S. 104.

113 —— Vgl. Hermann Burgers Testatheft, Universität Zürich (1961-1971), in: SLA, NL HB, C-4.

114 —— Vgl. Anton Krättli, »Annäherung an eine Kunstfigur« (1991), in: Markus Bundi/Klaus Isele (Hgg.), *Salü, Hermann: In memoriam Hermann Burger*, Eggingen 2009, S. 115-122, hier: S. 115.

115 —— Hermann Burger, »Von der Lebensgefährlichkeit der Literatur: Festrede am 28. 8. 1987«, in: Wolfgang Mistereck/Adrienne Schneider (Hgg.), *Zeltreden: Reden zur Verleihung des Literaturpreises »Stadtschreiber von Bergen«, 1974-1998*, Göttingen 1998, S. 178-183, hier: S. 181.

116 —— Vgl. Hermann Burger, Brief an Thomas Beckermann vom 2. März 1983 aus Brunegg, in: SLA, NL HB, B-1-BECKE.
117 —— Vgl. Burger, »Schreiben Sie, trotz Germanistik?« (wie Anm. 009), S. 245, bzw. HBW VII, S. 241.
118 —— Hermann Burger, Brief an Karl Schmid vom 21. März 1967 aus Menziken, S. 2, in: SLA, NL HB, B-1-SCHMID.
119 —— Hermann Burger, »Schreiben in der Ich-Form: Zur Literaturszene in der Schweiz«, in: *Schweizer Monatshefte* 53 (1973/74), Heft 1 (April 1973), S. 45–54, hier: S. 46.
120 —— Burger, »Schreiben Sie, trotz Germanistik?« (wie Anm. 009), S. 242, bzw. HBW VII, S. 238.
121 —— Vgl. dazu im Einzelnen die Stellenkommentare in der digitalen Edition (http://lokalbericht.ch).
122 —— Burger, »Schreiben Sie, trotz Germanistik?« (wie Anm. 009), S. 247, bzw. HBW VII, S. 243.
123 —— Vgl. Storz, *Burgers Kindheiten* (wie Anm. 001), S. 6 und 325.
124 —— Burger, »Blauschwarze Liebesbriefe« (wie Anm. 033), S. 218, resp. S. 127 f, bzw. HBW VII, S. 361.
125 —— Paul Nizon, »Diskurs in der Enge: Aufsätze zur Schweizer Kunst« (1970), in: —, *Diskurs in der Enge. Verweigerers Steckbrief. Schweizer Passagen*, hg. von Peter Henning, Frankfurt am Main 1990, S. 135–226, hier: S. 168.
126 —— Ebd.
127 —— Das überarbeitete Skript der Berner Vorlesung von 1979 wurde unter dem Titel »Schweizer Literatur nach 1968« abgedruckt in: Burger, *Als Autor auf der Stör* (wie Anm. 033), S. 219–242, hier: S. 233, bzw. HBW VII, S. 450–474, hier: S. 464.
128 —— Hermann Burger, »Was mir die Rüebliländer Metropole bedeutet: Ein lokalpolitisches Feuilleton (Teil I)«, in: *Aargauer Tagblatt* (8. August 1987), bzw. HBW VIII, S. 30–36, hier: S. 35. »Rüebliland« – das Schweizer Dialektwort »Rüebli« bedeutet »Karotte« – bezeichnet umgangssprachlich den schweizerischen Kanton Aargau und mit dessen »Metropole« ist somit die Kantonshauptstadt Aarau gemeint.
129 —— Hermann Burger, *Brenner 1: Brunsleben*, Frankfurt am Main 1989, S. 229, bzw. HBW VI, S. 5–359, hier: S. 247.
130 —— Hermann Burger, *Brenner 2: Menzenmang*, aus dem Nachlass hg. vom Schweizerischen Literaturarchiv, Frankfurt am Main 1992, S. 47 f, bzw. HBW VI, S. 361–494, hier: S. 406. Das Aargauer Dialektwort »zäntome« bedeutet »überall«.
131 —— Hermann Burger, »Was mir die Rüebliländer Metropole bedeutet: Ein lokalpolitisches Feuilleton (Schluss)«, in: *Aargauer Tagblatt* (10. August 1987), bzw. HBW VIII, S. 36–42, hier: S. 42.
132 —— Anders als es die rein aus Gründen der Illustrativität ausgewählten Zeitungsartikel von Heinz Fröhlich (*1933), die in diesem Band abgebildet sind (vgl. ABB. S. 244 bzw. ABB. S. 247), eventuell suggerieren, verarbeitet Burger in der Tat Texte des ganzen lokalredaktionellen Autorenkollektivs. Dazu gehören damals unter anderem der Chefredaktor Ulrich Weber (1940–2015), Gustav Aeschbach (1920–1992) oder – vgl. Anm. 041 – der Lokalhistoriker Paul Erismann (1909–1996), der in »Was mir die Rüebliländer Metropole bedeutet« (wie Anm. 131) explizit gewürdigt wird (vgl. HBW VIII, S. 39).
133 —— Vgl. dazu Hans Mühlethaler, *Die Gruppe Olten: Das Erbe einer rebellierenden Schriftstellergeneration*, Aarau/Frankfurt am Main/Salzburg 1989, S. 9–15.
134 —— Vgl. den Briefwechsel der Schweizer Autoren Gruppe Olten mit Hermann Burger, in: SLA, NL HB, B-2-SCWA.
135 —— Vgl. dazu Adolf Plüss, *Jugendfest mit Freischaren: 150 Jahre Freischaren-Manöver Lenzburg*, Lenzburg 2002, S. 115 f.
136 —— Vgl. sch. [Peter Schmid], »Im Kreuzfeuer der Kritik: Pressestimmen zum Lenzburger Jugendfest«, in: *Aargauer Tagblatt* (15. Juli 1970). Auch

diese Lokalseite ist Teil von Burgers Sammlung (SLA, NL HB, D-6-a-5), und Schmid gehört ebenfalls zum Autorenkollektiv der Lokalredaktion (vgl. Anm. 132).
137 —— Vgl. Hermann Burgers Dienstbüchlein (1961–1983), S. 9, in: SLA, NL HB, C-7-a.
138 —— Vgl. Hermann Burger, »Keine Kadettenübungen bitte!«, in: Heinrich Albertz (Hg.), *Warum ich Pazifist wurde*, München 1983, S. 93–100. Wieder abgedruckt in: —, *Als Autor auf der Stör* (wie Anm. 033), S. 75–83, bzw. HBW VII, S. 309–317.
139 —— Vgl. etwa bes. 172$_{29}$–173$_{07}$ mit sch. [Peter Schmid], »Weitere Stimmen zur ›Manöverkritik‹: ›Demonstranten waren Spielverderber‹«, in: *Aargauer Tagblatt* (17. Juli 1970), bzw. Burgers Ausriss in: SLA, NL HB, A-1-b.
140 —— Vgl. dazu Stephan Kunz/Aargauer Kunsthaus (Hgg.), *Ziegelrain '67–'75: Heiner Kielholz, Max Matter, Markus Müller, Christian Rothacher, Hugo Suter, Josef Herzog, Jakob Nielsen*, Aarau 2006.
141 —— Vgl. H. W. [Heiny Widmer], »Die ›Provinz‹ wird mündig: Aarau II in der Zürcher ›Palette‹«, in: *Aargauer Tagblatt* (20. Februar 1969), bzw. Burgers Zeitungsausriss mit der Nummer 87 in: SLA, NL HB, D-6-a-5. Die nächste Ausstellung »Aarau 3« vom 22. August bis 13. September 1969 in den Räumen der Aarauer Möbelfirma Woodtly & Cie. hat Burger – wie aus der mit handschriftlichen Notizen versehenen Preisliste in seinem Nachlass (A-5-c-1) hervorgeht – selbst besucht.
142 —— Vgl. 139$_{22}$, 169$_{33}$, 188$_{22}$, 197$_{32f}$ bzw. den 2. Teil des I. Buchs von Musils *Mann ohne Eigenschaften*, der mit »Seinesgleichen geschieht« betitelt ist.
143 —— Hermann Burger, *Schilten: Schulbericht zuhanden der Inspektorenkonferenz*, Zürich/München 1976, S. 67, bzw. HBW IV, S. 84.
144 —— Vgl. ebd., S. 42, bzw. HBW IV, S. 52 f.
145 —— Vgl. Hermann Burger, »Diabelli, Prestidigitateur: Eine Abschiedsvolte für Baron Kesselring«, in: —, *Diabelli: Erzählungen*, Frankfurt am Main 1979, S. 29–85, hier: S. 45, bzw. HBW II, S. 219.
146 —— Vgl. Burger, *Die Künstliche Mutter* (wie Anm. 062), S. 180 f, bzw. HBW V, S. 188.
147 —— Vgl. Burger, *Schilten* (wie Anm. 143), S. 142 ff, 231, 284, 292 f, bzw. HBW IV, S. 179 f, 290, 356, 367.
148 —— Vgl. Burger, *Die Künstliche Mutter* (wie Anm. 062), S. 104 ff, bzw. HBW V, S. 110 ff.
149 —— Vgl. Hermann Burger, »Die allmähliche Verfertigung der Idee beim Schreiben: Zur Entstehung der Erzählung ›Diabelli, Prestidigitateur‹«, in: *Tages-Anzeiger* (22. September 1979). Wieder abgedruckt in: —, *Ein Mann aus Wörtern* (wie Anm. 009), S. 214–223, hier: S. 218 f, bzw. HWB VII, S. 210–219, hier: S. 214 f resp. Burger, *Die allmähliche Verfertigung* (wie Anm. 007), S. 68 f, bzw. HBW VIII, S. 123 f.
150 —— Vgl. 202$_{25f}$, 205$_{28f}$, 209$_{02-11}$ mit Burger, »Diabelli, Prestidigitateur« (wie Anm. 145), S. 64 ff, bzw. HBW II, S. 237 ff.
151 —— Vgl. Hermann Burger, »Die weisse Kugel: Zu Erika Burkarts Roman ›Moräne‹«, in: *Schweizer Monatshefte* 50 (1970/1971), Heft 9 (Dezember 1970), S. 794–800.
152 —— Vgl. Burger, »Lesungen« (wie Anm. 065), S. 2.
153 —— Zu diesen »grobianische[n] Helden« vgl. auch Burger, »Schweizer Literatur nach 1968« (wie Anm. 127), S. 241 f, bzw. HBW VII, S. 473.
154 —— Vgl. Gerhard Saner, »Als ob es die Welt nicht gäbe: Im Gespräch mit den Schriftstellern Gerold Späth und Hermann Burger«, in: *Sonntags Journal* (13./14. Februar 1971).
155 —— Vgl. Werbeinserat der Buchhandlung Meissner, in: *Aargauer Tagblatt* (28./29. November 1970).

ABBILDUNGSNACHWEIS

Alle abgebildeten Dokumente stammen aus Hermann Burgers Nachlass im Schweizerischen Literaturarchiv Bern (SLA) und tragen im Einzelnen folgende Signaturen: S. 231: F–5-A; S. 232 ff: A–1-b; S. 235: D–4-i; S. 236–239: A–1-b; S. 240: E–6-II/3; S. 241: E–6-III/116; S. 242: A–1-a; S. 243: A–2-b; S. 244: D–6-a-5; S. 245–248: A–1-b.

DANK

Diese Leseausgabe wurde im Rahmen des SNF-Forschungsprojekts *Textgenetische Editio princeps von Hermann Burgers erstem Roman ›Lokalbericht‹ (1970–72)* erarbeitet. Die Herausgebenden sind dem Schweizerischen Nationalfonds zur Förderung der wissenschaftlichen Forschung (SNF), der Schweizerischen Nationalbibliothek Bern (NB), der Universität Bern und dem Cologne Center for eHumanities (CCeH) zu großem Dank verpflichtet. Namentlich: Patrick Sahle, Franz Fischer und ihrem Team (CCeH); Franziska Kolp, der Kuratorin von Hermann Burgers Nachlass (SLA); Fabian Scherler, Sabrina Friederich und Irena Pickering vom Dienst Foto- und Reprografie der NB. Für die hervorragende Betreuung der Buchentstehung wiederum gilt der Dank der Edition Voldemeer Zürich und für die finanzielle Unterstützung der Drucklegung dem Swisslos-Fonds des Kantons Aargau, dem SNF und der Stadt Zürich Kultur. Herzlich zu danken ist schließlich auch Hermann Burgers Erben für die Erteilung der Rechte zur Veröffentlichung des *Lokalberichts* als Hybrid-Edition.

EDITION VOLDEMEER ZÜRICH

Hermann Burger, *Der Lachartist,* aus dem Nachlass herausgegeben von Magnus Wieland und Simon Zumsteg, 41 Seiten, 1 Abbildung, Deutsch, 12.5 × 21 cm, softcover. —— »Das bisher unbekannte Prosastück *Der Lachartist* besticht mit abenteuerlicher Bildgewalt. Es führt mitten hinein in Burgers Mythologie, ist eine Engführung von Mutterhass, Kindheitsqual und brillanter Artistik. Auch hier treibt er es bunt. Er lässt die Sätze zu Monstern anschwellen, unterbricht sie, versetzt ihnen Schläge ins Genick und bringt sie doch immer grandios zu Ende« (Beatrice von Matt, *Neue Zürcher Zeitung*).

Magnus Wieland / Simon Zumsteg (Hgg.), *Hermann Burger – Zur zwanzigsten Wiederkehr seines Todestages,* 328 Seiten, 30 Abbildungen, Deutsch, 15.5 × 24 cm, softcover. —— *Mit der Erstveröffentlichung eines Vortrags von* Hermann Burger *und mit Beiträgen von* Erika Hammer, Franziska Kolp, Sabine Mainberger, Sonja Osterwalder, Heinz-Peter Preußer, Peter Rusterholz, Monika Schmitz-Emans, Andreas Urs Sommer, Thomas Strässle, Karl Wagner, Jürgen Wertheimer, Magnus Wieland, Irmgard Wirtz, Marie-Luise Wünsche, Simon Zumsteg. —— »Hermann Burger, der Wortgewaltige, der gegen die Sprachlosigkeit kämpft, der Gelehrte, der sich selbst beim Schreiben zuschaut, der Monomane, der sich nach menschlicher Nähe sehnt – diese und zahlreiche andere Aspekte des Burgerschen Kosmos wurden an einem Kolloquium zum 20. Todestag erörtert. Das Resultat, ›Ein Hermann aus Wörtern‹, erweist sich als Fundgrube methodisch unterschiedlichster Annäherungsversuche, die eins deutlich machen: Burger lesen lohnt sich – heute noch und heute wieder« (Klara Obermüller). —— Ein »Sammelband, an dessen hohen Maßstäben sich die künftige Burger-Philologie wird messen lassen müssen« (Michael Ostheimer, *literaturkritik.de*).

Simon Zumsteg, *›poeta contra doctus‹: Die perverse Poetologie des Schriftstellers Hermann Burger,* 416 Seiten, 6 Abbildungen, Deutsch, 15.5 × 24 cm, softcover. —— Ein »Standardwerk über den wohl begabtesten Sprachkünstler der Schweizer Literatur« (Julian Reidy, *Germanistik in der Schweiz*). —— »Zumsteg ist […] einer aufregenden Grundparadoxie auf der Spur, die vielleicht am besten darin zu fassen ist, dass sich bei Burger explizit ein *doctus* am Werk zeigt, der […] *poetisch* arbeitet – und also seine Autorschaft(en) nur verbergend zeigt und zeigend immer auch verbirgt« (Simon Aeberhard, *Weimarer Beiträge*).